国民旅游休闲讲稿（十）

旅游&繁荣

戴斌 著

北京·旅游教育出版社

坚持以人民为中心

戴斌院长是我多年好友，更是业界的专家和导师。在开元旅业近四十年的发展道路上，我与戴院长多有交集，受益匪浅。

最近阅读戴院长即将结集出版的综论国民旅游一书，涉及广泛，可谓蔚为大观。观点和立意更是高屋建瓴，对于业界是很有指导意义的。

旅游，大而言之，是国民经济的晴雨表。在面临百年未遇之大变局的当今，中国的旅游业如何更好地体现自身价值，为中国经济的发展做出更大贡献，是我们业内人士持之以恒的课题。戴院长在《终结与重构》一文中论述：旅游业要坚持以人民为中心的发展理念，要将推进人的全面发展和精神层面的共同富裕作为新时代的发展目标，不仅要强调经济属性，也要强调文化内涵，不仅有产业功能，也有事业目标，不仅要市场供给，也要公共服务。我认为，这既是一种方向性的思考，更有着很大的实践意义。

从小处说，旅游也是作为个体的人实现自我价值的一种方式。我颇有兴趣地阅读了文集中《澎湃新闻〈两会一线〉戴斌委员对话实录》一文，也被小镇旅行家黄展飞的故事打动。读万卷书，行万里路，向来是中国文化里的一种境界，旅行让人成长，让人升华，"轻舟已过万重山"，只有走在路上的人，才有缘体味。而当无数的年轻人在旅行中体验了生活意义之所在，我们作为旅游业的从业者，也同样收获了工作的价值和意义。

陈妙林
2024年夏

目录

01 开篇

终结与重构 …………………………… 1

02　前沿趋势

在中国式现代化进程中建构旅游业新思维 …………………… 16
新时代中国旅游的方向、路径与政策 …………………………… 20
复苏阶段的旅游政策与工作重点 ………………………………… 24
文化创造新时空　旅游消费新场景 ……………………………… 33
长江国家旅游线路建设方略 ……………………………………… 38
国家营地·国民研学 ……………………………………………… 49
美食新动能，旅游高品质 ………………………………………… 56
冰雪旅游要培育更加多元更有活力的市场主体 ………………… 67
夜间旅游从何时来？到哪里去？ ………………………………… 73
为民族的大众的现代的旅游住宿业而奋斗 ……………………… 80

03　国际视界

践行全球文明倡议，建设世界旅游共同体 …………………… 90

世界级旅游景区的价值取向与建设要义 ………………………… 98

旅游度假区的中国风与世界范 ………………………………… 104

美好中国携手昌明大马，共创亚洲旅游新未来 ……………… 112

繁荣世界文明百花园　共建全球旅游新未来
　　——中国—中东欧旅游交流与合作构想 ………………… 120

04　学术研究

为旅游赋能思想　为文化培育市场
　　——关于文化和旅游深度融合的几个理论问题……………130
科研质量提升年的任务、策略与方法……………………………140
《旅游大数据理论、技术与应用》前言…………………………152
从旅行社到旅行服务商，产业变迁与理论重构…………………160
燃烧理论创新的熊熊火焰　照亮文旅融合的灿烂星空……170
旅游研究的培根方法与理论建构的 NOMA 原则……………180
致终将远去的我们和已经到场的你们……………………………193

05　假日评论

春节旅游市场高开　全年旅游经济稳增 …………… 200

转折之际　重构之时 ……………………………… 208

文旅融合的深度与避暑康养的广度 ……………… 218

旅游经济新格局与产业政策新导向 ……………… 225

预期的增长和理性的繁荣 ………………………… 234

想要的春节长假来了，团圆旅游两相宜 ………… 245

06　媒体纵横

推进旅游业振兴发展 ………………………………………… 250

擘画文旅融合新蓝图　部署旅游复苏新任务 ……………… 253

构建更加开放的文化和旅游融合发展新格局 ……………… 257

我国乡村旅游可为世界旅游贡献更多中国智慧、中国方案 …… 262

乡村旅游成为乡村振兴重要抓手 …………………………… 265

景区别都圈起来，有条件国有重点景区应免费 …………… 267

中牟如何建成中国特色文旅的河南样本？ ………………… 276

让青岛人成为青岛旅游的真正代言人 ……………………… 283

研学不能简单当成一门生意，高校应向公众更开放和包容 …… 287

07 链接

市场繁荣与产业重构 ················ 296

08 对话实录

澎湃新闻《两会一线》戴斌委员
对话实录 ························ 306

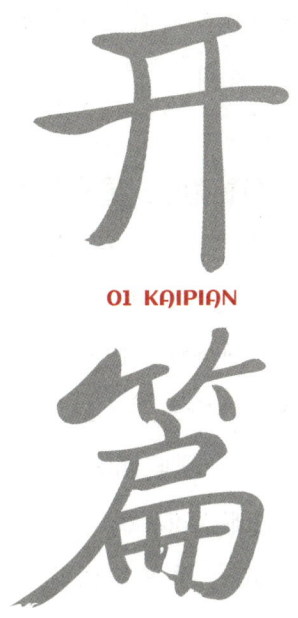

01 KAIPIAN

终结与重构

随着疫情防控"二十条"和"新十条"的颁布实施,特别是国务院联防联控机制宣布"乙类乙管"和中外人员往来新规后,旅游业迎来了抗疫的转折点:**最坏的日子已经过去,最好的时光即将到来**。2022年是新冠疫情以来旅游市场最困难的一年,也是最能体现旅游业韧性的一年,在政策托底和产业托举下,以旅游集团20强为代表的市场主体"虽千万人,吾往矣",以逆势创新赢得了行业的尊严。2023年是贯彻落实党的二十大精神,以中国式现代化全面推进中华民族伟大复兴的开局之年,也是坚持以文塑旅、以旅彰文,推进文化和旅游深度融合的破题之年。终结萧条、走向繁荣,管控预期、释放潜力,提振信心、扩大投资,不断满足广大游客品质化和多样性的旅游需求，重构旅游业高质量发展新格局，将是全年旅游工作的主基调。

一、终结波动下行的消费预期，重构复苏向上的市场信心

2022年疫情散发贯穿全年，各地防控措施竞相收紧，居民出游心态更趋谨慎。尽管11月11日优化疫情防控的"二十条"和12月7日疫情防控"新十条"，标志着全国疫情防控导向发生了根本变化，但是各地的感染高峰还是让政策翘尾效应失去了最后的窗口期。中国旅游研究院（文化和旅游部数据中心）专项监测表明：2022年全国旅游经济运行综合指数（CTA-TEP）位于临界值以下，第1至第4季度指数值分别为95.60、97.82、85.59和99.32，季度均值为94.58，较2021年低8.64（见图1）。其中，居民出游意愿均值为86.73，与上年基本持平，而企业家信心指数则连续三个季度低于临界值。预计2022年全国国内旅游人数和国内旅游收入同比下降20%~25%，恢复至疫前的四成左右。

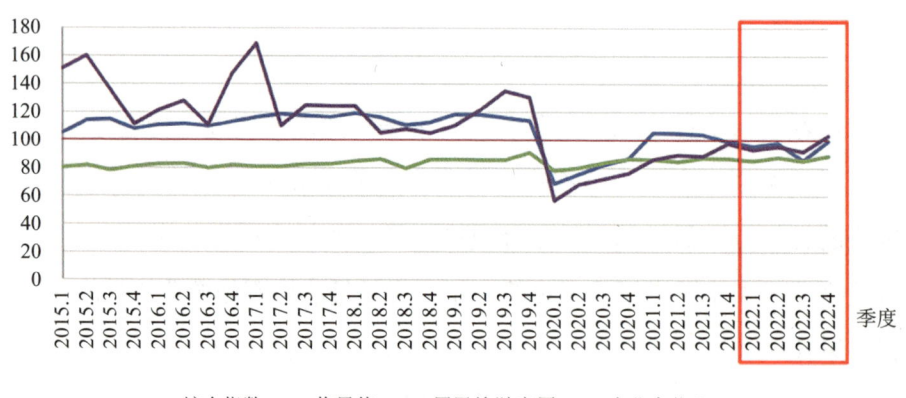

图1 2015—2022年分季度国内旅游景气及居民出游意愿指数

* 资料来源：旅游经济文化和旅游部重点实验室

12月26日，国务院联防联控机制发布《关于印发对新型冠状病毒感染实施"乙类乙管"总体方案的通知》，自2023年1月8日起，对新型冠状病毒感染实施"乙类乙管"，围绕"保健康、防重症"，采取相应措施，最大限度保护人民生命安全和身体健康，最大限度减少疫情对经济社会发展的影响。**政策千万条，市场第一条**。只要终结了城乡居民流动和接触性消费的限制措施，加上预期内的感染高峰过后，城乡居民的出游意愿很可能于第一季度末由"谨慎"转向"积极"。**我们有理由将2023年旅游经济预期由"谨慎乐观"上调为"乐观"，全年将呈现"稳开高走，加速回暖"的态势，季度增速有望环比走高**。受探亲访友、民俗休闲、亲子研学、冰雪和避寒需求增长的拉动，即将到来的春节假期将成为疫情以来最值得期待的春节旅游市场。清明节、端午节、劳动节假日旅游需求，加上商务旅行的刚性增长，第二季度旅游市场将进入预期转强和供给优化的新通道，暑期则有望迎来全面复苏，避暑旅游很可能接近甚至达到疫情同期水平。预计2023全年国内旅游人次和国内旅游收入恢复至疫前的70%~75%，入出境旅游人次有望恢复到疫前的三到四成（见图2）。

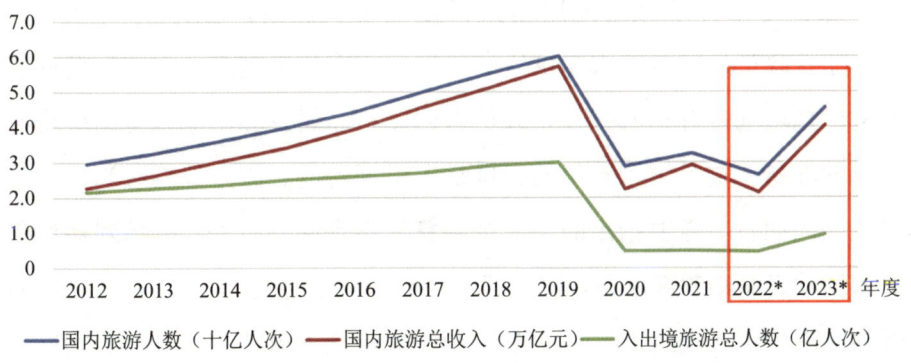

图2　2012—2023年旅游市场主要指标趋势

*资料来源：旅游经济文化和旅游部重点实验室

国民旅游休闲讲稿（十）

发展建议一

加强预期管控，释放消费潜力，持续扩大国内旅游市场规模

疫情向后退，旅游向前进。贯彻中央经济工作会议精神，文化和旅游系统要主动担当，积极作为，充分发挥旅游在扩大内需特别是最终消费中的突出作用，做好旅游领域"稳增长、稳就业、稳物价"工作。推出更多优秀的文艺作品和优质旅游产品，引导游客"治愈"与"自愈"相结合，逐步把旅游意愿和消费预期调整到应有的水平。及时将旅游工作的重点调整到城市中来，重点推进国有重点旅游景区特别是城市公园降价和免费，国有博物馆和美术馆免费开放，分类分阶段激活城镇居民的都市休闲、周边旅游、近程旅游和中远程旅游、出境旅游需求。以节假日为节点，以避暑、冰雪、研学、红色、乡村旅游为支撑，持续释放城乡居民旅游消费潜力。重点抓好春节假日旅游市场供给，特别是冰雪、避寒、民俗、非遗、探亲访友、休闲娱乐、亲子研学、自驾旅游等旅游产品供给，抓住七八月避暑旅游和研学旅游时间窗口期，争取让国内旅游市场尽快进入全面恢复新通道。

二、终结传统旅游发展模式，重构现代旅游产业体系

随着政策效应从需求向供给的传导，会有越来越多的旅游运营商和投资机构增强复苏信心，开始人员召回、产品研发和供应链重组等全面复业的准备。这是国家希望的，也是人民期盼的，旅游业界应当也必须与此相向而行。需要指出的是，**市场复苏不是回到过去，疫情对旅游偏好的影响将深刻改变旅游投资方式和供给行为**。经此一疫，"人山人海吃红利，圈山圈水收门票"的时代已经过去，"走马观光逛景点，扎店购物吃回佣"的模式更不可能让旅游业重回黄金时代。消费是理解旅游经济的钥匙，也是行政主体和市场主体，特别是市场主体一切创业创新创造

活动的出发点。疫情三年，改革开放四十多年，由此上溯到 19 世纪 40 年代近代旅游业起源与演化的历史，**从来都是旅游者在定义旅游业，而不是相反**。在巨大的市场转型和产业变革面前，我们能够做的，也必须要做的就是适应与变革，适应消费需求和旅游的变化，以科技创新、市场创新、管理创新和产品创新推进产业的变化。市场从来都是适者生存，商业则是资本、技术、人力资源、信息、数据、意志力、创新力等多种要素和能力的综合博弈，它会为最终的胜出者戴上桂冠、献上颂歌并勒石记功，却从不会因为退场者的悲伤叹息而驻足。

发展建议二

提振信心，引导投资，持续完善旅游基础设施和公共服务体系；面向新需求，培育新动能，引导传统旅游企业的现代化转型和新型市场主体的实体化运营

消费在变化，供给要改革。中央经济工作会议以后，发改、财政、金融、国资和宣传部门将会围绕中央重点部署的国家重大工程加大建设力度，国家文化公园、世界级旅游城市、世界级旅游景区和度假区、国家级旅游城市和街区、世界一流企业等旅游供给侧创新将随之提速，文化和旅游也将在更深程度、更大范围和更高层次上加速融合。文化和旅游部门要在规划引领、建设指导和市场宣传方面积极作为，主动发声，切实加强对区域性重点工作的指导，包括但不限于青海国际生态旅游目的地、宁夏贺兰山东麓世界葡萄酒旅游目的地、辽宁东北亚国际旅游目的地、阿尔山旅游度假区等。2023 年是"十四五"规划承上启下的关键一年，规划目标和相关任务受疫情影响在前两年有所耽搁。要把工作重心放到"1+2+8"规划体系落实上来，根据党中央国务院最新要求，结合市场发展情况对相关规划内容进行评估调整。

经此一疫，城市的旅游消费中心和市场基础支撑地位更加突出，都市休闲、周边和近程旅游已经成为旅游投资基础支撑和创业创新的主引擎。本地旅游休闲的市场规模、消费频次和增长速度，将是旅游投资和项目建设的空间布局，以及运营基地和市场节点选择时优先考量的因素。相对于远离客源市场的传统旅游目的地和旅游景区度假区，那些人口净流入的城市，尤其是常住人口超过1000万人、地区生产总值超过1万亿元、地方财政收入超过1000亿元、社会商品零售总额和居民存款高的大城市及其周边100千米范围内的城市和乡村，将会成为旅游增量投资高地和创业创新策源地。这并不意味着广大中西部和东北地区，以及乡村没有投资机会，而是会更加依赖来自基础设施和公共服务领域的政府投资和财政、发改、金融部门的政策支持、中央和地方国有旅游集团的战略投资，商业机构和民营企业更加强调现金流的稳定，对加杠杆的投资模式会更加谨慎。

景观之上是生活，旅游者在行程中更加看重文化内涵和场景体验，旅游目的地的价值重点正在从风景转向场景。中国旅游研究院12月11日发布的《潮品牌新势力：2022中国旅游创业创新案例》表明：投资机构和旅游运营商在细分市场上加大了融合创新的力度，露营经济、近郊度假、社群旅游、旅游+轻体育、时尚餐饮、艺术酒店等，正在用优质的供给创造全新的需求。从错峰旅游到反向旅游，再到囤旅游，是新时代旅游者追求性价比、个性化和品质体验的理性选择的结果。疫情期间，人们欣赏身边的美丽风景，体验日常的美好生活，在老地方寻找新玩法。疫情过后，为都市休闲和周边旅游而购买的帐篷、冲锋衣、烧烤架、野餐垫、滑雪板、天文望远镜等休闲装具不会闲置，当地玩乐的朋友圈也会保持相应的活跃度，进而影响中远程旅游目的地围绕生活方式而规划项目和研发产品。因为科技创新和数字化转型，一个面向新需求、依托新动能、分工深化和链条延展的现代旅游业体系正在加速形成。

发展建议三

指导各地利用相对积极的财政政策、金融政策、社会保障政策和产业政策，合理运用优惠、减免、奖补等方法刺激旅游经济复苏增长

党的二十大报告提出，"优化民营企业发展环境，依法保护民营企业产权和企业家权益，促进民营经济发展壮大""支持中小微企业发展。深化简政放权、放管结合、优化服务改革"，继国务院常务会议多次强调"要尽可能吸引民间投资"后，2022年11月7日，国家发展和改革委员会发布《关于进一步完善政策环境加大力度支持民间投资发展的意见》，提出支持民间投资参与102项重大工作等项目建设，支持制造业民间投资转型升级等21条举措。新时代的旅游集团和旅行服务商、旅游住宿商、旅游景区和度假区等各类旅游业态，要更加强调自身作为企业的共同属性，用足用好各类普惠性的财政、发展、金融、社会保障和产业政策。

旅游业没有天然的嫡系部队，谁能保障人民的旅游权利，为广大游客提供高品质的游前、游中和游后服务，谁就是旅游系统的嫡系部队；旅游业也没有一成不变的主力军，谁有强大的竞争力、创新力和社会影响力，谁就是旅游业的主力军。

基于旅游供给变迁的系统研究和产业演化逻辑的科学把握，**新时期旅游产业政策的价值取向要及时从之前的纾困解难转向对旅游投资机构和市场主体的创新引导上来**。回顾过去三年的政策取向[①]，2020年主要是稳市场主体，免征增值税、税费优惠、旅游服务质量保证金、住房公积金、担保、贷款、失业保险、复产、金融服务等，以及针对旅行社、在

[①] 参见中国旅游研究院微信公众号2022年12月15日头条内容《政策促进、产业创新与旅游复苏——中国旅游集团化发展报告（2022）》，作者：戴斌、胡咏君、朱昊赟、曹洋、张雯影、战冬梅、叶瑶。

线旅行商（OTA）实施退费免税等政策，帮助企业"活下去"。2021年重点保就业，政策关键词包括稳岗扩岗、社会保险、人员培训、个人所得税、住房公积金、增值税、免征税等。2022年重点扩消费，关键词包括消费券、消费业态、营销宣传、零售、产业链、科技赋能等。

发展建议四

保持助企纾困政策的延续性，避免市场主体未复工先失血

旅游市场复苏需要过程，旅游企业经营情况改善有快有慢，不能疫情管控放开了，对旅游企业的帮助扶持就不管不顾了。减税降费、缓缴社保等政策大多截至2022年底，随着社保基数上涨，需要补缴的社保费用负担陡增。按照目前的政策规定，2023年3月31日后旅行社补缴保证金压力很大。使得2023年很多旅游企业会迎来刚性成本兑付"洪峰"。要适时延长涉旅优惠政策时限，错开政策到期期限，鼓励质保金保险产品研发推广。要转危为机，继续推动《关于金融支持文化和旅游行业恢复发展的通知》《关于进一步完善政策环境加大力度支持民间投资发展的意见》等政策文件落地，解决长期困扰旅游企业间接融资获批难、费率高等难题。

三、终结入出境市场萧条周期，重构全球旅游话语体系

2022年12月27日，国务院联防联控机制外事组发布《关于中外人员往来暂行措施的通知》，自2023年1月8日起，根据《中华人民共和国国境卫生检疫法》，不再对入境人员和货物等采取检疫传染病管理措施；根据国际疫情形势和各方面服务保障能力，本着试点先行原则，有序恢复中国公民出境旅游。这与我们在2022年9月下旬的预判是一致的：随着政策储备、压力测试和精准防控经验的积累，中国的入出境旅游市场在2022年底2023年初迎来一个稳步复苏和逐步回暖的窗口期，是完

全可以期待，也是需要从现在起就要认真准备的。①考虑到入出境旅游的消费决策重启、供给要素重组和配套政策出台都需要时间，市场也有一个从谨慎到积极的预期调整过程，能够显现为市场热度和行业感知的政策效应可能需要一个季度左右的过渡期。鉴于出境旅游者、市场主体和海外旅游目的地对入出境政策的响应，以及团队旅游业务在出境旅游市场的代表性，旅游部门宜及时发布重启入出境团队旅游业务政策文件并对出境旅行社和海外旅游目的地做必要的行政指导。

发展建议五

及时发布团队旅游和"机票+酒店"旅游业务的重启政策，给予旅行服务商特别是数千家出境旅行社以发展的信心和稳定的预期

各大出境旅游批发商、零售商和资源商，以及海外旅游目的地供应商，从现在起就要做好专业人员召回与培训、同业关系重建、资源重组和产品研发的准备，迎接第二季度以后的全年入出境市场持续快速回暖。从机票搜索、出游意愿等先行指标来看，日本、韩国、泰国、中国香港和中国澳门等周边市场可能是先行复苏的目的地，然后是西亚和欧洲等中远程市场。在此进程中，商务、探亲、研学将起到基础支撑作用，随之跟进的观光、休闲和度假市场将会更加强调依托商业环境和公共文化场景，更加强调对当地生活方式的深度体验。

根据外交部的官方消息，我国已经与150个国家缔结各类互免签证协定或者安排，中国公民持所适用的护照前往这些国家短期旅行通常无须事先申请签证。虽然绝大多数国家要求外交、公务和普通公务护照，但是波黑、阿联酋、圣马力诺、亚美尼亚等国已经对普通护照给予了免

---

① 戴斌，《中国入出境旅游复苏的进程研判与政策展望》，中国旅游研究院微信公众号2022年9月23日。

签待遇，俄罗斯、乌拉圭、阿塞拜疆等国则开放了团体旅游的免签证。种种迹象表明，中国正在加速重归世界旅游体系，重构世界旅游经济格局，正在迎来从旅游资源大国到旅游大国再到旅游强国的新时代。这个新时代不仅是因为我们有重启后全球最大的旅游客源市场，以及竞争力、创新力和影响力持续增长的旅游市场主体，还因为我们有人类命运共同体理念指引下的全球旅游治理的中国方案。这个方案需要为全球旅游业"共同复苏、强劲复苏"贡献包括出境旅游消费、跨国旅游投资，以及文化、教育、科技与旅游融合发展的中国力量。这个方案也需要世界各国各地区与中国相向而行，共同推动签证便利化和海外旅行便捷性，持续扩大国际旅游市场规模，为建设一个持续繁荣的世界旅游经济而努力奋斗。这个方案还需要各国各地区旅游业界坚守团结协作的初心，推动国际旅游产业合作，推动建设绿色、开放、共享的世界旅游新格局，为文化传承、文化创造和文明发展做出更大的贡献。

新时代的国家旅游战略，不可能、也没有必要追求持续性的服务贸易顺差，更没有必要对每个国家在任何时候都追求顺差。适度的旅游与旅行贸易逆差有利于保持国际收支基本平衡，以及跨境资金流动平稳有序。据国家外汇管理局数据，2022年前三季度，我国国际收支保持基本平衡，经常账户顺差3104亿美元。值得关注的有两个数据，一是货物贸易顺差5216亿美元，创历史同期新高；二是旅行逆差797亿美元，同比增长18%，主要是跨境留学支出有所增加。面对疫后恢复和格局重构的世界旅游业，旅游系统和旅游行业要自觉践行以习近平同志为核心的党中央提出的实现人类共同发展的"中国方案"——人类命运共同体理念，为世界旅游业的繁荣发展贡献中国力量。党的十八大明确提出"要倡导人类命运共同体意识，在追求本国利益时兼顾他国合理关切"。2021年5月31日，习近平总书记在十九届中央政治局第三十次集体学习时指出，

"讲好中国故事，传播好中国声音，展示真实、立体、全面的中国，是加强我国国际传播能力建设的重要任务"。这就要求我们将民族全面复兴和人的全面发展的中国梦作为入境旅游的新动能，也要求出境旅游要自觉承担展示新时代中国形象的重任，推动有实力的市场主体走出去，用好国际国内两个市场、两种资源，建设世界一流的旅游集团。在国际交流合作进程中，特别是双边框架下的旅游年、多边机制中的旅游部长会、互设文化中心和旅游办事处、国际旅游交易会、ADS更新升级磋商等议程和会务中，主动设置世界旅游共同体建设的议题，在全球旅游治理中发出更多的中国声音，贡献更多的中国智慧。这需要政府、业界和市场多元主体本着理性务实的原则，打破各说各话、各行其是的固有模式，在协商共识的基础上相向而行。

四、终结单向度旅游发展模式，重构以人民为中心的当代旅游发展理论

在中国式现代化全面推进中华民族伟大复兴的进程中，旅游业面临着理念重构和实践创新的现实课题。20世纪80年代，旅游发展的指导思想是"创汇导向，入境为主；政府主导，适度超前"，强调旅游业的经济属性和市场化取向。20世纪90年代提出发展国内旅游，培育"国民经济新的增长点"。1999年的"国庆黄金周"，标志着城乡居民旅游意识的觉醒和以国民消费为基础的大众旅游市场的形成。2009年国务院发文，明确提出"把旅游业培育成为国民经济的战略性支柱产业和人民群众更加满意的现代服务业"。2013年颁布的《中华人民共和国旅游法》彰显了保护旅游权利和发展旅游产业的国家意志，2021年全国人民代表大会通过的《中华人民共和国国民经济和社会发展第十四个五年规划和2035年远景目标纲要》和国务院发布的《"十四五"旅游业发展规划》，

进一步彰显了以人民为中心的旅游发展理念。

中国式现代化要求丰富人民精神世界，实现全体人民共同富裕，促进人与自然和谐共生。**旅游业要将推进人的全面发展和精神层面的共同富裕作为新时代的发展目标，不仅要强调经济属性，也要强调文化内涵；不仅有产业功能，也有事业目标；不仅要市场供给，也要公共服务。**进一步强化平民、平等和平稳的发展理念，让更多人有得游、游得起、玩得好。通过发展国内旅游和出境旅游，推动全体人民精神生活的共同富裕，让游客在行程中体验文化之美，增强文化自信。坚持以文塑旅、以旅彰文，推进文化和旅游深度融合，发展大众旅游、智慧旅游、绿色旅游和文明旅游，应当成为新时代旅游业必须坚守的价值取向。

坚持以人民为中心的发展理念，将"游客满意度高不高""市场主体竞争力强不强""发展动能新不新"作为新时代旅游业高质量发展的衡量指标，在质的有效提升基础上寻求量的合理增长。进一步加强需求侧管理，以需求侧管理促进供给侧结构性改革，特别是要下更大的力气研判城市和农村居民的旅游需求及其变化。加速推进农业农村现代化，让更多的农村居民不仅以旅游接待者，而且以旅游消费者身份加入旅游进程。一旦广大农村居民的旅游意识被唤醒，旅游消费的内需基础将更加坚实，也将为旅游创业创新带来全新的想象空间。强化客源地思维，将新时代旅游工作重点转移到城市中来，以主客共享、存量利用、增量拉动的新理念指导资源开发和项目建设。山水林田湖草沙等自然资源，历史遗存、文化遗产、民族风情、民间文化等人文资源是观光旅游的本底资源，文化创意、科技创新、人才创业则是休闲体验、场景建设和度假旅游的关键要素。创新旅游统计理论，完善需求导向的数据体系，让高质量的旅游数据成为美好生活的温度计、共同富裕的测量仪和旅游业高质量发展的加速器。

中国式现代化要求促进人与自然和谐共生，推动构建人类命运共同体，创造人类文明新形态。**无论是各级政府主导的旅游目的地建设，还是各类市场主体的旅游投资和商业运营，都要发展绿色旅游和文明旅游。** 在全面建设社会主义现代化强国的进程中，我国将在世界旅游经济体系中扮演更加重要的角色，发挥更为关键的作用。民族复兴和人民幸福的中国梦将为国家旅游形象注入全新内涵，吸引"一带一路"沿线国家、APEC、RCEP、上海合作组织成员和金砖国家的更多游客来访，同时也会有越来越多的中国游客在这颗蓝色的星球上自由地行走。外国的旅行服务商、酒店管理公司和专业人士可以进来，中国的企业也可以走出去，统筹用好国际国内两个市场两种资源，并接受全球化市场规则和商业伦理的考验。

没有什么力量能够阻止人民对美好旅行生活的向往，也没有什么力量能够阻挡旅游业高质量发展的进程。全体旅游人团结起来，在大众旅游、文明旅游的旗帜下，在智慧旅游、绿色旅游的道路上，让无力者有力，让抱薪者温暖，让创新者前行！

2022年旅游经济回顾与2023年展望

北京·2023年1月1日

前沿趋势

02 QIANYAN QUSHI

在中国式现代化进程中建构旅游业新思维

改革开放四十多年来,经济属性和市场取向一直都是旅游发展的主基调,围绕目的地开发建设景区、度假区、酒店、民宿、免税店、旅游演艺和沉浸式演出项目,并持续迭代升级。20世纪90年代是入境旅游的黄金十年,旅游业走了一条"创汇导向,入境为主;政府主导,适度超前"的发展模式。20世纪90年代中后期的旅游发展目标是培育"新的经济增长点",以缓解需求不足的经济下行压力,客观上促进了国民消费为基础的大众旅游的发展。2009年,国务院颁布《关于加快发展旅游业的意见》,提出了"国民经济的战略性支柱产业和人民群众更加满意的现代服务业"两大战略目标。2013年开始实施《中华人民共和国旅游法》,提出"旅游权利"的理念。2018年组建文化和旅游部,融合发展提上了议事日程,党的二十大做出明确部署,"坚持以文塑旅、以旅彰文,推进文化和旅游深度融合发展"。

相对于目的地建设和增量供给,作为生活方式和国民权利的社会属性则没有得到应有的彰显,也鲜见成体系的面向客源地的消费促进政策。之所以如此,是因为有一波接一波的"开放红利""政策红利""人口红利"。随着大众旅游进入全面发展的新阶段,旅游市场也发生了显而易见的新变化,一是消费的个性化与多样性并存,客源流动更加向城市集中;二是城市居民消费升级的同时增速开始趋于下降;三是下沉市场特别是广大农村居民的旅游休闲需求尚未得到有效满足。

中国式现代化要求丰富人民精神世界,实现全体人民共同富裕,促

进人与自然和谐共生。将促进共同富裕与促进人的全面发展相统一,既是马克思主义的基本观点,也是社会主义的本质要求,更是中国共产党人的一贯追求。旅游业要将推进人的全面发展和精神层面的共同富裕作为新时代的发展目标,不仅要强调旅游的经济属性,也要强调文化内涵;不仅要凸显产业功能,也要彰显事业目标;不仅要有效的市场供给,也要完善的公共服务。从人民的旅游权利出发,让更多人有得游、游得起、游得好,是新时代旅游发展战略的题中之义,也是旅游人的应尽之责。

中国将继续坚持以人民为中心的大众旅游发展方向。旅游是人民的权利,是日常的生活方式。今天,旅游已经成为国民大众的日常生活和多数人的刚性需求。去哪儿网的数据表明:购买人生第一张机票的主力群体的平均年龄,已经下沉到20岁至25岁,"了不起的小镇旅行家"已经成为社会现象。其中近一半游客来自三线及以下城市,包括内蒙古的阿尔山、青海的祁连、新疆的喀什、云南的楚雄……覆盖了1827个县级城市。这意味着越来越多的城乡居民有意愿,也有能力去远方欣赏不一样的美丽风景,体验高品质的美好生活。与此同时,我们也要看到疫情前年均4.3次的国民出游率、人均7.82天的出游时间、节假日平均270千米的出游距离、人均每次940元的旅游花费,与人民对小康社会旅游梦想的期待还有很大的努力空间。只有不断扩大包括广大农村居民在内的旅游市场基础,才能彰显大众旅游的人民性,才能彰显旅游业应有的时代意义。只有让千千万万的老百姓,让千千万万的小镇青年都能够出去旅游,领略山河壮美,领悟文化魅力,才能实现当代旅游的价值,才能真正厚植现代旅游业的市场基础。这是包括宏观调控、微观治理、资源开发、产业投资、内容创造、场景营造、融合创新,一切涉旅工作应当也必须遵循的原则。

中国将加快推进以现代化为导向的智慧旅游发展道路。"人山人海吃红利、圈山圈水收门票"的旅游发展模式已经过去，自助、自驾、个性化和多样性的当代，要求移动互联网、人工智能、5G通信和现代金融创造更多消费场景，推进现代旅游业体系建设和高质量发展。伴随移动互联网的兴起，需求侧牵引的智慧旅游已经进入消费场景建设的新阶段，今后必然走向供给侧驱动的现代旅游业。旅游产业现代化意味着市场分工的深化、产业链条的延伸，以及大型企业集团化发展、中型企业专业化经营和小微企业协同创新的商业生态体系的形成。面对全球旅游业的竞争，我们必然清醒认识到：科技是第一生产力，人才是第一资源，创新是第一动力，新领域、新赛道、新动能、新优势是推动旅游业高质量发展的必由之路。

中国将积极践行生态文明为指引的绿色旅游发展模式。尊重自然、顺应自然、保护自然，是全面建设社会主义现代化国家的内在要求，也是新时代旅游发展必须要遵循的根本原则。绿水青山就是金山银山、冰天雪地也是金山银山、山水林田湖草沙是相互依存的生命共同体，在习近平生态文明思想指导下，国家将建设一批绿色旅游先行区。绿色旅游发展理念将贯穿资源开发、投资建设、产品研发、企业经营和市场推广全过程，并形成一批可复制可推广的经验。国家还将在《中国公民国内旅游文明行为公约》《中国公民出国（境）旅游文明行为指南》等文件的基础上，进一步加大文明旅游的宣传力度，引导游客与自然和谐共生，与文化遗产守望相助，与当地居民平等交流。

中国将努力构建开放共享主基调的文明旅游新境界。旅游是文化的传承与创造，是中国式现代化内含的精神富裕，也是不同文明、多元文化和不同民族之间的平等对话。读万卷书、行万里路，自古以来就是中华民族的优秀传统，出国旅游尤为人民所向往。我们将通过"亚洲旅游促进计划"、"一带一路"倡议、上海合作组织、亚太经合组织等多边机制，以及互办旅游年等双边活动，更好发挥世界旅游联盟、世界旅游城市联合会、国际山地旅游联盟等行业组织的作用，让各国各地区分享中国出境旅游的发展机遇。在发展出境旅游的进程中，政府会更加关注游客安全和服务品质，而不再谋求任何时候对任何国家都保持服务贸易顺差。我们也要在国家层面实施入境旅游振兴计划，在全球推广"美好中国"的主体形象，统筹协调外交、移民、海关、口岸、工业与信息化、金融、文化和旅游等部门，实施更加便利化的签证、边检、支付、物流政策，以更高品质的国内资源开发、产品创新和公共服务满足海外游客的居停需求。

2023 中国旅游休闲娱乐产业高峰论坛主论坛
2023 年 3 月 25 日

新时代中国旅游的方向、路径与政策

2023年春节是中国对新冠肺炎实施"乙类乙管"政策后的第一个公众假期，全国旅游出游3.08亿人次，实现旅游消费3758.43亿元，分别恢复到2019年同期的88.6%和73.1%，成为2020年以来旅游业最好的春节假期。

2月6日，中旅旅行、携程、广之旅、春秋、凯撒、中青旅等旅行社组织的多个出境游首发团，及其在泰国、菲律宾、印度尼西亚受到的礼遇，极大提振了旅游消费预期和市场信心，进一步奠定了全年旅游经济**"高开稳增，持续回暖"**的市场基础。基于财政、经济、消费、投资、民航、交通、入出境管理等宏观政策，以及对居民出游意愿、员工招聘、企业家信心和目的地推广等先行指标的综合研判，**我们有理由对2023年的中国旅游经济保持乐观预期。预计全年国内出游人次、旅游消费、入出境旅游人次分别恢复到2019年的85%、75%和40%，并于2023年底2024年初进入正常发展轨道和高质量发展新阶段。**

过去三年，旅游市场受到前所未有的冲击，消费行为，以及人们对旅游的认知也发生了重大变化。人们之前对旅游的认知是距离越远越好，跨县、跨市、跨省，最好是国际和洲际旅行；时间越长越好，不过夜就不算是旅游；旅游场景越典型越好，名山大川、草原、森林、湖泊、古村古镇和历史文化名城、历史遗迹、文化遗产。疫情期间，出境旅游几乎消失，国内旅游距离在节假日则收缩到100千米左右。而今，人们更愿意欣赏身边的美丽风景，享受日常生活的美好，比如上海春秋推出的

"建筑可阅读,城市微旅游",比如马蜂窝的"周末请上车"。对远方的选择,也不再仅限于热门城市和热点景区,**从戏剧场到菜市场,都可以成为旅游的场景**,包括出境旅游的消费决策也开始趋于理性。"反向旅游""平替旅游""宅度假"等新需求,看上去是个性,本质上是理性,其底层逻辑无非是游客在"成本—收益"框架下的消费选择。

从 1999 年国庆节七天长假到今天,中国已经进入大众旅游全面发展的新阶段,市场在下沉,消费在升级。游客需求和消费行为的变化,必然影响商业供给和产业动能的创新,进而影响产业政策和规制体系的调整。从更为宏观的层面上看,中国已经完成脱贫攻坚、全面建成小康社会的历史任务,正在以中国式现代化全面推进中华民族伟大复兴。在这一战略背景下,**旅游业需要新思维和新政策,有效提升市场推广、目的地建设、公共服务和产业创新水平**。

中国将继续坚持以人民为中心的大众旅游发展方向。旅游是人民的权利,是日常的生活方式。让每一位国民有得游、游得起、游得开心、玩得放心,让诗和远方的梦想照进全面小康的现实,是新时代的国家旅游方略。今天,旅游已经成为国民大众的日常生活和多数人的刚性需求。去哪儿网的数据表明:购买人生第一张机票的主力群体的平均年龄,已经下沉到 20 至 25 岁,其中近一半游客来自三线及以下城市,包括内蒙古的阿尔山、青海的祁连、新疆的喀什、云南的楚雄……覆盖了 1827 个县级城市。这意味着越来越多的城乡居民有意愿,也有能力去远方欣赏不一样的美丽风景,体验高品质的美好生活。与此同时,我们也要看到疫情前年均 4.3 次的国民出游率、人均 7.82 天的出游时间、节假日平均 270 千米的出游距离、人均每次 940 元的旅游花费,与人民对小康社会旅游梦想的期待还有很大的努力空间。

中国将加快推进以现代化为导向的智慧旅游发展道路。"人山人海吃红利、圈山圈水收门票"的旅游发展模式已经过去，自助、自驾、个性化和多样性的当代，要求移动互联网、人工智能、5G通信和现代金融创造更多消费场景，推进现代旅游业体系建设和高质量发展。伴随移动互联网的兴起，需求侧牵引的智慧旅游已经进入消费场景建设的新阶段，今后必然走向供给侧驱动的现代旅游业。旅游产业现代化意味着市场分工的深化、产业链条的延伸，以及大型企业集团化发展、中型企业专业化经营和小微企业协同创新的商业生态体系的形成。面对全球旅游业的竞争，我们必然清醒认识到：科技是第一生产力，人才是第一资源，创新是第一动力，新领域、新赛道、新动能、新优势是推动旅游业高质量发展的必由之路。

中国将积极践行生态文明为指引的绿色旅游发展模式。尊重自然、顺应自然、保护自然，是全面建设社会主义现代化国家的内在要求，也是新时代旅游发展必须要遵循的根本原则。绿水青山就是金山银山、冰天雪地也是金山银山、山水林田湖草沙是相互依存的生命共同体，在习近平生态文明思想指导下，国家将建设一批绿色旅游先行区。绿色旅游发展理念将贯穿资源开发、投资建设、产品研发、企业经营和市场推广全过程，并形成一批可复制可推广的经验。国家还将在《中国公民国内旅游文明行为公约》《中国公民出国（境）旅游文明行为指南》等文件的基础上，进一步加大文明旅游的宣传力度，引导游客与自然和谐共生，与文化遗产守望相助，与当地居民平等交流。

中国将努力构建开放共享主基调的文明旅游新境界。旅游是文化的传承与创造，是中国式现代化内含的精神富裕，也是不同文明、多元文化和不同民族之间的平等对话。读万卷书、行万里路，自古以来就是中华民族的优秀传统，出国旅游尤为人民所向往。我们将通过"亚洲旅游促进计划"、"一带一路"倡议、上海合作组织、亚太经合组织等多边机制，以及互办旅游年等双边活动，更好发挥世界旅游联盟、世界旅游城市联合会、国际山地旅游联盟等行业组织的作用，让各国各地区分享中国出境旅游的发展机遇。在发展出境旅游的进程中，政府会更加关注游客安全和服务品质，而不再谋求任何时候对任何国家都保持服务贸易顺差。我们也要在国家层面实施入境旅游振兴计划，在全球推广"美好中国"的主体形象，统筹协调外交、移民、海关、口岸、工业与信息化、金融、文化和旅游等部门，实施更加便利化的签证、边检、支付、物流政策，以更高品质的国内资源开发、产品创新和公共服务满足海外游客的居停需求。

世界旅游联盟·湘湖对话

杭州·2023年2月24日

复苏阶段的旅游政策与工作重点

一、旅游经济已经进入复苏向上新通道，繁荣可期

过去三年，深度萧条的数据已经刻成共和国旅游发展的年轮，成为业界永远的记忆。中国旅游研究院（文化和旅游部数据中心）对比疫情前国内和入出境旅游市场的潜在增速，首次对 2020—2022 年三年期间全国旅游经济损失建模测算，国内旅游人数减少 124.02 亿人次，国内旅游总收入损失约 13.47 万亿元；入境游客人数减少约 3.7 亿人次，损失国际旅游收入约 3620.6 亿美元，折合人民币 2.41 万亿元。加上出境游客购买国内航空公司机票、购买保险、行前装备、办理签证和面签涉及的交通及住宿等行前花费[①]，损失的出境游行前消费约 3709 亿元人民币。**过去三年，全国旅游消费至少损失了 16.27 万亿元，相当于同期全国社会消费品零售总额的 12.8%，平均每人每年减少旅游消费约 3841 元。**

表 1 2020—2022 年旅游市场潜在损失估算

年度	国内旅游人数损失（亿人次）	国内旅游收入损失（万亿元）	入境旅游人数损失（亿人次）	国际旅游收入损失（亿元）	出境旅游行前花费损失（亿元）
2020	36.07	4.04	1.20	8014.45	1236.01
2021	37.59	3.95	1.23	7748.55	1201.87

---

① 根据联合国经济和社会事务部、联合国统计司及世界旅游组织颁布的《2008 年国际旅游统计建议》，出境旅游行前花费计入国内旅游消费，目前我国没有计入国内旅游总收入。

续表

年度	国内旅游人数损失（亿人次）	国内旅游收入损失（万亿元）	入境旅游人数损失（亿人次）	国际旅游收入损失（亿元）	出境旅游行前花费损失（亿元）
2022	50.36	5.48	1.27	8349.91	1271.02
合计	124.02	13.47	3.70	24 112.91	3708.90

根据旅游附属账户法（TSA：Tourism Satellite Account），过去三年，我国旅游业增加值合计损失约 10.95 万亿元，平均每年拉低全国 GDP 名义增速 1.27 个百分点。根据产业人均 GDP 估算，全国旅游就业人数由 2875 万人收缩至 1600 万人左右，43.4% 的旅游从业者暂时或永久离开了旅游行业。历经三年的深度萧条，让旅游业经历了有史以来最艰巨的挑战和最漫长的复苏，也表现出最顽强的韧性和最坚定的信心。

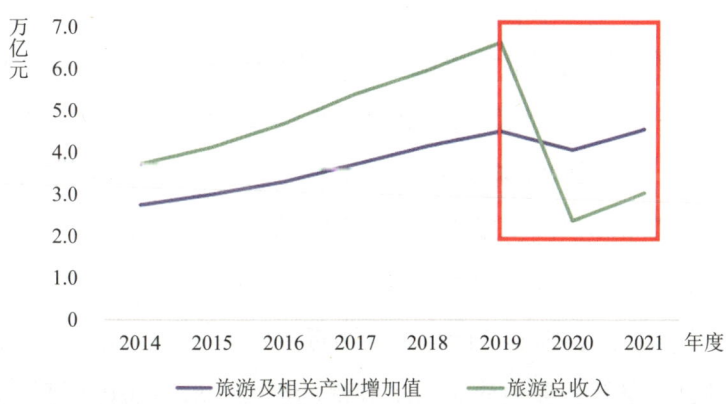

图 1　国家统计局相关部门统计的旅游及相关产业增加值与旅游总收入

受居民出行和接触性消费政策宽松、宏观经济稳中向好、中央和地方促进消费措施等多重利好影响，2023 年上半年的旅游经济进入了"稳开高走、加速回暖、量价齐升、供需两旺"的全面复苏新通道。无论是居民出游意愿、游客满意度、企业家信心、旅游经济运行综合景气指数，还是出游距离、目的地游憩半径，均已达到或者接近 2019 年水平。

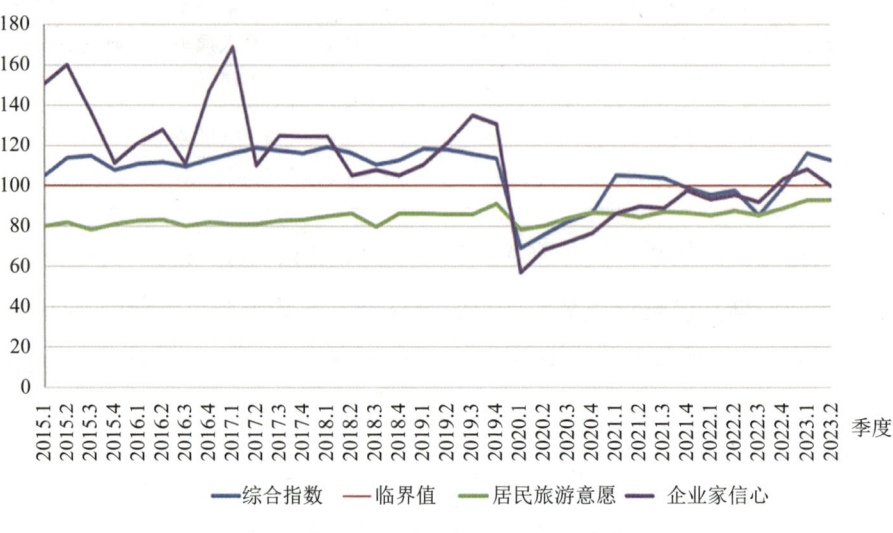

图 2　2015 年 Q1—2023 年 Q2 旅游经济景气指数

暑期旅游市场复苏继续提速，多数目的地接待游客人数达到历史最高水平。据中国旅游研究院（文化和旅游部数据中心）测算，**2023 年暑期（6~8 月）全国国内旅游人数达 18.39 亿人次，实现国内旅游收入 1.21 万亿元**。随着市场热度不断走高，旅游产业景气开始由景区、餐饮、住宿、交通等上游资源商向票务代理、渠道分销、导游、领队为代表的旅行服务业全面扩散，客群流向也开始由近程向远程目的地扩散。受研学、亲子、避暑、康养、度假旅游需求高涨的影响，城乡居民更愿意在目的地居停更长时间。大数据监测显示，全国游客暑期在外游玩时间明显增加，同比涨幅达 36.77%。

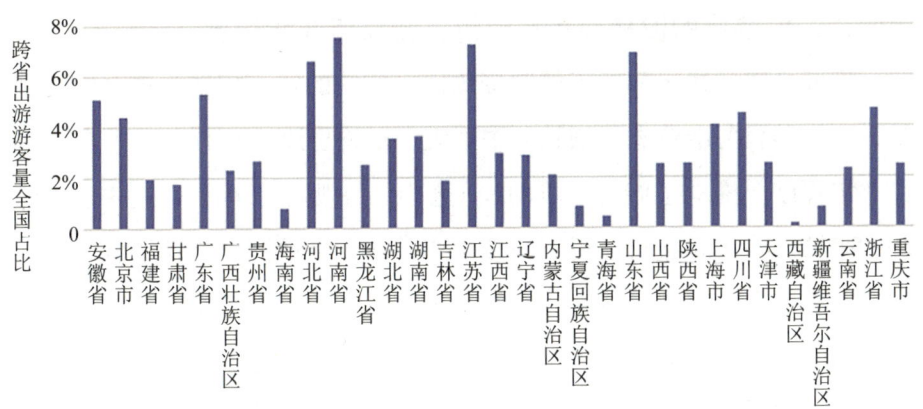

图3 2023年暑期各省跨省出游游客量全国占比

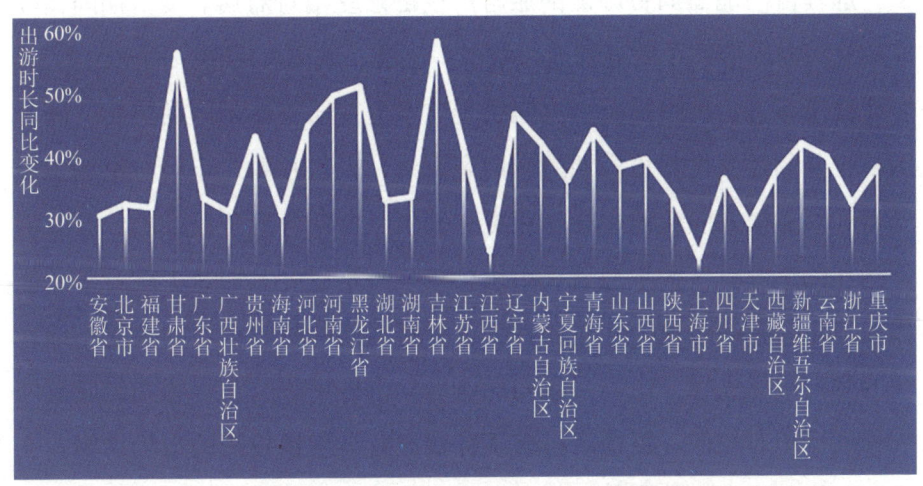

图4 2023年暑期各省域出游半径和出游时长

多重、多维、连续性数据表明，旅游经济已经不可逆转地从萧条走向复苏，我们有理由对即将到来的中秋、国庆节假日旅游和全年旅游经济持积极乐观的预期。随着文化、艺术、科技、教育等创业创新动能的积聚，以及更多政策利好效应的释放，旅游经济步入繁荣期指日可待矣。

二、旅游业的旧格局正在消解，新秩序开始构建

疫情打破了线上和线下的市场均衡，传统的线下旅游生态系统特别是入境旅游服务诸业态受到的冲击更大，影响更深。2003年"非典"疫情一定程度上推动了旅游市场的线上替代，去哪儿、同程、途牛、马蜂窝、驴妈妈等在线旅行商得以快速崛起，新冠疫情同样推动了旅游交易加速由线下走向线上，抖音、小红书等新媒体在旅游营销、揽客和交易等方面的作用更加明显，并呈战略进入态势。相比之下，由于刚性沉没成本大、游客非接触式交易增多等原因，多数线下旅游企业还需要更长时间修复供应链和现金流。**疫情也打破了本地和外地供给体系的市场均衡，远程目的地面向资源侧的旅游产业链修复相对滞后**。疫情期间，收缩的旅游需求得到了就近释放，城市微旅游、城市可阅读、周末请上车、海派城市考古、精致露营、火锅巴士、水上茶居等休闲产品热卖。随着旅游企业的经营优势由资源侧转向客源侧，人口基数之于旅游市场主体分布和商业模式演化的主导作用更加突出。近期各地争相推出的旅游消费券和优惠券更多被本地居民申领核销，一定程度上加速了旅游市场主体在地化经营的步伐。相对而言，远程目的地的旅游企业因缺乏本地客源的基础市场支撑，市场回暖相对滞后，市场主体的获得感和供应链恢复程度也相对较低。**疫情还打破了存量经营与增量投资的市场均衡，去杠杆和修复资产负债表成为旅游市场主体的优先考量**。受疫情影响，绝大多数旅游企业资产负债表明显衰退，负债率明显增加。进入市场恢复期以后，旅游企业更倾向于通过主辅业分离、出售重资产、品牌和管理输出等方式修复资产负债表，而不是扩大投资增加杠杆。当前旅游经济的复苏向上主要是消费拉动的结果，而生产可能性曲线的移动更多是由投资和创新驱动的，如何解决旅游领域"政府不能投，企业不愿投"的困境，是当前政策导向，也是推进旅游业高质量发展的重点任务。

资源开发新动能正在积聚，目的地建设新格局正在构建。 随着大众旅游从初级阶段走向全面发展新阶段，多样性和品质化的消费需求开始倒逼旅游供给侧创新和结构性优化，"人山人海吃红利、圈山圈水收门票"的简单再生产模式将为资本和技术驱动的迂回生产模式所取代。不同空间尺度的旅游目的地都要在山水林田湖草沙等自然资源、考古遗址文博场馆等文化资源基础上，转向科技应用、文化创意、场景创建、产品研发、人力资源等新动能上来，并以此延展旅游产业链，培育多元共生的旅游业生态体系。散客、自主、自助的大众旅游全面发展新时代，我们无法囿于传统小旅游模式推进新时期旅游业的高质量发展，必须依托中国式现代化推进民族复兴、人民幸福的"中国梦"发展成就，包括交通、市政、民生等基础设施和公共服务，以及现代化工业、农业、商业、物流等商业环境，将旅游纳入国家公园、国家文化公园等国家战略，相互赋能，双向奔赴。**景观之上是生活，旅游目的是生活环境的总和。** 要深入贯彻以人民为中心的大众旅游发展理念，持续完善旅游基础设施和公共服务，向游客开放更多的城市公园、郊野公园、文博场馆、教科机构和公共休闲空间，让人民在这片美丽的国土上自由行走，让每一座城市、每一片街区、每一个乡村都成为近悦远来、主客共享的美好生活新空间。

提升要素生产率和企业创新力，构建竞争导向的旅游产业新格局。 以旅行社、在线旅行商和导游为代表的旅行服务商，以酒店和民宿为代表的旅游住宿商，以景区、度假区、街区为代表的旅游休闲空间，是典型的旅游市场主体，其竞争力的强弱直接决定了旅游业从复苏走向繁荣的时代进程。鼓励市场主体寻求长期的竞争优势，而非短期的垄断地位，并在竞争力中通过研发投入和数字化转型不断提升旅游业的全员生产率，形成"旅游集团协同创新、中型企业专业化经营、小微企业数字化生存"的新格局，应是复苏阶段旅游政策的价值取向。旅游系统不能只满足于开大会、颁文件、发牌子，还要采取务实有效的措施引领市场主体的内容创造、场景营建、产品研发和品质提升，让导游、领队、研学旅行指导师、宴会定制师等基层旅游工作者和一线从业人员拥有合理的薪酬待遇和良好的社会声誉。

三、旅游政策转向供应链重构和新业态培育，工作重点转向优质产品和品质服务

随着需求侧发力的旅游市场加速回暖，旅游政策要转向供应链重构和产业生态培育。过去三年，中央和地方政府推出了多种纾困解难政策，市场主体有一定获得感。需要关注的是，由于纾困政策往往指向交易指标，导致营业额/交易额越大的企业获得支持越多，文化和旅游消费券也主要投向大型平台商和头部企业，客观上导致了头部企业"赢者通吃"，本地、民营和小微企业经常望政策而兴叹。从上半年和暑期数据来看，大型平台商已经率先实现了扭亏为盈，而小微旅游企业则面临营收下降和平台佣金高企的压力。**从现在开始，旅游产业政策应更加关注产业链的修复和产业生态的发育，努力提升小微企业的获得感，鼓励细分赛道的专精特新创业企业成长**。要防止头部企业借助政策效应加快市场份额，进而形成"市场尚在恢复，产业垄断已成"的态势。鼓励头部企业聚焦主业，弱化非相关化多元化业务，慎用"闭环"策略，引导OTA平台适当下调供应商佣金，为小微企业和创业公司提供更多的成长机会。

引导地方政府重视市场主体的产能修复和产业投资的能力提升。随着旅游市场的快速复苏，各地招商引资和设立产业基金的积极性非常高，政府各级领导为了完成招商引资任务而频繁拜访旅游集团20强。遗憾的是，由于地方政府的土地平衡能力和平台公司的配资能力下降，加上市场主体的投资意愿有待恢复，客观上形成了"政府不能投，企业不敢投"

的局面。从资本市场看，A股上市旅游企业前5个月的债权融资次数和融资金额同比下降53.0%和56.5%。我们注意到，西安、洛阳、淄博、榕江等地将旅游工作重心从面向B端的招商引资，转变为面向C端的市场激活，有效缓解了当地旅游企业现金流困局，也提高了外地旅游企业前往投资的热情。**政策千万条，市场第一条**。各地政府特别是文化和旅游部门尊重市场规律，不能总想用资源、土地和优惠政策招商，也不能总是以短期热度和人造流量去吸睛，而是要以稳定增长的需求、消费和市场吸引投资。有了高频消费和稳定增长的市场，资本才会有信心，人才和技术也会随之而来，旅游经济终将步入"需求牵引供给，供给创造需求"的良性发展轨道。

旅游政策要从短期的市场复苏转向长期的高质量发展，并密切关注宏观经济波动向旅游领域传导。由于2022年旅游市场各项指标的基数较低，2023年得益于抑制性需求的集中释放，旅游市场加速回暖，各项指标表现亮眼，但是也容易掩盖一些结构性问题和长期风险。旅游业是突发事件敏感型产业，也是经济发展逆周期产业。预计从2024年开始，旅游消费促进的政策效应将进一步递减，各项指标的增速将回归常态，旅游经济将转向资本、科技、数字化和文创驱动的内生性增长模式。各地要结合文化和旅游领域季度经济形势分析，提前研判市场增速放缓后可能显露的问题，制定储备性政策预案，重点是保障旅游经济"量的合理增长和质的有效提升"。联合发展和改革、商务、市场监管、统计等部门，在推进旅游市场复苏和高质量发展的过程中，重点加强竞争导向和风险预警，限制产业集中、行业垄断和非市场化的品牌创建。

统筹发展入出境旅游市场，建设世界旅游共同体，持续提升全球话语权和产业影响力。无论是疫情前还是疫情后，中国都是世界旅游经济繁荣发展的关键力量。从目前情况来看，作用和影响还局限于第一大出境客源国和旅游服务贸易进口国的地位。尽管中国不再追求，也不可能追求在任何时候对任何国家和地区都保持旅游服务贸易顺差，但是并不意味着要放弃振兴入境旅游的战略目标。入境旅游始终都是国家旅游形象、目的地发展和企业创新的风向标，发展入境旅游的决心从未动摇，信心从未流失。目前可以期待的政策要点包括但不限于：建立中央层面的旅游议事协调机制，加大政府统筹力度，促进入出境旅游的动态平衡；将2024年的入境旅游预期指标定位于"恢复到2019年同期水平"；制订并实施入境旅游促进计划。振兴入境旅游固然要关心外交、移民、民航、免税、支付、互联网等政策，也要关注国家旅游形象宣传和市场推广，更要关注旅游基础设施建设、产品研发和服务品质。在内容为王的时代，没有优质的产品和真诚的服务，靠几个博眼球的会议、展览、路演和软文，是吸引不来外国游客的。要加强高频次、细颗粒度的市场数据建设，发挥驻外旅游办事处和海外文化中心的一线作用，用好中国发起成立的国际旅游组织，推动其向外求发展而不是向内找优势。在全球文明倡议和大国外交思想的指引下，积极倡导并务实推进世界旅游共同体的建设，为全球旅游业的繁荣发展构建价值基础和精神动能。

致谢：

本文数据如无特别说明，均来源于中国旅游研究院（文化和旅游部数据中心）统计调查所、数据分析所的《新冠疫情对旅游业的影响评估》《2023暑期旅游市场报告》《旅游经济监测与预警》《全国游客满意度调查》等重点课题研究成果，特别感谢马仪亮博士、何琼峰博士、曾甜博士、李静博士。

2023全球旅行商（天津）大会
天津·2023年9月2日

文化创造新时空　旅游消费新场景

消费需求变迁、科技进步和业态创新，一直都是文化事业、文化产业和旅游业融合发展的逻辑基础。日渐增长的文化休闲和旅游消费已经成为繁荣市场、推进高质量发展的现实动能。

一、文化供给空间的"街区—商圈—卫星城"构建了旅游消费新场景

完善的基础设施、公共服务、商业环境和文化空间，一直都是旅游城市的本底资源，也是城市旅游的强大吸引力。推动文化和旅游融合发展，扩大文化和旅游消费，要利用好中心城区的文化资源聚集和旅游客源密集的优势，以旅游消费激活公共文化资源存量，再以文化创造、科技创新和产业投资为旅游业注入高质量发展新动能。公共文化的经典形态是图书馆、博物馆、美术馆、文化馆、戏剧场，经由自上而下的空间规划，有意识地建构文化地标，并承载相应的意识形态和价值观。在规模经济、范围经济和密度经济的多重作用下，公共文化和休闲项目，包括新闻出版、广播电视、教育、科技等广义文化机构都会在空间上向主城区聚集，为文化参与和旅游消费提供高品质的内容、产品、服务和沉浸式的场景。

随着经济社会发展和旅游休闲消费的增长，街区、商圈和卫星城市开始以独立、开放和共享的姿态成为文化供给的新空间，也是旅游休闲新场景。作为文化和旅游融合空间的街区，包括北京王府井、上海淮海路、成

都春熙路等商业街区，也包括南锣鼓巷、后海、大栅栏等历史文化街区，它们或以厚重的传统气息和人间烟火、或以商业文化地标而为时代传承。商圈的空间范围更大，地理标志也更明显，如北京的国贸、燕莎、华贸，广州的环市东路、北京路等商圈，聚集了包括电影院、小剧场、剧本秀场、电竞厅、健身馆、时尚首店在内的文化休闲业态，吸引了越来越多本地居民和外来游客，特别是年轻客群的到访。值得关注的是，近年来在城市更新中出现一批以"里"命名的商业街区，如北京的华熙里、大悦春风里，南京的熙南里，杭州的天目里、劝业里，成都太古里，郑州连心里等。这些融传统与现代、休闲与旅游、商业与文化为一体的"里"，集中承载了城乡居民对繁华的想象，体现了近悦远来、主客共享的城市旅游发展和市场创新。那些位于近郊区且对土地资源要求高的旅游休闲新项目，如北京环球影城、上海迪士尼、广州长隆、郑州银基，以其大投资、广空间和多业态而成为城市文化新地标，并在一定程度上改变了城市的气质。

受城市休闲空间和消费观念的影响，越来越多都市旅游者除了到访知名景点和热门商圈，也开始深度体验本地的文化休闲和日常生活场景，**从戏剧场到菜市场，人们重新发现旅行的美好**。中央文件和《"十四五"旅游发展规划》对此也提出了明确要求，"建设一批富有文化底蕴的世界级旅游景区和度假区，打造一批文化特色鲜明的国家级旅游休闲城市和街区"。各级政府、目的地营销机构和旅行服务商关注、研究和借鉴伦敦、巴黎、纽约、东京、新加坡等国际大都市的文化地标和艺术空间，并就如下理念达成了共识：**无论是建设世界级旅游目的地，还是发展当代城市旅游，都要让游客看见历史的演进和文化的传承，更能看见经济社会发展的未来**。当代中国的城市旅游发展战略既要创新性传承和创造性转化优秀传统文化，也要弘扬社会主义先进文化，让民族复兴、人民幸福的中国梦成为旅游休闲新体验。

二、文化休闲时间的"昼夜—四季—全生命周期"创造并满足了旅游消费新需求

相对于"白天工作、晚上睡觉；五天上班、周末休息；在职奋斗、退休生活"的传统模式，当代人更愿意"既要努力工作，也要美好生活"，休闲的时间、空间和内容也随之发生了巨大变化。中国旅游研究院的专项调查表明，本地休闲者选择实地购物、外出就餐、美容美发、游乐游艺等消费购物类休闲活动的比例超过60%，看电影、参观博物馆、展览馆、科技馆、艺术馆、名人故居及去书店、图书馆等文化休闲活动占20%左右。2022年，超过七成的游客在节假日参与了两项以上文化活动，更多的中老年和少年儿童参与文化休闲、室内冰雪等轻体育运动和研学旅行活动，与读书、看展、赏戏、广场舞、街舞一道构成了多彩的文化风景线。**一老一小、一年四季、一天24小时，神州无处不风景，人生何时不休闲。浓厚的文化氛围在提升人民生活水平和综合素质的同时，也为文化和旅游深度融合提供了更加丰富的体验场景和消费项目。**

越来越多的文化休闲和旅游消费发生在18：00至20：00，惯常居住环境和居停酒店周边6千米范围和青少年群体最为活跃。受日趋活跃的夜间经济的影响，传统夜间消费空间如戏剧场、电影院等，努力营造更宜人的综合消费环境。年青一代的艺术主理人基于可利用的遗产空间创研推出了一批富有时尚气息的文化消费场景，如北京的正乙祠古戏楼、天津安里甘室内音乐厅，逐渐赢得了市场的认可。博物馆、纪念馆、图书馆、科技馆等日间开放文化场馆响应政策而延长了开放时间，向游客提供了更多的研学课程和文化体验项目，如杭州的博物馆奇妙夜、河南博物院"失传的宝物"等。更多的年轻人则在夜晚的商业消费过程中，不自觉地创造属于他们自己的文化，并借助市场的力量让这些创新文化走得更远。有些经受了时间的考验而留存下来，成为新的文化基因。从

国际经验来看，这些原创性和地域性的文化往往会被赋予活力和时尚，成为城市旅游不可或缺的内涵。

近年来，艺术、科技与旅游的深度融合有效提升市民休闲品质的同时，也创造了更多有借鉴意义和推广价值的旅游消费促进案例。中国旅游研究院发布的"杭州城市书房""二分明月·忆扬州""南京二十四小时美术馆"等10项"艺术与旅游融合经典案例"，之所以引起业界、媒体和社会的广泛关注，是因为艺术家"让世界看见了他们看见的世界"，也因为城市管理者为外来游客与本地市民营造了一个平等而自由地交流的文化空间。

三、大众旅游"观光—休闲—度假并存型"消费需求促进了文化产业创新

在大众旅游全面发展新阶段，观光将与休闲、度假需求长期并存，这一规律不会因为消费空间在城市或者乡村而改变。不能简单地认为城市建筑就是钢筋水泥，而应视之为城市风景和消费场景，北京大兴国际机场、国家大剧院、广州塔、浦东新区，包括四通八达的地铁网络，又何尝不是新时代的城市观光资源呢？假以时日，也何尝不会成为未来的文化遗产呢？从这个意义上讲，文化建设不能只是挖掘历史文化资源，还要通过市场培育、科技研发和商业投资而创造。后者更应引起城市创新决策者和旅游发展促进者的关注，并通过产业规划、投资促进和招商引智等政府行为使之成为现实。越来越多的城市认识到，文化产业的发展离不开大项目的引进和重资产的投入。早期的石景山游乐园，今天的首钢文化园、环球影城度假区、世博园，都是重资产的文化休闲项目，也是重要的旅游吸引物和消费场景。

经典文化、大众艺术、流行音乐与城市旅游的融合创新是当代都市旅游越来越明显的趋势，莫斯科的芭蕾舞、罗马的歌剧、维也纳金色大

厅的交响乐，以及我国 20 世纪 80 年代的城市巡回诗歌朗诵会和现代艺术展，都会吸引特定人群到访一座城市。今天吸引年青一代旅游者到访某一座城市的决定因素不完全是传统的自然和历史文化资源，也不仅是那些地标建筑，而是这些更加彰显个性化和多样性的文化休闲资源。2023 年上半年和暑期，北京、天津、西安、海南、贵州等地的演唱会、音乐节、村超、村晚，不仅获得了可观的演出收益，更是带动了数倍于此的旅游消费。北京等地的草莓音乐节让节假日的城市有了传统民俗与新潮艺术相结合的时尚，还有音乐、戏曲、舞蹈和氤氲的书香，以及彩虹合唱团、乐高乐园、星光小剧场、"长安十二时辰"等文化休闲项目，都在吸引新时代旅游者的到访。继"小镇旅行家"之后，00 后主导的"未来旅行家"也开始走进了我们的视野，与"反向旅游""治愈旅游""微旅游、微度假"一道重塑城市旅游新格局。

与增量投资拉动的世界级旅游景区度假区相比，根植日常生活的休闲场景和存量资源优化的创新模式同样令人关注。 相对于传统戏剧场的舞台艺术，那些融入日常场景的相声、小品、曲艺等群众艺术，传承生活方式的非物质文化遗产，昭示未来的城市展览馆、科技馆、现代艺术馆，更应该成为文化和旅游融合的优先接口，更适于培育城市旅游新动能。如何让人间烟火治愈远道而来的游客，要注重发挥小微企业的创新力量。希望城市发展领导者和旅游休闲建设者更加关注小微企业、创业创新团队、自由职业者和灵活就业者。他们年轻而专业，对未来充满激情，对新需求高度敏感，而且人数众多，只要有足够的耐心和包容，假以时日，一定会出现一批小众赛道和细分领域的领跑者。

北京文化论坛
北京·2023 年 9 月 15 日

长江国家旅游线路建设方略

一、从名人游迹到旅游线路，领略山河壮美、领悟文化之美一直都是人类长存的旅行梦想

为了纪念伟大的旅行家徐霞客游记开篇之日，每年的5月19日被定为中国旅游日。之所以纪念徐霞客，是因为其体现了中华民族自古以来"读万卷书，行万里路"的优良传统。尽管类似于今天的微旅游、微度假的踏青、登高、徒步、访友、雅集都可以归入休闲旅游的范畴，并多见于诗文记载，但是更多人还是愿意将串点成线的中近程游径或者中长距离的线路视为旅游的表现形式，也是旅游活动的典型载体。只有离开惯常环境走得更远，才会读懂自然和社会这本无字之书，"书生意气的研学、家国天下的旅行"的梦想才会照进现实。

放长历史的视野，我们会发现山川河流的走向构成了国家旅游线路的初始形态，如秦直道、大运河、玄奘取经之路、李白壮游之路、浙东唐诗之路、丝绸之路、万里茶路、万里长城。历朝历代的皇族、官僚、士大夫和商人的游历足迹，如海浪之于堤岸、风沙之于古城，缓慢而渐进地将一条又一条国家线路雕刻成型。相对山岳、草原和军事、宗教活动所形成的非连续、非规则游径，依托江河湖海而形成的连续线形和环形游径，因其安全性、辨识性、沿线城市和乡村的密集性，更容易穿越历史的长河而延续至今。加上沿江河岸线和大湖环线的铁路、公路和机场对航运的叠加效应，融自然风光和人文底蕴为一体的江河线路呈现生生不息的活力。

从全球范围来看，以多瑙河、莱茵河、伏尔加河、密西西比河、尼罗河为代表的大河之旅，与南欧的蔚蓝海岸、环加勒比海度假之旅，东方快车、非洲之傲、欧洲铁路等铁道之旅，日本和匈牙利的温泉之旅，欧洲的"大游学"之旅，以及俄罗斯的金环线、银环线一道构成了多个国家的经典旅游线路。这些线路往往是自然资源和历史文化资源的复合体，经由时间的积淀而成为流经国家的旅游形象。直到今天，这些旅游线路依然是美国、日本、韩国、澳大利亚、新加坡等发达国家海外推广的重点产品。

随着交通工具的改善、旅行经验的成熟和休闲度假时代的来临，当代人既想"世界那么大，我要去看看"，也要"我的行程我做主"。受此影响，旅游目的地趋于多点散发和多元成长，此起彼伏的网红打卡如同一朵朵浪花闪耀在旅游的河流上。但是从宏观和长期视野上来看，旅游者的流向、流量和流速仍然受到航空、铁路、高速公路、海洋和河流，以及自然和文化遗产所构成的文脉影响，并逐步形成新的游径和线路。

二、从市场主体到国家力量，以旅游线路引领资源开发和市场扩容一直都是旅游经济的内在逻辑

从历史上看，旅游市场扩容和旅游产业创新与旅游线路是密不可分的，并扮演了市场启蒙和概念导入的角色。1841年，托马斯·库克组织的"火车禁酒之旅"，以商业线路的名义拉开了近代旅游业的帷幕。1923年，陈光甫先生创办的上海商业储蓄银行旅行部，即中国第一家旅行社——中国旅行社的前身，也主要是销售铁路沿线的旅馆和度假服务。可以说，市场化和专业性的近代旅游业从一开始就是与旅游线路紧密联系的。如果说消费是理解旅游经济的钥匙，那么线路则是发展旅游经济的基石。

20世纪80年代，"京西沪桂广"、长江三峡，海外游客对东方大国的想象，加上旅行商的市场推广，构成一条条入境旅游时代的经典线路。事实上，许多入境旅游战线老同志怀念的"黄金十年"，也是旅行社主导的观光旅游线路的"黄金十年"。没有旅行商的介入，各种尺度的旅游目的地很难获得初始的起飞动能。从这个意义上讲，我们要重建国家旅游线路，就必须重视线下和线上旅行商的作用，并向他们为共和国旅游发展所做出的历史贡献致以崇高的敬意。

世纪之交兴起的以国民消费为基础的大众旅游市场，进一步推动了旅行社的产品开发与观光线路的创新，如华东双卧五日游、河西走廊自驾游、环青海湖骑行游。在观光为主的团队旅游时代，掌握分销渠道的旅行社，以批发—零售—地接的商业模式，占据了对目的地资源特别是旅游景区的主导地位。多数人的旅游初体验就是旅行团、导游、景点和旅游线路，多数地区的旅游发展规划也是围绕景区、度假区、酒店等目的地建设，以及旅游线路的培育和推广而展开的。随着传统旅游地经济社会的发展，特别是随着旅游经济重心向城市转移和城市旅游的兴起，渠道商和资源商的市场地位发生了变化，热门的景区度假区开始掌握更多市场话语权。

随着互联网兴起、汽车普及和90后的入场，自驾、自助、自由行开始成为旅游市场的关键词，旅游活动的碎片化消解了传统的观光旅游线路。在获得自由度、个性化和多样性的同时，旅游的文化底蕴和精神内涵也面临消散的危险。当游客以"我的行程我做主"的名义，将"读万卷书，行万里路"的文化意义消解为漫不经心的逛吃逛喝，旅游可能很快就会走向价值悬置的个体虚无和集体无意识。**过去我们发展旅游业更多的是用名城、古镇和大景区来串联，在以中国式现代化全面推进中华民族伟大复兴的今天，该是重构科学和人文为指归的国家旅游线路的时**

候了。

在波澜壮阔的大众旅游全面发展的历史进程中，政府一直在有意识主导国家线路设计与营销推广。原国家旅游局于2009年首批推出了丝绸之路、香格里拉、长江三峡、青藏铁路、万里长城、京杭大运河、红军长征、松花江—鸭绿江、黄河文明、长江中下游、京西沪桂广、滨海度假12条国家旅游线路。2021年，国务院发布《"十四五"旅游发展规划》提出打造一批世界级、国家级旅游线路。2023年，国家文物局、文化和旅游部、国家发展和改革委员会发布《关于开展中国文物主题游径建设工作的通知》；文化和旅游部推出了10条长江主题国家级旅游线路，旨在充分激活长江丰富的历史文化资源，系统阐释长江文化的精神内涵，深入挖掘长江文化的时代价值。

三、国家公园和国家文化公园建设，为培育新型国家旅游线路提供了时代机遇和资源支撑

习近平总书记指出："千百年来，长江流域以水为纽带，连接上下游、左右岸、干支流，形成经济社会大系统，今天仍然是连接丝绸之路经济带和21世纪海上丝绸之路的重要纽带"。长江横跨我国东、中、西三大经济区，流域总面积180万平方千米，占中国国土面积的18.8%，是中国最大、世界第三大流域。长江经济带集聚的人口和创造的地区生产总值均占全国40%以上，是我国经济中心和活力所在，也是中华民族的代表性符号和中华文明的标志性象征。

2022年，国务院批复同意《国家公园空间布局方案》（国函〔2022〕101号），突出了对长江流域、黄河流域、青藏高原重点生态区位的强化保护，把我国自然生态系统最重要、自然景观最独特、生物多样性最富集的区域划入国家公园体系。卫星遥感监测显示，2021年，长江流域生

态环境质量指数达到连续 11 年来最大值。2012—2022 年长江流域植被覆盖整体呈现逐年向好的发展趋势，2022 年归一化植被指数达到 2012 年以来第三高值，与 2012 年相比提高 4.8%[①]。长江流域的国家公园及其建设和发展成就为大众旅游时代的度假、康养、研学提供了新资源，也为长江国家旅游线路建设提供了坚实的生态支撑。

国家文化公园是文化走廊，也是旅游线路。建设国家文化公园，是以习近平同志为核心的党中央做出的重大决策部署，是推动新时代文化繁荣发展的重大文化工程。长城、大运河、长征、黄河、长江五大国家文化公园及其沿线城市和乡村，蕴含了优秀传统文化的基因密码、红色革命文化的精神谱系和社会主义先进文化的空间载体，也是践行国民教育和终身学习理念的旅游线路。流域省市县区的传统文化基因密码、当代人民的幸福生活和对外开放的窗口形象，共同构成了长江国家旅游线路传统与现代交织的底色。建设长江国家文化公园，需要以生态的名义保护长江，以文化的名义传承长江，也需要以旅游的名义发展长江。长江应当也可以成为新时代国家旅游线路的示范样本，成为新时代大河文明的经典游线。

四、从长江三峡、两坝一峡，到两江夜游、武汉滨江游、南京长江传奇、上海浦江游，新时代长江国家旅游线路已经形成了一批有市场知名度和产业影响力的支撑项目

20 世纪末，在传媒机构和旅行社的共同推动下，海内外旅游市场掀起一股"告别三峡游"的热潮。市场需求短期内集中释放，加上产品研发的滞后，长江三峡经历了十多年的空窗期。需要指出的是，作为长江

---

① 李红梅，《从卫星视角　看美丽中国》，载《人民日报》2023 年 5 月 18 日，第 13 版。

流域最具资源开发潜力的三峡，一直都在国家和地方旅游发展的规划视域内。2009年，在原国家旅游局和国务院三峡办的指导下，重庆市与湖北省轮流举办中国长江三峡国际旅游节。2016年，重庆市发布《关于推进长江三峡旅游金三角一体化建设的实施意见》。面向"十四五"和中长期，发布了《重庆长江三峡地区旅游一体化发展规划（2021—2035年）》。自那时起，长江三峡迎来了新的发展机遇期，并取得了令人瞩目的新成就。随着首条穿越三峡库区的高速铁路——郑渝高铁全线开通运营、万州机场的扩容和巫山机场的投入使用，鄂西和渝东北区域已经形成了"水、陆、空、铁"立体交通格局，长江国家旅游线路的交通体系更加完善。数据表明，2009—2019年，长江三峡区域旅游接待量增长6.3倍，旅游总收入增长7.6倍。

没有告别的三峡，只有重逢的平湖。2018年全国"两会"期间，习近平总书记参加重庆代表团审议时指出："中国处处有美景……巫山有满山红遍的三峡红叶，这些景色都是我们建设美丽中国的宝贝。"今天的巫山，红叶依然烂漫，人文底蕴更加深厚。伴随着"高峡出平湖"的理想变成现实，水利大工程、世纪大移民、脱贫攻坚战、乡村振兴、新型城镇化、共同富裕，中国式现代化波澜壮阔的历史进程为三峡积淀了深厚的当代文化底蕴，并涌现了一批优秀文艺作品和优质旅游产品，如《三峡好人》、《归来三峡》和《三峡之光》、神女景区、三峡里·竹枝村等。事实证明，现代水利工程、经济增长和社会发展从来都是长江国家旅游线路的创新动能，而不是减分项。当且仅当经济社会发展成就叠加在自然资源和历史文化资源之上的时候，长江才会是传统的，也是现代的。

不只有白天的观光，更有夜间的体验。过去长江上游城市侧重对两岸自然风光和历史文化资源做景区开发，如三游洞、丰都鬼城，中下游城市侧重于水面交通和岸边景点的项目建设，如望江亭、振风塔、采石矶等。今天，长江沿线城市开始江中走、水中游，白日观光、夜间休闲，时间和空间资源得到了更加充分的利用。重庆的两江夜游，巫山的《三峡之光》，宜昌的两坝一峡，武汉的《知音号》《夜上黄鹤楼》，南昌的《寻梦滕王阁》，安庆的黄梅戏会馆，南京的"长江传奇"、达摩古洞，扬州瘦西湖的"二分明月·忆扬州"，上海的浦江夜游、吴淞口国际邮轮港等项目，已经形成了市场品牌和产业影响力。这些科技含量高、文化内涵丰富的创新项目，与原有自然景观和人文资源相互映衬，进一步丰富了长江旅游的文化内涵，奠定了国家旅游线路的市场基础和产品要素。旅游线路从来都是由自然景观、人文历史和当代生活场景串联而成的，而不是在地图上用一把尺子画出来的。

游客对长江沿线省市的目的地形象、基础设施、公共和商业服务是满意的，对服务品质和创新引领也有更高的期待。 2013—2023年中国旅游研究院游客满意度调查数据显示，重庆自2016年起游客满意度进入"满意"区间（80~85分），并荣获"非凡十年 魅力二十城"首位城市的荣誉，武汉自2018年起基本实现游客满意，上海和南京获得了广大海内外游客的高度认可，沿线主要城市的游客满意度也普遍高于其他区域的样本城市。与此同时，我们也要高度关注影响游客满意度调查的负面评价，比如三峡博物馆"没有人讲解"；三峡大坝旅游区"到景区要坐大巴和坐船，很折腾，景区配套有点差，没有什么休息和吃东西的地方"；屈原故里文化旅游区"其实就是一个公园，性价比太低，巴掌大的景区就收68元"。还要关注投资机构和市场主体对沿线城市营商环境的评价，在国家旅游线路的建设过程中，商业机构一直都在扮演着关键角色并发挥着积极作用。2013—2023年上半年长江沿线城市游客满意度情况见图1。

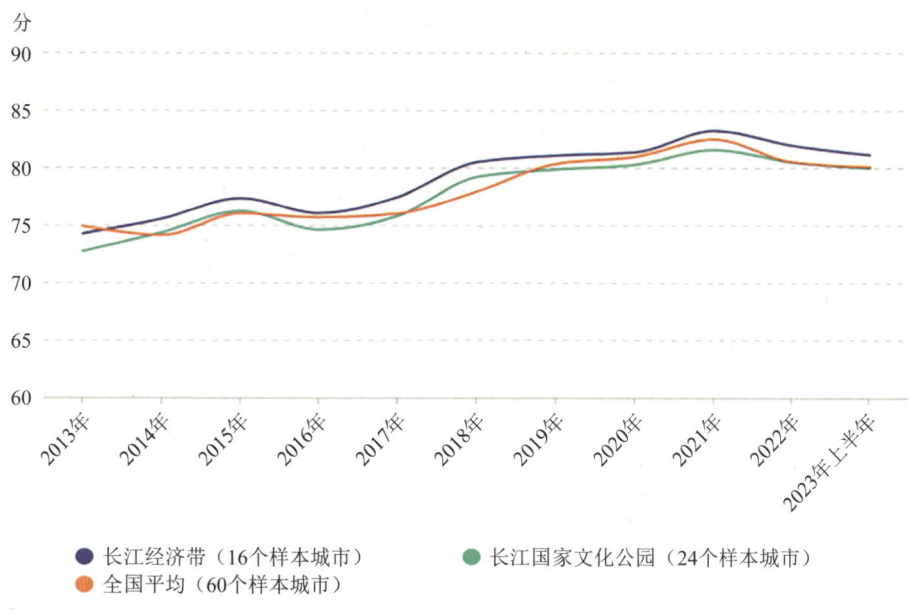

图1 2013—2023年上半年长江沿线城市游客满意度情况

五、统筹社会资源和市场力量,推进文化和旅游深度融合,高质量建设长江国家旅游线路

一是明确长江国家旅游线路的建设目标。依托国家公园和国家文化公园,践行大众旅游人民性、智慧旅游现代化、绿色旅游未来感、文明旅游世界观,将长江建成国民首选线路和具有广泛国际影响力的国家经典线路、文化和旅游深度融合的国家典范流域、"你好,中国"国家旅游形象首位载体。

二是形成长江国家旅游线路的建设共识。国家的事国家办,而不是文化和旅游部门提出概念,其他都交给地方办。**我们要建设的是国家旅游线路,而不是国家级旅游线路**,市场调查、资源普查、总体规划、重点项目建设、区域协调和国际宣传推广,要由中央相关部委牵头推进并具体实施。坚持以文塑旅、以旅彰文，持续推进文化和旅游深度融合，关键是文化事业和旅游产业融合、文化参与和旅游消费融合、文化项目和旅游产品融合。一定要多倾听基层的声音和一线的意见与建议，再也不能关起门来搞规划，程序性开几次研讨会和听听专家的意见就定调子。**在主客共享发展理念的引导下，依托城市休闲空间，培育科技、文化和艺术新动能，强化多元投资和业态融合，建设一批市场竞争力强、产业影响力大的旅游航运公司，推动长江沿线旅游业高质量发展。**强化理论建设和思想引领，阐释面向世界的当代旅游发展理论和引领未来的大河旅游新思想。

三是完善长江国家旅游线路的建设清单。明确沿江城市的发展定位，重点打造重庆、宜昌、武汉、南昌、南京、上海等国际旅游集散中心，重点培育万州、奉节、巫山、岳阳、安庆、芜湖、马鞍山、镇江、扬州、南通等水岸互动、江湖联动城市，建设一批长江游轮母港、停靠港和接驳点。**航运规划要兼顾交通安全、游客体验和市场培育目标，一定要让游客下得来，产品上得去。**要改造提升和投资新建一批景区景点，率先建成一批文化底蕴深厚的世界级景区和度假区。加快培育以主题公园、度假区、商业街区、民宿集约发展区为空间依托，以科技、艺术、人文、资本和创业团队为支撑的现代旅游业，共同打造三峡、库区、移民等区域品牌。**投资兴建一批具有国际影响力的旅游项目，以高品质的产品和服务提升长江旅游品质。**要做江的文章，也要做河湖的文章，开发利用内河水系，完善城市夜游体系。同步规划开发洞庭湖、鄱阳湖、巢湖、太湖等江湖联线，打造"水上夜游""水陆联程游""都市岛链游"等消费新热点，分区域、分层次、分梯次培育长江游轮航线和江河、江湖和水陆联动旅游品牌。

在景点、景区、度假区、休闲综合体等支撑项目和上中下游节点城市的基础上，串点、联动、成线，最终形成有机链接、相互支撑、市场认可的长江国家旅游线路。构建水面、铁路、公路、低空并行交错的"一线四轨"新型交通线，培育白天浏览、夜晚体验、四季轮替的时间线，融合遗址公园、非物质文化遗产、红色旅游资源和当代艺术的文化线，拓展高频次、中低消费和高频次、高消费的市场线。需要说明的是，规划长江国家旅游线路，不仅要有正面清单，也要有生态红线和文化安全方面的负面清单。

四是遂行长江国家旅游线路的重点任务。将国家旅游线路纳入长江流域范围内国家公园、国家文化公园和沿线省市经济社会发展规划，编制《长江国家旅游线路建设与推广专项规划》，从财政预算、重大项目和营销推广平台等方面加以保障，加大宏观调控政策和制度改革供给力度。长江流域面积广、条块机制复杂、协同创新难度大，有必要建立跨部门、跨省市的长江国家旅游线路建设会商机制，加强沿线省市和水利、海事、交通、国土、环保、文化和旅游等部门的工作协调力度。中央政府加快基础设施建设的同时，还要以稳步推进需求侧为主，兼顾供给侧和公共政策面的旅游统计和大数据建设，以高频次、低颗粒度、强权威性的数据产品形成发展长江旅游的社会共识。文化和旅游部门要面向旅游休闲需求、投资机构和市场主体，不断提升市场洞察和行业引领能力。尊重市场规律，重构文化参与与旅游消费融合、增量拉动与存量盘活相协调、旅游市场和休闲业态相融合的创新体系。截至 2022 年底，从事长江干线省际客运的船公司多达 12 家，游轮运力 48 艘、18 443 客位，年游客接待能力 154 万人次。各船公司还有新建运力指标 21 艘，总客位数 12 909。如全部投建完成，运力总量将增至 31 352 总客位，游客接待能力可达 265 万人次。相较于 2019 年 111 万人次的最高市场存量，现有运力明显过剩。**政府既要做空间规划，也要做产业规划；既要做资源开发**

规划，也要做市场培育计划；既要完善景区、度假区、酒店、民宿、餐饮、购物、航运、客运等供应链，也要提升旅行社、在线代理商、传统和数字化媒体等渠道分销链，确保长江国家旅游线路建设从一开始就在科学、有序和可持续的轨道上运行。

长江沿线城市系列专题发言
北京·2023 年 7 月 13 日

国家营地·国民研学

研学旅行已经完成了概念导入、政策支持和市场实践阶段，对于推进中小学生社会教育，唤醒国民研学意识，促进文化和旅游深度融合起到了积极的促进作用。相对于需求侧和产品层面的标准化建设，着眼于宏观层面的研学旅行供给侧理论创新和产业实践还相对薄弱。为了更好推进"书生意气的研学，家国天下的旅行"的发展理念，我们需要在总结近年实践的基础上，从中国式现代化全面推进中华民族伟大复兴的战略高度，由营地到城市再到线路，对新时代的研学旅行做出必要的空间规划。

一、建设一批面向少年儿童的国家营地，形成新时代研学旅行的重点项目支撑

历经一百多年的发展，营地教育已成为很多国家的重要教育形式，也是极具吸引力的研学旅行方式。世界知名的国家营地包括俄罗斯的小鹰营地、阿泰克国际营地和全俄儿童中心海洋营地，英国 Inspiring Learning 和 Gilwell Park，美国莱尼克斯高端传统营、顶峰营地、冠军营地和 K&E 营地，瑞士的 Les Elfes 国际营。这些营地均位于风景优美、历史遗产丰富的地区，由国家建设或资助，为少年儿童提供短期寄宿服务，以及户外体育、野外生存、天文学、传统文化、团队领导力教育和国际青少年交流项目。与传统的制式教育和课堂教学不同，营地教育的学习内容和培训项目可以通过规模经济的专业运营的方式，为教育对象

提供场景化的天文、地理、体育和人文学习项目。

国家营地不是获得财政补贴为导向的国家级营地，更不应成为部门争权、地方争名、企业争利的名利场，而**是由国家主办的，承载国家意志的国民教育体系的必要组成部分，是以涵养少年儿童文化自信、增强国民科学素质和社会交往能力为导向的教育机构**。在具体实施的过程中，不宜再走国家出政策、部门出标准、地方创建申报的传统模式，而应由宣传部门牵头，财政、发改、国土资源、环境保护、教育、科技、共青团、文化和旅游部门共同参与，从社会主义文化强国建设的高度规划布局和选点建设。如同中华人民共和国成立初期建设现代化工业体系那样，**国家的事情国家办**，用国家财力将国家营地建设成为国民教育和终身学习体系的战略支点。所需建设和运营经费应纳入国家财政预算，即**国家营地的建设主体是国家而非社会**，运营主体是政府而非市场。现在由教育、体育、文化和旅游部门依标准认定，由企业运营的各类营地，多是非物质文化遗产体验地和文创产品销售地，本质是研学产品导向的国家级营地，而非国民教育导向的国家营地。

我们倡导的国家营地建设当然可以借鉴国际经验，但是更要与优秀传统文化相结合，与中国式现代化的时代要求相结合。建成后的国家营地应是承载优秀传统文化之地标，且昭示未来发展之方向。改革开放四十多年来，包括义务教育在内的国民教育体系多是通过课堂教学和升学考试，将优秀人才选拔出来。今天的中国依然需要优秀的科学技术、人文社科、经济贸易和社会管理人才，更需要合格的公民和就业导向的职业技术人才。这样的人才不应是应试导向的单向度人才，而是热爱生活、了解自然、融入社会的现代公民。为实现这一目标，就需要在全国范围内建设一批向社会向国际开放的国家营地，以弥补制式教育之不足。国家营地的选址范围可以是考古遗址公园、国家重点文物保护单位、自然保护区、爱国主义教育基地，可以是文化、艺术、教育和科技集聚的重点区域，也可以是澳门特别行政区这样的城市空间。

二、培育一批面向青少年健康成长和文明交流互鉴的研学城市

在当代旅游版图中，无论我们如何强调自然景观、文化遗产地、民族风情为依托的景区景点和乡村的重要性，包括强调将旅游工作的重点放在乡村，都无法取代"旅游工作的重心应当也必须在城市"这一不以人的意志为转移的客观规律。无论是从旅游客源地、旅游集散地，还是旅游目的地的视角看，城市都以其发达的经济社会发展水平、完善的基础设施和公共服务，以及资本、技术和人力资源的优势而成为研学旅行的基础市场和关键支撑。长期以来，旅游行政部门和研究机构更多将城市视为理所当然的旅游市场，包括研学旅行的组织者，都有意无意在弱化城市作为旅游目的地的角色。事实上，无论是文化遗产的富集程度、文化地标和艺术中心的高度，还是科技研发和工业制度的力度，国家枢纽城市和区域中心城市的旅游价值都被极大低估了——如果不是忽视的话。

为什么现在提出研学城市的概念？研学旅行还处于市场导入期，尚未完成应有的理论建构和政策设计。如果将主体局限于中小学生，内容指向移动课堂和非遗体验，如果将组织者限定于学校管理者和旅行社，甚至将研学旅行指导师引向考证模式，就很容易变成一个内卷的产业体系。如果仅仅把研学旅行当作一门生意来看，就算是市场规模再大，也不是国家战略格局中的研学旅行应有的样子。如果将大学生也纳入研学旅行的主体，将会形成小学生接受必要的县（市、区、旗）情教育、初中生接受必要的市（行署、州、盟）情、高中生接受必要的省（市、自治区）情教育、大学生尽可能接受国情教育的分级提升体系。为此，**必**

须抓住城市客群的旅行需求和研学供给的内在优势，依托城市的经济社会发展成就，培育一批文化底蕴深厚、科技教育资源富集的研学旅行目的地城市。研学城市并不能完全按照量化的标准去申报、创建和验收，而是在尊重其内在演化逻辑和支撑要素的基础上，通过示范城市加以引导。

为什么要在绍兴设立研学旅行气象站？要促进研学旅行这一新生事物的健康可持续发展，就要对需求市场和供给要素的规模、结构及其变化进行定期监测，并形成日趋完善的专项数据库。在科学评估的基础上，研究制定促进、监管和调控政策，形成数据中心、实验室、研发和教育培训基地。通过专题报告发布、会议、国际交流和展览交易，对全国和亚太地区的研学旅行形成专业支撑。综合考虑经济社会发展水平、交通基础设施、历史人文底蕴，以及政策法律和营商环境等因素，中国旅游研究院（文化和旅游部数据中心）与绍兴市人民政府本着共商共建共享的原则，合作建立全国首家研学旅行气象站。如大学之于城市，研学旅行气象站之于研学城市，也是内嵌、耦合、相互促进、共生共荣的关系。

为什么要在澳门特别行政区做国家营地的实验？当然有发展内地青少年赴澳门研学旅行，推动澳门旅游可持续发展的考虑；也有引导博彩企业转型，促进经济适度多元化的目标；更因为近代史签署的中美第一个不平等条约《中美望厦条约》和孙中山先生早期的革命足迹，可以让内地的青少年看见饱经沧桑而又自强不息的近代中国；莲花广场、回归纪念馆、横琴深度合作区，可以让内地的青少年看见"一国两制""爱国者治澳"伟大成就的当代中国，逐渐建成的世界旅游休闲中心，中国与葡语国家商贸服务合作平台，以中华文化为主流、多元文化共存的交流合作基地，可以让内地的青少年看见共建人类命运共同体的未来中国。

三、推广一批面向不同年龄段和寓学于游的研学旅行国家线路

20世纪80年代，面向入境旅游市场的"京西沪桂广""长江三峡"可以视为自发生长的国家旅游线路。20世纪90年代后期国民消费为基础的大众旅游兴起后，旅行社开始主导旅游线路的设计、开发与推广，比如"华东双飞五日游""河西走廊自驾游"。随着互联网兴起、汽车普及和90后的入场，自驾、自助、攻略开始成为旅游市场的关键词，旅游活动的碎片化消解了旅行社主导的观光旅游线路。在获得自由度、个性化和多样性的同时，旅游的文化底蕴和精神内涵也面临消散的危险。当我们以"我的行程我做主"的名义，将"读万卷书，行万里路"的文化意义消解为漫不经心的逛吃逛喝，旅游可能很快就会走向价值悬置的个体虚无和集体无意识。在中国式现代化全面推进中华民族伟大复兴的今天，该是重构科学和人文为旨归的国民研学旅行线路的时候了。

一是国家文化公园线路。长城、大运河、长征、黄河、长江五大国家文化公园及其沿线城市和乡村，蕴含了优秀传统文化的基因密码、红色革命文化的精神谱系和社会主义先进文化的空间载体，也是践行国民教育和终身学习理念的旅游线路。贯彻党的二十大部署，坚持以文塑旅、以旅彰文，推进文化和旅游深度融合。政府和业界、文化和旅游学术共同体都在探索融合的主体、路径和方法，也在项目建设、产品研发和创业创新上取得了一定成果，现在需要以更加自觉的历史意识、更加宏大的全球视角，主动构建文化建设和旅游发展的当代时空。以一年四季、七个公共假期和二十四节气为时间轴，以五大国家文化公园为空间轴，以国家营地为支点，以研学城市为支撑，形成时空交错的当代研学旅行系列国家线路。

二是边疆史地线路。2021年4月，教育部等四部门联合印发了《深化新时代学校民族团结进步教育指导纲要》，强调指出要"铸牢各族学

生的'你中有我，我中有你，谁也离不开谁'的中华民族共同体意识"，"把中华民族共同体意识融化在各族青少年的血液中"。新时代铸牢中华民族共同体意识，"特别是要从青少年教育抓起"。文化认同是最深层的认同，文化认同不能只通过课堂教学，而是要在"读万卷书，行万里路"的行程中涵养。在中华民族共同体形成的过程中，边疆起到了不可替代的作用。正如著名史学家陈寅恪所言："李唐一族之所以崛兴，盖取塞外野蛮精悍之血，注入中原文化颓废之躯。旧染既除，新机重启，扩大恢张，遂能别创空前之世局。"培育和推广边疆史地国家线路，让青少年在林海雪原、大漠戈壁、藏羌走廊、南传佛教、改土归流的自然地理和历史时空中穿行，中华民族共同体意识才会在每个人的心中扎下根来，这才是真正意义上的书生意气和家国天下，这才是旅游和教育部门应当谋也必须谋的"国之大者"。

三是国家公园、科学考察、田野调查等线路。 2019年，中央正式提出建立以国家公园为主体，自然保护区为基础、自然公园为补充的自然保护地体系。2022年12月，国家林业和草原局、财政部、自然资源部、生态环境部联合印发了《国家公园空间布局方案》，为建设"全世界最大的国家公园体系"明确了时间表、路线图，到2035年基本建成全世界最大的国家公园体系。110万平方千米的"最美国土"共涉及现有自然保护地700多个、10项世界自然遗产、2项世界文化和自然双遗产、19处世界人与生物圈保护区。国家公园固然要强化自然资源资产管理、开展生态保护修复，也要开展科普宣教和社区发展工作。旅游业经济属性强、市场化程度高，但是旅游活动则有提升国民综合素质的社会属性。综合素质的提升需要历史、文化和艺术的加持，需要科学、技术、地理、天文、水利等科学的托底。对于大学生、青壮年和低龄老年人而言，沿着国家公园去旅行，并将科学考察和田野调查纳入其中，对于构建中国特色的终身学习体系，无疑具有独一无二的价值和极其重要的意义。

旅游是人民的基本权利，是人类长存的生活方式，也是人与自然和社会跨越时空的对话。**建设好国家营地、研学城市和国家线路，让更多国民万卷书易读、万里路不难，进而实现人的全面发展，才是未来旅游该有的样子。**

"中国研学旅行发展报告·绍兴发布"主题演讲

2023 年 3 月 20 日

美食新动能，旅游高品质

国之大事，唯祀与戎。慎终追远的祭祀也好，保国安民的征战也罢，都离不开饮食，所谓兵马未动，粮草先行。然而，随着文明的演化，如此显而易见的事实却渐进而不自觉地为某些形而上的观念遮蔽了。表现在旅游领域，我们会为了远方的风景和遥远的过去而着迷，并沿着县区级、省市级、国家级、世界级的陡峭路径一直向上，会为了语不惊人死不休的城市宣传语而上穷天文下穷地理，也会为了原真、凝视、畅爽等概念写出长篇大论，却少有人正视餐饮之于旅游的决定性作用。谨以此报告致敬恩格斯于1883年3月22日发表的光辉文献《在马克思墓前的讲话》，"人们首先必须吃、喝、住、穿，然后才能从事政治、科学、艺术、宗教等等……人们的国家设施、法的观点、艺术以至宗教观念，就是从这个基础上发展起来的，因而，也必须由这个基础来解释，而不是像过去那样做得相反"。

一、餐饮是大众旅游的基本要素，美食是小康旅游的刚性需求

旅游是人类长存的生活方式，也是国民的基本权利。但是这种生活方式和基本权利不是天上掉下来的，而是解决了吃、穿、住等基本生活需要后觉醒和自觉的。无论是漫长的旅程还是目的地短期的居停，旅游也是首先要解决吃饭和住宿以后才会观光游览休闲购物，多数情况下，他们可以接受甚至会追求不一样的风景、风俗和文化，却不能总是接受迥异于惯常生活环境中的食材和烹调方法。如果说酒店、巴士和导游给

目的地戴上了"旅游罩",那么儿时的饮食习惯则为旅游者融入在地生活筑起了"文化墙"。无论是20世纪80年代为接待入境旅游者而要求星级酒店提供西餐,还是二十年前出境旅游者用酒店的咖啡壶煮食方便面,都是客观存在的"旅游罩""文化墙"作用的结果。随着人民生活水平的提高,特别是跨区域、跨国和洲际旅行经验的丰富,旅游者逐渐接受丰富多彩的餐饮文化,更进一步主动追求异国他乡的特色餐饮,最终**让美食成为旅游吸引物体系中越来越重要的组成部分,这也是旅游餐饮转向美食旅游的内在动能和演化机制**。也正是由于餐饮和美食的存在,真正的国际旅游目的地和世界级旅游城市才总是走在差异和相似之间,既不能只向游客提供无差异的速食餐饮,也不能想当然地推广"黑暗料理"。

1999年国庆黄金周标志着以国民消费为基础的大众旅游时代的来临,那是一个美景超越美食的时代,也是真正的穷游但真心快乐的时代。只要有风景可欣赏,有古迹可拍照,没有人会抱怨八菜一汤的团餐,也没有人会在意开水泡面的简餐。过去二十年,餐饮在社会消费品零售总额的比重一直为12%左右(见图1)。考虑社会消费品零售总额持续快速的增长和消费人群的相对稳定,这一数据意味人均消费的提升和消费结构的优化。

美景看多了,场景丰富了,美食的需求就开始产生了。游客之所以会花式吐槽"围墙挡景""徐霞客走不出百里就被门票耗完了盘缠",也会愤而投诉"天价大虾""天价鲤鱼",是因为权利意识的觉醒,也因为餐饮和游览在整体消费中的占比上升,或者是说游客对价格变得更敏感了,权利意识开始增强了。随着大众旅游全面发展新阶段的到来,越来越多散客和自助旅游者广泛介入目的地城市和乡村的公共休闲空间,分享当地的公共服务和商业环境。当地的早点、夜宵和各式餐馆为国内旅游者的分层消费提供了更多的选择空间,也生动诠释了万丈红尘最温暖、寻常生活客自来的品质生活,为旅游业高质量发展提供了存量优化的路径。当旅游日渐成为人民生活的刚性需求,品质化和多样性就会成为包括餐饮在内的旅游消费新趋势,并为业态创新和目的地建设提供了全新的可能。

图1 餐饮业收入占社会消费品零售总额的比重变化

专栏1：美食旅游的认知变迁

二十年来,中国旅游产业适应旅游需求变化,呈现阶段特征。从旅行社主导的团队观光旅游到旅行服务商和资源供应商共同支撑的散客市场,再到个性化和多样性并存的旅游需求,旅游产业的边界变得更加开放。从国际国内旅游发展历程来看,居民出游率呈"S"形曲线变化(见图2)。人均年出游低于3次的大众旅游早期阶段,增速缓慢,观光为主,对于餐饮的需要停留在吃饱的初级阶段，"在家里吃好，在外面玩好"。人均年出游 3~5 次的大众旅游全面发展阶段，增速较快，需求多元，出游在外，不仅要吃饱，还要吃好。人均年出游超过 5 次的大众旅游成熟发展阶段，增速趋缓，需求升级，行程中对美食的需求快速而广泛地增长。广大游客既要领略行程中的美丽风景，也要体验旅游目的地的美好生活。

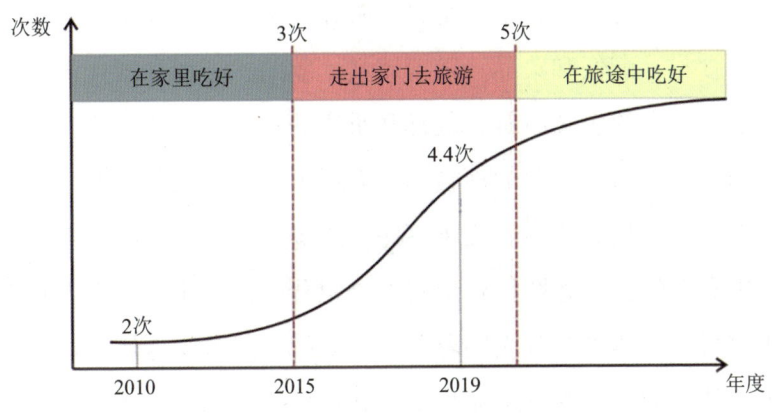

图 2　大众旅游各阶段的美食需求及其演化

美食是科学，也是艺术，往往与当地的经济、社会、科技、文化的发展程度密切相关，厨师、调酒师、宴会设计师的社会地位也与当地居民和外来游客的消费水平直接相关。纵观世界旅游经济版图，可以观察不同国家和地区旅游美食的差异性。经济社会发达国家和国际化大都市更愿意展示包括美食为代表的当代美好生活，米其林餐厅及主理人往往会成为旅游业的形象代表，也是产业升级和品牌培育的重要动能。欠发达国家和地区主要推广自然风光和文化遗产，餐饮方面则倾向于展示传统饮食和当地食材，产业化水平相对较低。大都市的美食因为强大的经济基础和文化自信而吸引世界各地的游客到访，传统旅游地则很少获得采购和加工成本之外的文化溢价。今天，全球化的资本、技术、文化与游客一道在全球范围的广泛流动，正在以前所未有的速度与力度改变旅游餐饮的旧秩序，重构美食旅游的新格局。

二、自然演化的餐饮、市场创新的美食与政府统筹的品牌

传统的美食旅游以八大菜系和特色餐饮为代表，强调地方特色和文化积淀。人们常说，看景不如听景，听在看之先，餐饮也如是。很多耳熟能详的食材、烹饪和菜品，随着诗文、歌曲、影视和现代传媒而远播异国他乡。广东的生猛海鲜、成都和重庆的火锅、兰州的牛肉面、春夏时节江南的水八珍、山西的面食365天不重样、南京不会有一只鸭子游过长江、没有一只鸡能活着飞出枣庄，等等，既是民间的段子，也是老百姓眼中真实的美食地图。就像有人会跟着山河去旅行，有人跟着文化遗产去旅行，自然也会有人跟着美食去旅行。美食受地域、水土和时令多重因素的影响，很难以工业化量产和现代物流的方式送达餐桌，远方的美食也因此在游客的目的地选择中有了更大的比重，去目的地品尝时令食材也成为越来越多人的现实选择。比如海鲜，我们就听到多个地方的领导同志说他们那里的才是海鲜，往内地走一两百里，就是海货了，至于内地大都市从菜市场买来的，只能名之为海产品了。正是因地域性和时令性，才会有追求合时食材的游客候鸟似的行走全世界。如果将这些"美食游民"的足迹穿起来，就是真实的美食线路。事实上，市场化和产品化的美食线路从来都是吃出来、走出来的，而不是坐在书房里在地图上画出来的。现在看来，传统菜系和特色美食拉动的美食旅游发展模式也处于自发成长的阶段，美食文化还没有真正成为目的地形象建构的基本色，美食资源还没有得到应有的评价和系统的开发，特别是美食旅游的产业链和生态体系尚未得到有效的建设。

专栏 2：美食旅游的线路变迁

中国旅游研究院美食旅游课题组调查发现，92.3% 的受访者，会在旅游前/旅游中做美食攻略；93.1% 的受访者，将体验当地美食作为前往外地旅游的主要因素之一；商旅出行的受访者中，有 76.8% 的会在完成商务之外，挤凑时间寻访当地美食。美食旅游与游客的流向密切相关，也是美食之旅节点布局和线路研发的市场基础。

相邻省份互为客源地和目的地。 国内旅游客流中，高铁、民航、自驾车的出游占比不断提升，公路客运占比延续下降趋势。2019 年，前 100 条省际旅游客流中，有 64 条旅游客流为相邻省份之间的旅游流动，仅有 36 条旅游客流为非相邻省份之间的旅游流动。**城市群间游客往来构成国内旅游流"干线"和"支线"网络。** 全国排名前 10 位的省际旅游流流量占全部 930 条省际旅游流的 16.5%，构成了全国省际旅游流的"干线"。全国排名前 11~100 位的省际旅游流流量占到全部 930 条省际旅游流的 38.6%，构成了全国省际旅游流的"支线"。上述"干线"和"支线"共同构成了全国省际旅游流动网络的核心支撑。

旅游流网络由大片区"中心集聚"转变为以核心都市为节点的"外围发散"。 2010 年省际旅游流 TOP100 呈现以环渤海、长三角、珠三角及成渝地区等区域为顶点，以中部地区为核心，以区域间旅游联系为骨架的"钻石型"网络空间格局。过去十年，省际旅游顶流开始向西、向北延展，形成以城市为顶点的发散型空间格局，全面辐射东北与中西部地区。城市既是最重要的客源市场，也是最重要的旅游目的地。以城市为依托，以需求侧管理带动供给侧结构性改革，是新时代全面推进旅游业高质量发展的重要路径，也是美食旅游的战略支撑点。

大众旅游二十年，美食旅游客流在城乡间的流动很不均衡。2000—2010 年，美食旅游的客流流向主要从农村流向城市。2010—2020 年，城乡之间的美食旅游双向流动开始增强，总体上还是以乡村流向城市为主导。2020年后，受疫情影响，远程旅游受阻，近程旅游、近地化休闲在一定时间内成为主流，城乡之间的美食旅游流动进一步增强。随着旅游活动全面恢复，城乡之间寻求差异化的美食体验将成为趋势，而且流动强度会变强、流动频次会变高。

当代美食旅游更多是资本、技术、创意推广等商业创新的结果。随着时代的进步和人民群众对科学、健康和现代生活方式的追求，源于传统农耕文明的美食已经不能满足当代旅游体验的需要了。游客到了目的地不仅要吃得有味道，还要吃得更健康、更生态、更有调性。需求就是商机，在资本、技术和文化创意的推动下，主打怀旧风情的长沙文和友，极致服务的海底捞，商务礼仪和文化底蕴兼具的北京宴，还有广受年轻人喜爱的茶颜悦色、喜茶、蜜雪冰城、茅台和瑞幸联名的酱香拿铁，都会成为游客到访目的地的美食打卡点。值得关注的是，上海、广州、深圳、北京等国际大都市，国际餐饮品牌已经广泛介入当地的美食地图，成为美食旅游的新亮点，无论是面向大众的麦当劳、肯德基，还是上榜米其林的北京京兆尹、上海UV紫外线、广州花园酒店的斯蒂勒（Stiller），无不是以国际标准和时尚气息而成为近悦远来、主客共享的当代美食新空间。与传统菜系和特色餐饮相比，当代美食多为需求与供给的合谋产物，尽管米其林的每一次榜单发布都会引发不同的声音，但是"我的行程我做主，我的美食我做主"的时代还是不可逆转地到来了。很多时候，游客吃的是美食，体验的是时尚与个性，追求的是个性化生活方式。一旦美食开启了与旅游深度融合的时代进程，不管我们愿意还是不愿意，高星级酒店的商务餐厅、商业街区的社会餐馆和遍布社区的早餐小吃，都不可避免地受到外来游客需求的冲击与改造，老一辈眼中的"不正宗"将是餐饮界不得不接受的市场现实。

专栏 3：主客共享的美食新空间

餐饮设施空间布局与文化、商业、休闲设施空间布局的关系，均具有较高的空间关联度。澳门餐饮布局与休闲设施的空间关联度达 90% 以上，北京餐饮布局与文化商业设施的空间关联度达 73%。那些入选米其林、黑珍珠、美食林榜单，本身具有较强市场吸引力的网红餐饮打卡点，其空间分布不仅不具有排他性，反而与文化、商业、休闲氛围高度关联，在布局上抱团、在空间上集聚，最终以美食餐饮街区或综合体的方式呈现。

美食旅游在区域尺度也呈现一定空间规律，那些具有浓厚美食文化渊源、完善商业配套设施、旺盛的居民出游潜力的地区，也是美食旅游相对集中的区域，全国已呈现环渤海、长三角、珠三角和成渝四大美食旅游集聚区。通过空间拟合对比各省餐饮收入与客源产出，空间拟合度约为 70%，近中程客源支撑了目的地的美食旅游的发展。

在文化、旅游、商务、广电等部门的共同努力下，区域美食旅游品牌发育进入政府主导新阶段。 食是旅游发展的优先要素，随着旅游空间从风景到场景的转变，餐饮美食在旅游目的地建设和发展体系中的地位也越发凸显。浙江的"百县千碗"、湖南"味道湖南·去湘当有味的地方"、安徽的"皖美好味道，百县名小吃"、广州亚洲美食节、青岛啤酒节、济南鲁菜美食节，以及各大星级饭店的美食推广案例表明，美食已经纳入了地方旅游发展的战略视野，成为促进旅游消费、推动旅游业高质量发展的新动能。加上《中餐厅》《听说很好吃》《一起撸串吧》等美食综艺，以及抖音、小红书、B 站等美食播主的加持与推动，一个美食旅游大比拼的时代已经拉开了帷幕。从效果上看，美食旅游基本完成了概念导入，但是"美食＋旅游"的商业模式还有待于探索，市场实践还有待于创新。各地的美食节和旅游推广仍然依托于地方特色和传统美食，适应当代游客时尚体验的创新美食，特别是对餐厅和美食主理人的关注还不够，与新加坡、日本、西班牙、法国、意大利等国家将美食上升到目的地形象支撑的做法相比，与强调景区度假区和休闲街区推广相比，多数地方的美食旅游还处于辅助和补充的初级阶段，更不用说国家层面的美食旅游培育、建设和推广的顶层设计了。文化和旅游与商务部门、政府部门与市场主体、餐饮企业与旅行商之间，也没有形成面向旅游市场的创新合力。事实上，从到访一座城市体验美食，到为了美食体验而到访一座城市，我们还有相当长的路要走。

三、尊重市场，主动作为，开创中国式美食旅游新格局

一是培育美食旅游的城乡节点，以城市特别是以经济人口为主、非经济人口为辅的现代型综合城市为依托，培育一批美食旅游城市和街区，辅以重点旅游村镇，进而形成美食旅游的空间支撑。传统城市是政治和文化中心优先增长，现代城市则是工商贸易中心优先增长。工商、经贸和科教活动带来了大量的海内外流动人口，形成了美食旅游发展所必需的内生消费基础，也为地域美食的旅游推广提供了创新动能，例如北京、上海、广州的米其林餐厅，以及长沙、杭州、南京等城市的美食街区。如果没有本地消费基础和工商阶层的消费升级，只靠观光和休闲旅游者的基本餐饮需求，很难成为美食旅游的空间节点。

二是依托高星级酒店和有社会影响力的社会餐饮，分类培育美食旅游的市场主体和产品品牌。受"观光＋团队"传统旅游模式的影响，一些地方习惯于将定点餐馆作为美食旅游的发力点，并借鉴星级饭店、A级景区的标准化模式对旅游餐饮进行分等定级，事实证明这条路走不通。可行的做法是借助大众传媒和企业营销的力量，走市场化发育的道路，引导高星级酒店和政府接待宾馆培育高端宴会和特色餐饮品牌并向社会

开放，比如香格里拉的胡同、花园酒店的桃园馆等，也可以引进君亭、杏木、兰特伯爵等品牌，形成高端餐饮中心。更为可行的做法是发挥城市生活类融媒体和综艺节目的作用，将地方特色餐厅向旅游市场推广，通过口碑传播将地方美食转换为旅游美食。

三是注重发挥旅行社、在线旅行平台和新媒体平台的作用，让更多的旅游者将美食列入城乡旅游目的地攻略。有些省市旅游部门曾经推出过"必吃榜"，是旅游市场推广和目的地建设的有益尝试。现在看来还不够，要让更多的游客为了心仪的美食和餐饮而到访一座城市，更要以现代旅游发展理念让美食成为城市旅游的具象支撑。景观之上是生活，旅游目的地是生活环境的总和，这是现代旅游发展的新理念。我们去看游客眼中的城市，比如广州，排在前五位的关键词分别是珠江、长隆、小蛮腰、早茶和糖水，还有成都和重庆的火锅、长沙的夜市，能给人留下长久记忆并愿意重游的，都是这些温暖的人间烟火。美食之旅首先是城市范围的休闲之旅，荷兰有每家餐馆品尝一道菜品的美食文化一条街，北京也有旅行商在设计这样的产品了，但是总体上还处于自发阶段。可以加强与携程、美团、马蜂窝、小红书等机构的合作，让美食旅游产品化、线路化，让游客在品尝美食体验文化的过程中，由近及远，由小众而流行，形成一批市场推动、游客认可的美食旅游线路。

四是文化和旅游系统加强与部门合作，研究发布关于加快发展美食旅游的指导意见。随着人民生活水平的提升和旅游经验的丰富，游客到了目的地不仅要吃得有味道，还要吃得新鲜、生态、健康，还要有文化。欲达到这一目标，就离不开农业、工业、商务部门的支持，以及从生产、物流、加工、服务到销售等餐饮产业链条上万千家企业的基础支撑，也离不开文化、艺术和时尚的引领。莼鲈之思也好，身土不二也罢，吃的都不仅是食材本身，而是生活品质和文化调性。在此基础上，引导地方和企业加强国际与港澳台地区的合作，利用多边机制和社会力量，推出"东亚美食旅游之都""'一带一路'美食旅游之旅""欢迎中国——美食餐厅""你好，中国——美食之旅"等品牌，助力美食旅游的国际化推广和品质化提升。

致谢：

本报告的专栏、图表均由吴丰林博士和中国旅游研究院规划与休闲所研究团队提供，在文稿写作和完善过程中，也得益于李雪博士、郭娜博士、李惠博士、姜乃源博士、刘安乐博士、翟慧敏博士、黄璜博士、李鹏鹏博士的研讨，谨致谢意。

2023 中国美食旅游发展论坛

郴州·2023 年 9 月 16 日

冰雪旅游要培育更加多元更有活力的市场主体

一、"三亿人上冰雪"为冰雪旅游奠定了空前的市场基础

早在北京申办冬奥会的 2014 年，习近平总书记就指出，中国这次办奥的最大目的，就是带动 3 亿人参与冰雪运动。自那时起，体育、文化、旅游、教育、工业与信息化各条战线，北京、张家口、哈尔滨、长春、呼伦贝尔各大城市，包括新疆、西藏、青海、广东、河南各地掀起了冰雪运动、冰雪休闲、冰雪旅游的新高潮。经过八年的努力，冰雪旅游的市场基础得到了空前提升，冰雪经济的规模、质量和效益实现了跨越式发展。2022 年 1 月 12 日，由国家体育总局冬季运动管理中心委托国家统计局社情民意调查中心开展统计调查所得的《"带动三亿人参与冰雪运动"统计调查报告》显示：2015 年北京成功申办冬奥会以来，全国居民参与过冰雪运动的人数为 3.46 亿人，冰雪运动参与率为 24.56%。冰雪运动跨过山海关，走进全国各地，开启了中国乃至全球冰雪运动新时代。

与冰雪运动相比，冰雪休闲和冰雪旅游的市场规模更大，发展空间更加广阔。中国旅游研究院冰雪旅游课题组综合测算，2021—2022 冰雪季我国冰雪休闲旅游人数为 3.44 亿人次，是 2016—2017 冰雪季 1.7 亿人次的 2 倍多。冰雪休闲旅游收入由 2016—2017 冰雪季的 2700 亿元增加到 4740 亿元，冰雪旅游实现了跨越式发展。相对于传统的冰雪运动特别是竞技型项目的参与者，游客多属于"冰雪初体验"，主要以休闲娱乐和轻度运动为主。中国旅游研究院的冰雪市场专项调查显示，滑雪度假的游客占比为 25%，绝大多数游客以观光休闲和轻度为主。从时间分布来看，多数游客还是愿意选择冰雪季北上，85%的游客会选择1~2月出行，春节前后更是旺季中的热点。从消费视角看，传统意义上的"冰雪不过山海关"的资源诅咒不复存在了。北京、上海、广东、江苏、浙江、山东、河北、四川、辽宁和湖北已经成为十大冰雪客源省份，西安、成都、武汉、杭州、南京、沈阳、广州、深圳、青岛和苏州成为十大冰雪游客源城市。调查显示，冰雪旅游客群本地化和近程化在疫情期间得到了进一步强化，随着疫情防控"新十条"和"乙类乙管"政策效应的显现，中远程冰雪休闲的出游意愿和消费预期都有明显回调，我们对2023年的旅游经济预期已经从2022年第四季度的"谨慎乐观"调整为"乐观"。

刚刚过去的2023年元旦假期，哈尔滨、长春等热门冰雪旅游目的地的搜索热度持续上涨，东北冰雪大世界、亚布力、长白山、中国雪乡、"北极"漠河更是成为热门打卡地。新疆以冬博会和冰雪文化旅游节开启了新年旅游季，北京圆明园、颐和园、紫竹院等公园同步启动假期冰场或雪场活动，四川冰雪游景区串联冰雪观光、滑雪、温泉等系列主题活动，成都西岭雪山滑雪场开放夜滑项目，举办跨年派对吸引游客。广州热雪奇迹作为大型室内滑雪场吸引游客体验室内娱雪项目。中国旅游研究院（文化和旅游部数据中心）专项调查显示，冰雪节庆在假日期间引流效果明显，38.6%的游客参加了冰雪旅游节、冰雕艺术节、冰灯节等冰雪文化活动。

二、政策创新和政府作为构建了冰雪旅游供给新格局

冰雪旅游的高质量发展得益于中央和地方持续性的政策支持和行政推动。 2018年9月5日，国家体育总局发布《"带动三亿人参与冰雪运动"实施纲要（2018—2022年）》，大力推广普及群众性冰雪运动，助力建设"健康中国"，奋力实现"带动三亿人参与冰雪运动"目标。2022年

1月29日，文化和旅游部、国家发展和改革委员会、国家体育总局联合印发《京张体育文化旅游带建设规划》，推动奥运场馆赛后可持续利用，打造体育文化旅游融合发展新名片，培育区域经济社会发展新动能和特色优势支柱产业。2022年3月，中共中央办公厅、国务院办公厅印发了《关于构建更高水平的全民健身公共服务体系的意见》，明确支持建设京张体育文化旅游带。

2022年1月，文化和旅游部、国家体育总局依据《滑雪旅游度假地等级划分》（LB/T 083—2021）标准，联合公布了首批国家级滑雪旅游度假地名单。国家级滑雪旅游度假地以所在县（区）域为依托区，打造高水平的滑雪运动设施和高品质的旅游度假服务，满足滑雪度假消费需求，促进当地经济发展。首批国家级滑雪旅游度假区包括：北京延庆海陀滑雪旅游度假地、河北涞源滑雪旅游度假地、河北崇礼滑雪旅游度假地、内蒙古扎兰屯滑雪旅游度假地、辽宁宽甸天桥沟滑雪旅游度假地、吉林丰满松花湖滑雪旅游度假地、吉林抚松长白山滑雪旅游度假地、黑龙江亚布力滑雪旅游度假地、四川大邑西岭雪山滑雪旅游度假地、陕西太白鳌山滑雪旅游度假地、新疆乌鲁木齐南山滑雪旅游度假地、新疆阿勒泰滑雪旅游度假地。在此基础上，各地又陆续推出了一批省级滑雪旅游目的地，有力推动了冰雪旅游的优质供给和高质量发展。

冰雪旅游的高质量发展得益于各级党委和地方政府的高度重视。 从每年冰雪旅游论坛发布的冰雪旅游十佳城市来看，哈尔滨市、张家口市、长春市、沈阳市、吉林市、乌鲁木齐市、阿勒泰地区、北京延庆区、伊春市、牡丹江市、呼伦贝尔市、长白山保护开发区，都被列入党委和政府的重点事项，主要领导和部门主要负责同志都是亲自抓，出席相关活动并给予具体指导。在政策引导和行政推动下，2018—2022年五年间，我国冰雪旅游重资产项目的总投资规模超过1.1万亿元。2022年，从投资项目数量与投资规模来看，东北、华北和西北地区处于领先地位，冰雪旅游投资的空间集中度进一步提升。近年来，哈尔滨积极整合项目资源，推动冰雪旅游高质量发展，已经形成了以兆麟公园冰灯艺术游园会、冰雪大世界、太阳岛国际雪雕艺术博览会为核心，以伏尔加庄园、亚布力滑雪旅游度假区、冰雪嘉年华、融创雪世界、极地馆为支撑，以英杰温泉小镇、亚布力森林温泉酒店、枫叶小镇温泉度假村等寒地温泉产品为补充的多点聚集、网状分布的冰雪旅游项目及产品体系。

冰雪旅游让各地传统的民俗焕发了生机，创造了一批更有现代、活力和时尚感的旅游空间和消费场景。哈尔滨的冰雕艺术和松花江冰雪嘉年华、延安的黄河春开冰、成都的西岭雪山观云海、呼伦贝尔的冰雪那达慕、黑龙江的冰上杂技系列演出"冰秀"、长白山的雪地马拉松、阿勒泰的冰雪音乐嘉年华、北京和张家口的冬奥场馆打卡、乌鲁木齐铁路局新东方快车，都是对冰雪文化的创造性转化和创新性发展。

三、冰雪旅游的可持续发展需要培育市场主体和产业生态

冰雪旅游市场的扩容和政策支持，有效带动了公共和产业投资，培育了一批新型市场主体。截至 2022 年底，全国共有境内注册冰雪相关企业近 9000 家。其中，2022 年新增注册企业 1460 家，同比增长 20.1%，涨幅速度已基本恢复到 2019 年疫情前水平。

要培育一批有创新力的冰雪旅游装备与装具生产商。在一个看颜值的时代，很多人上冰雪是因为充满时尚、活力和设计感的滑雪装具，甚至是为了有机会穿上大鹅羽绒服而去了冰天雪地，就像 20 世纪 80 年代年轻人去酒店就是为了穿上无处安放的时装。当代中国的冰雪旅游应当、也可以"国潮"的名义创造一批可以走向世界的冰雪装备装具品牌。本次论坛首次推出最受游客欢迎的十个冰雪旅游装备装具的"国潮"品

牌,包括北京山峰与海科技有限公司的 GOSKI ORIGINALS、奥雪文化传播(北京)有限公司的 Nobaday、宏威运动用品制造(张家口)有限公司的宏威 TRIGOLD、张家口科万文化传播有限公司的 COSONE、张家口众林实业有限公司的至山、长春百凝盾体育用品器材有限公司的 PENNINGTON/SSM、齐齐哈尔黑龙国际冰雪装备有限公司的黑龙、黑龙江天行健体育科技有限责任公司的天行健、安踏(中国)有限公司的安踏、广州图密善国际贸易有限公司的 TOLASMIK 无翼之主。今天,冰雪装备装具开始以产业园的形式转向集群化发展,全国建成投产的冰雪装备产业园近 20 个,其中规模较大者包括张家口市高新区冰雪运动装备产业园、宣化区冰雪产业园,齐齐哈尔市冰雪装备产业园,哈尔滨冰雪运动装备制造产业园,吉林省吉林市永吉经济开发区冰雪装备产业园、松原市冰雪装备产业园,新疆乌鲁木齐市重型冰雪装备产业园也正在加快建设。假以时日,这些国潮品牌将为更多的国内消费者所选择,也将会走向世界各地,甚至冬奥会的赛场,就像卡塔尔世界杯那样,在足球队之外到处都是中国的元素。

要培育一批有文化创造力的冰雪旅游度假区和主题公园运营商。近年来,银基、融创、长隆、海昌海洋世界等本土主题公园和度假区运营商开始加快在东部沿海和华中、华南的战略布局,形成了武汉、广州、重庆等地室内滑雪场的"热雪奇迹"品牌效应。加上源于体育基因的大型室外滑雪场和小型室内滑冰场项目,城市冰雪休闲和冰雪旅游的供给结构更加完善。需求引导供给,供给也在创造自己的需求。渐成体系的冰雪旅游度假区和主题公园,对于中国特色冰雪文化的形成和消费市场的持续扩容将起到不可替代的作用。

要培育一批有实力的冰雪文化投资机构和冰雪赛事运营商。过去三十年,中国先后举办了亚运会、奥运会、冬奥会等多项国际赛事,留下了宝贵的体育遗产，也培育了北奥集团等体育文化投资机构和赛事运营商。市场主体要与各地的冰雪旅游目的地推广机构相结合，最大限度地扩大市场规模，强化主题形象构建、市场导入和产品研发。

要培育一批专业化运营的冰雪旅游与旅行服务商、冰雪旅游目的地生活服务商。既要关注春秋、广之旅等客源组织能力强的旅行社，携程、去哪儿、马蜂窝等市场影响力广的在线旅行商，也要关注678这样的滑雪俱乐部等社群经济运营商，以及基于新型社交平台和私域流量的头部主播。既要引进大型度假酒店，也要关注冰雪主题民宿、特色餐饮和快餐、非遗活化、旅游购物和演艺等新型市场主体的投资引导和专业指导。冰雪之上是生活，生活环境和服务品质提高了，文化引领、科技赋能的冰雪旅游高质量发展就有了可靠的保障。

2023中国冰雪旅游发展论坛主题演讲

哈尔滨·2023年1月9日

夜间旅游从何时来？到哪里去？

一、2018年以来，夜间旅游的理论建设、政策促进和市场实践实现了历史性跨越，取得了举世瞩目的多方面成就

过去五年，我们从夜间旅游的理论探索，到夜间经济的政策促进，再到夜间休闲的市场实践，实现了概念导入到社会实践的创新过程。夜间的读书、休闲和消费活动古已有之，而正式导入夜间旅游、夜间经济的概念，并形成市场和政府共同推动的实践热点不过短短五年的时间。2018年初，中国旅游研究院以《旅游内参》的形式向原国家旅游局党组提交了《释放夜间旅游新需求，培育都市旅游新动力》。2019年3月，课题组公开发表了夜间旅游的专项数据和研究成果，明确宣布"夜间旅游正当时"。文化和旅游部主要领导在《旅游内参·特别报告》对夜间旅游专项成果做出肯定性指示，新华社、中央电视台、中央人民广播电台等主流媒体从不同角度对公开成果做了跟踪报道，引起各级党委和政府、旅游运营商、灯光照明工程商和社会各界的广泛关注。2019年11月，中国旅游研究院联合芜湖市人民政府、名家汇科技股份有限公司召开首届夜间经济论坛，形成了"以文化权益和旅游权利为中心，推进夜间经济高质量发展"的广泛共识，推出一批有示范意义和推广价值的城市、企业、场景和项目案例。2020年10月，中国旅游研究院联合无锡市人民政府和良业科技集团股份有限公司召开第二届夜间经济论坛，从经济社会发展的角度对夜间文化、艺术旅游、餐饮、购物等休闲活动进行更加深入的研讨，确立了"文化引领夜间经济、主客共享美好生活"的发展导向。再次推出的标杆城市、企业和项目案例引起了更加广泛的社会反响。自那时起,各级政府加速出台夜间经济的促进政策,加快创建夜间文化和旅游消费集聚区建设。过去三年,夜间经济并没有因为疫情而停滞,2023年春夏以来更是进入加速发展的高峰期。

过去五年,我们从旅游活动的时间延展到旅游消费的空间拓展,创造了近悦远来、主客共享的夜间生活新空间。夜者,日之余。相当长时间里,夜晚都没有纳入旅游者的视角和旅游业的范围,无论是参加有组织的旅游团,还是自助旅行,绝大多数游客都是"白天观景,夜间睡觉"。与此相对应,无论是面向团队旅游者的产品和服务,还是面向自助旅行者的公共空间,几乎没有什么可供选择的夜间旅游和夜间休闲场景。随着城市化进程和经济社会的发展,特别是照明科技的进步,晚上八九点钟依然是万家灯火,城市休闲正当时。游客和居民关于昼夜的心理感知发生了巨大变化,夜间文化休闲和旅游消费的需求开始被唤醒、被满足、被创造。在消费、投资和政策的共同推动下,旅游活动的时间得到有效延展,18:00~22:00被称为夜间经济的"黄金四小时"。旅游休闲空间得到有效拓展、消费场景持续丰富,除了KTV、餐饮、购物,还有沉浸式演艺、剧本秀、光影秀、音乐节、livehouse、汉服游园等新的体验项目。以驻留的公寓、酒店、民宿为圆心,周边6千米的街区、商圈和文博场馆也因此被称为"白银6千米"。

过去五年,我们在拉动居民休闲和旅游消费的同时,也培育了一批新型市场主体,促进了产品研发、内容创新和业态发育。夜间经济的高质量发展需要营造环境、创造内容和研发产品,随着市场规模而来的商机吸引了越来越多的资本、技术和企业家进入夜间旅游和夜间休闲领域。良业科技、名家汇、豪尔森等城市照明企业将灯光照明的工程优势与景区、度假区、街区、商圈的氛围营造相结合,成功转型为夜间生活运营商。夜间演艺、沉浸式演出、音乐节等内容创造的企业,以及更多的创意项目,如东方演艺集团的《只此青绿》、南京旅游集团的《南京喜事》、河南建业的《只有河南·戏剧幻城》,IDG的深圳节日大道,还有迪士尼、环球、长隆、欢乐谷、横店、银基、海昌海洋公园等主题公园和度假区营造的夜间场景,都收获了很好的市场口碑和商业效益。夜间经济还为携程、美团、京东等互联网平台,华为、大疆、科大讯飞等高科技公司,以及更多的文化、艺术、科技、教育机构的创意研发和商业创新提供了坚实的市场基础。

过去五年,从城市、街区、商圈,到农村、景区、度假区,我们还形成了一批文化特色鲜明的夜间经济集聚空间。243个国家级夜间文化和旅游消费集聚区,如北京的前门大街、亮马河风情水岸、太原市钟楼步行街,为广大游客和市民感受城市氛围、共享夜间美好生活提供了生动的场景依托,也是城市漫游(Citywalk)的热门打卡地。更多的中心城镇和重点旅游村,如宁夏的贺兰山·漫葡小镇、安徽的宏村、无锡拈花湾,在拓展市民和游客消费空间的同时,也有利于缩小城镇差距,让更多的小镇青年在家门口感受和体验现代文明。这是旅游业对经济增长的贡献,也是对社会发展的担当。

二、只有坚持发展为了人民、政策形成合力、创新依靠市场、成果为社会共享,才能持续推进夜间旅游的高质量发展

发展夜间文化休闲,推动夜间旅游消费,必须坚持以人民为中心的发展理念,将城乡居民的文化休闲和旅游消费的品质提升作为宗旨和导向。短短五年时间,夜间经济取得如此巨大的成就,是因为我们始终坚持把文化事业、文化产业和旅游业,以及相关的生产要素和人力资源,全部用来创造更多的优秀文艺作品和优质旅游产品,不断满足人民的文化权益和旅游权利。正是因为有这样的指导思想，而不是为少数人的财富增长或者政绩工程，才能最广泛地凝聚行业共识，统筹社会力量，让越来越多的博物馆、美术馆、图书馆、文化站等公共文化空间延长开放时间，让越来越多的美食街区和临时商业网点延长营业时间，让越来越多的文艺演职人员延长工作时间，从而让更多的市民和游客尽享高品质的文化休闲和旅游体验。为此而投入的环卫、城管、公安、应急等公共资源是难以直接计量的，当我们尽享夜间美好生活，谋划夜间经济的未来蓝图的时候，应当向他们致以深深的敬意。

发展夜间文化休闲，推动夜间旅游消费，必须坚持民有所呼、政必有应，不断提升治理体系和治理能力现代化。2019年8月国务院办公厅印发《关于进一步激发文化和旅游消费潜力的意见》（国办发〔2019〕41号），首次在中央政府层面提出发展夜间经济，要求丰富夜间文化演出市场，优化文化和旅游场所的夜间餐饮、购物、演艺等服务，鼓励建设24小时书店。到2022年，建设200个以上国家级夜间文旅消费集聚区。2023年9月27日，国务院办公厅印发《关于释放旅游消费潜力推动旅游业高质量发展的若干措施》（国办发〔2023〕36号），要求有序发展夜间经济，并对夜间文化和旅游消费集聚区、配套服务设施、延时等方面提出了明确要求，从食品、体育多维度推动夜间消费潜力挖掘和市场拓展。过去五年，地方政府印发了促进夜间经济发展的政策文件139份，主要落实上位政策的具体要求，广泛涉及组织领导、消费引导、场景打造、基础设施完善、夜市培育、财政补贴和奖励等方面。没有中央政府的政策引导和地方政府的行政推动，夜间经济很难有今天的发展成就。

发展夜间文化休闲，推动夜间旅游消费，必须坚持发挥投资机构和市场主体的积极性，不断培育夜间经济的新动能、新要素、新业态。持续增长的夜间消费客流，让街区、商圈和休闲综合体的存量空间产生了级差地租，吸引了越来越多的产业资本、文化创意和科技创新，进而涌现出大量新型市场主体。夜间经济还带动了城乡空间的存量优化和酒店、民宿、服务式公寓，以及旅行社、OTA、社群俱乐部的商业模式创新。来自市场的创新也在倒逼安保、保洁、公交、地铁、电信、治安、应急等公共服务和社会管理效能的提升。这些城市"点灯者"和"提灯人"在提供更高效率、更有温度的公共服务的同时，又为商业投资和市场创新提供了现代营商环境。从过去两届和这次论坛推出的夜间经济城市、企业和项目案例来看，这些无不是政府和市场良性互动、商业机构发挥投资和创新主导作用之结果。

三、未来的夜间旅游既要满足文化休闲和旅游消费新需求，也要传承中华优秀传统文化，还要创造现代文明和先进文化

未来的夜间旅游要满足广大游客和城乡居民的新需求，更好地服务于国家战略和地方经济社会发展要求。夜间经济不只是吃吃喝喝和娱乐演出，还有购物、观景、赏剧、夜读、观星和社交需求。现有的夜间经济主要依托存量空间和商业资源，满足市民和游客的物质需求和初级文化休闲需求。随着全面小康社会的建成，总体上既分层也升级的消费需求，既需要高品质的物质满足，也需要高层次的精神享受。地方经济社会发展既需要传统的人间烟火，也需要未来的闪耀星光。我们需要更多像中国城乡控股这样的基础设施建设商、兰桂坊这样的国际化街区运营商、太古里这样的时尚商业投资者、IDG这样的大尺度街区创意者，也需要面向社区"小而美"的创业创新者。要着力培育多层次、多类型、多样化的产业生态体系，特别是通过科技、艺术、体育等要素的创造性投资，着力打造一批辐射带动性强的地标性项目和现象级产品。不能一说地标，就想对标迪拜的帆船酒店或者拉斯维加斯的"味精球"，要充

分考虑中国国情和经济社会契合度，走出一条与生态环境和城市空间和谐共生的发展道路来。

未来的夜间旅游要继续依托城市"三区一圈"推动文化和旅游更深层次、更大范围地融合发展，也应更加关注县城、中心城镇和广大农村地区的夜间生活。当城市旅游恍惚于眼前所见是东京还是巴黎的时候，不要忘记还有千千万万的农村居民还在村头巷尾唱着过去的歌谣，过着"日出而作、日落而息"的传统生活。一个国家强盛、民族复兴、人民幸福的中国，不可以让远在故乡的父老兄弟守着老旧的电视机度过一个又一个不眠之夜。夜间文化和休闲要向农村去，及时出台有针对性的政策，加强公共文化投入和旅游休闲设施建设，打造乡村旅游夜间消费新场景。支持乡村旅游重点区域因地制宜开发夜游、夜集、夜娱、夜秀等夜间产品和服务，鼓励传统戏曲、曲艺等推陈出新，促进传统与潮流文化交融，不断打造夜间文娱品牌。支持发展田园音乐会、篝火晚会、美食节、采摘季、露营节等活动。引导旅游、休闲、科技、工程企业和文化艺术团体到农村去，为广大农村居民和乡村旅游者培育夜间生活新空间、新内容、新项目和新业态。

未来的夜间旅游消费，要充分借鉴全球夜间经济发展经验，稳步提升个性化需求的宽容度和多样性消费的包容度。世界各国各地区都有发展夜间经济的成功经验和特色模式，这些经验和模式无不承载着共同价值观，无不具有区域和地方文化的底层逻辑。无论香港的兰桂坊、东京的银座、首尔的贞洞夜行，还是迈阿密的夜花园、巴黎的左岸、布鲁塞尔每月一次的市民轮滑，都承载着活力、自由、平等和无限创意。我们需要与更多的国际友城深度交流和多元合作，韩国培材大学节事旅游学院院长、韩国"夜行"创始人郑钢焕教授曾在首届论坛与中国同行分享了理论观点和实践经验，对我国起步期的夜间旅游就很有启发。文明交流和文化互鉴并不是简单的移植和模仿，而是促进外来文化本土化和本土文化国际化，为践行全球文明倡议、建设世界旅游共同体贡献中国智慧和中国方案。

2023 中国夜间经济论坛

三亚·2023 年 10 月 11 日

为民族的大众的现代的旅游住宿业而奋斗

各位同事，业界朋友：

值此浙江省饭店业协会成立20周年之际，业界精英于金华君澜大饭店隆重集会，有光辉岁月的纪念，有美好未来的思考，更有高质量发展的责任与担当。

回顾历史，中国饭店人始终坚持与时代同行，充分彰显了深厚的家国情怀和卓越的专业精神。1979年，改革开放总设计师邓小平发表著名的"黄山谈话"，拉开入境旅游高速增长的时代帷幕，也开启了饭店业与国际接轨的现代化进程。从香港半岛酒店派出团队管理北京建国饭店，到1984年原国家旅游局号召全行业学习建国饭店，再到香格里拉、希尔顿、喜来登、凯悦等国际品牌的大规模引进，饭店业完成了"以西为标，进口替代"的思想、组织和制度准备。1988年，在西班牙等国专家的帮助和借鉴各国经验的基础上，原国家旅游局起草了《旅游涉外饭店星级划分与评定》，经标准化主管部门批准后以国家推荐标准形式颁布。在行政力量的强力推动下，星级饭店很快就成为高品质生活方式的代名词，也是现代服务业的标杆。**广州花园酒店、白天鹅宾馆，厦门悦华酒店，上海波特曼丽思卡尔顿酒店，南京金陵饭店，北京建国饭店、兆龙饭店等五星饭店闪耀华夏**。那时要是说谁家装修得像星级饭店，绝对意味着现代、时尚与格调。那是一个启蒙思想、导入品牌和彰显品质的觉醒年代，也是张润钢、辛涛、蓝海青、高天明等第一代中国饭店人学成归来报效国家的青春年代，还是吴启元、陈妙林、乐志明等浙江饭店人的创造年代。国家有需要、事业有舞台、年轻人有梦想,多么令人留恋的时代啊!

以 1999 年"国庆黄金周"为标志,中国旅游业进入了以国民消费为基础的大众旅游时代。数十倍于入境旅游者的城乡居民在领略山河壮丽、领悟人文之美的行程中,迫切需要与生活习惯和消费预算相适应的新客栈。之所以用客栈这样带有古早味的名称,是因为它们在历史上就是面向下沉市场和基础需求,而且野蛮生长的业态。历史一再证明并将继续证明,每次市场扩容和消费变迁,都会带来市场模式和商业形态的大变革、大创新。**以如家、七天、汉庭、锦江之星、欣燕都为代表的经济型酒店,以及在此基础上衍生的品牌谱系,开创了本土企业主导新兴市场的新时代**。孙坚、郑南雁、季琦、吴海、王海军、程新华等企业家群体以持续的服务创新、产品迭代、品牌创设,开创了属于他们的光荣与梦想,让饭店人首次在资本和市场的层面上赢得了全社会的尊重。在此进程中,开元、君澜、雷迪森为代表的饭店浙军,在高端商务和度假领域稳步前行,形成了中国特色的酒店谱系。

新时代十年迎来了大众旅游全面发展和旅游住宿业高速成长的新阶段。亚朵、桔子、东呈等中端轻奢酒店,以及精品民宿标志中国饭店业开始进入"量的合理增长和质的有效提升"新阶段。**如果说星级酒店是管理的成功,经济型酒店是资本的胜利的话,民宿和轻奢酒店品牌的创设则预示人文经济在旅游住宿领域的自觉成长,一个面向大众的精致和优雅的时代正在来临。**一批融入当地自然环境和生活氛围,科技元素、文化创意和商业创新共同支撑的民宿品牌,如花间堂、树蛙、黄河宿集,已经赢得了资本市场和旅游市场的双重认可。厚植优秀文化和现代旅游产业的新型度假酒店,如森泊、芳草地、君澜等,开始以独立的姿态出现在旅游业高质量发展的进程中。越来越多的饭店人开始认同这样的商

业理念：真正的中国服务一定是泰勒制、霍桑实验、赫兹伯格双因素理论、迂回生产理念等现代管理科学与中国旅游住宿产业具体实践相结合，与中华优秀传统文化相结合的结果，一定是面向最广大的旅游市场和最核心的住宿需求，以商业的力量让最大多数的游客有尊严地旅行、有温暖的食宿。真正可以国际化全球化的旅游住宿品牌，从来都有深刻的思想基础和明确的价值取向，饭店业的高度从来都不取决于对强者服务的力度，而取决于对普罗大众服务的温度。

审视当下，中国饭店人要更加关注大众旅游时代的国之大者和民之关切。全面建成小康社会以后，我国开始了中国式现代化推进中华民族伟大复兴的征程。与此相适应，大众旅游进入全面发展新阶段，观光、休闲、度假进入城乡居民的日常生活选项，日益成为人民美好生活的刚性需求。值得关注的是，旅游到休闲市场开始进一步下沉，中小城市、中心城镇和广大农村居民加入休闲度假初体验的行列，游客的出游距离和目的地停留时间趋于延长。与此同时，我们还要看到城市中产阶层、中青年商务旅行者、五六十年代的低龄老年旅游者、大中小学生为主的研学旅行者，他们旅行经验丰富、消费预算较高、时间相对富裕，旅游住宿需求更趋多样性、个性化和高品质。除了旅游住宿需求变化和市场变迁，度假房产、旅居车营地、汽车旅馆、机场酒店、研学营地等住宿业态创新也对传统的星级饭店、经济型酒店、政府宾馆和民宿提出了更为现实的创新压力。传统的旅游住宿业如果不能提供稳定的品质保障、产品迭代和市场创新，就可能面临边缘化的危险。新时代中国饭店人的新战略必须、也只能是与保障旅游权利、促进旅游消费、推动旅游业高质量发展的国家战略相向而行，培育旅游住宿业创新发展新动能，守住安全生产的底线、意识形态的红线和服务标准的基准线，在更高层次上满足大众旅游者的品质要求。

我们要下力气解决旅游住宿总量过剩和结构性失衡的长期问题。2023年上半年，旅游经济进入了全面复苏向上的新通道，但是不同地区和不同类型旅游住宿机构的获得感冷热不均。第一季度不同星级饭店的平均出租率在38%~52%，其中二星级最低（38.44%），五星级最高（51.72%）。如果从广义旅游住宿产业来看，数据更加不容乐观，既有供给规模大于需求增速的总量问题，也有满足不同层次消费需求的高品质度假酒店、亲子酒店、商务酒店和民宿供给不足的问题。总体而言，供大于求是影响饭店业可持续发展的历史难题，结构性不均衡则是饭店创新和旅游住宿业高质量发展的时代机遇。任何时候，任何地区、任何市场只要有竞争，产业就有创新发展的动力。有竞争，业界才会千方百计地讨好消费者，这是市场经济的常态。需要强调的是，任何一家公司、任何一个品牌、任何一家饭店都不可能去讨好所有消费者。每个品牌只能满足特定的市场，每种商业模式也只能适应特定的时代、区域和文化。今天的企业家和饭店从业者要重视需求、研究市场，既要充分关注年轻人为代表的新型消费群体及其预示的未来，也要看到中老年客群所代表的相对稳定的基础市场。相对年轻客群的时尚需求，基础市场的稳定消费如同大众旅游需求的坚硬河床，是旅游住宿产业发展最稳定的市场支撑。如何保持战略定力，以经典服务满足稳定需求的同时，以更柔性的生产方式去满足新需求，已经成为摆在当代饭店人面前必须要回答、而且要回答好的时代之问。

饭店业还要高度关注人力资源短缺和技术应用不足的现实压力。经常听业界朋友说人才荒，甚至出现旅游市场复苏了，饭店却招不来一线员工的窘境。从人才培养的源头来看，进入国家一流专业、国家级精品课程的本科旅游院校越来越多，获得很多高层次的科研项目，每年都会发表上万篇论文，但是为什么愿意报考旅游管理、酒店管理等相关专业的年轻人却越来越少，培养的毕业生也不愿意进到饭店业？院校要自省，业界也要反思啊！如果每个人都在抱怨和吐槽，甚至相互指责，拿不出切实可行的办法，行业怎么进步呢？坐而论道，不如起而行之，每个人都要从自身做起，才能带动整个行业的发展。只有雨天给别人打伞，晴天别人才会跟你走嘛。教育之外，科技应用不足、数字化转型缓慢也是显而易见的现实问题。三十年前的饭店人，掌握 SOP 并懂得运用服务流程和技术标准，就是专家了。如果再会一门外语，攒几年资历，明白些人情世故，很快就可以做到中高级管理人员。那是一个饭店人定义饭店的时代，因为住店客人的需求是相对稳定的，成熟有经验的职业经理人也比较稀缺。今天是一个旅游者定义旅游业，消费者定义饭店业的时代，科技、文化、创意、营销和数字化正在重构饭店人的知识体系和专业能力。对于饭店业，数字化不是未来的选择，而是今天的死生之地、存亡之道。

对历史最好的继承就是创造新的历史，对饭店人最高的礼敬就是创造更多与时俱进的新业态，开创旅游住宿业高质量发展新格局。这样的格局应当是新时代的饭店人秉承民族的立场，沿着大众的方向，用科学的方法创造出来的。

未来的旅游住宿业应当是民族的，在世界旅游发展体系中具有较高**的中华文明辨识度和全球影响力**。在五千年的文明演化进程中，为满足不同历史时期不同旅行人群的住宿需求，我国创造了迎宾馆、驿站、客栈、会馆、饭店、酒店等丰富多彩的业态。过去的四十多年，分等定级的欧美国家的饭店标准和工业化管理模式在提升饭店现代化水平的同时，也极大压缩了传统业态的生长空间。无论是高端商务和度假设施，还是个性化民宿和客栈，都到了创造性转化创新性发展民族接待业传统文化的时候了。不能一谈度假酒店，就是阳光、沙滩、海水这么简单，而是在"仁者乐山,智者乐水""独乐乐不如众乐乐""吾心安处是吾乡"等中式审美的语境下,大力发展山居、水居、乡居、城居等多空间多场景的度假业态。也不能一谈品牌就是市场导向、营销推广和职业经理人运营,而是厚植优秀传统文化,以社会主义先进文化指引旅游住宿业创新前行的方向。任何时候,文化都是塑造产业发展方向最深层也是最持久的力量,人永远都是饭店创新最宝贵的动能,也是旅程中最美丽的风景。

未来的旅游住宿业应当是大众的,始终为最大多数的人民创造幸福,发展成果也为最大多数的人民所分享。没有任何力量可以阻挡人民对美好旅行生活的向往,也没有任何理由可以遮蔽饭店人为服务游客、共享美好的初心。受居民出行和接触性消费政策宽松、宏观经济稳中向好、中央和地方多措并举促进消费等多重利好因素影响,2023年上半年的旅游经济进入了"高开稳走、供需两旺、加速回暖"的全面复苏新通道。劳动节假日五天,国内旅游出游人次和旅游收入均超过2019年同期,平均出游距离超过了180千米。节假日、月度和季度的市场指标、城市热度、游客满意度的环比和同比数据均已经表明,旅游经济迎来了战略转折点,进入了不可逆转的复苏向上新通道。在坚定信心的同时,饭店人要密切关注越来越细分的市场、越来越多个性化的需求,以及更加激烈的竞争,注意倾听不同群体的声音,包括"小镇青年""反向旅游者""特种兵式旅游者"的声音。面对本地居民和外来游客的社交的需求,重点研究宴会、婚礼、会议、健身、娱乐的功能更新和场景营造。可以多办些美食节和文化雅集活动,好的酒店是能让游客感受到味蕾绽放、梦里花开的美好生活新空间。好的饭店是市场的,也是社会的,应当、也能够成为链接游客社区居民,促进共同发展的动力机制。2021年6月,浙江开始承担高质量发展建设共同富裕示范区的重大使命。旅游和饭店业在探索建设共同富裕美好社会的过程中,已经形成了一批社区共商共建共享的案例，如安吉杭垓的共富公寓、爷爷家青年旅舍、菩提谷、过云山居、饮居·久舍等，从全国范围来看，这些案例已经具备了复制推广的现实可能。

未来的旅游住宿业应当是科学的，通过科技应用和数字化转型，加快现代服务业的建设步伐。新时代的饭店业要以需求推动产品迭代和业态创新，也要创造新的供给引领未来需求。要实现这个理想的目标，绝不能只靠传统的人力资源、思维方式和管理模式。科技对饭店业系统而深刻的改造是时代的要求，也是历史的必然，看不清趋势或者对趋势视而不见者，终将因跟不上时代的步伐而出局。得客源者得天下，客源从哪里来？过去从签约客户、旅行社和店招进门的散客那里来，今天从会员体系、OTA、小程序、短视频等线上渠道来。得游客满意者得客源，游客满意从哪里来？过去从前台、餐厅、房务、保洁、安保等岗位员工与游客的温情互动而来，今天从前台人脸识别办理入住和结账，智能客房、元宇宙场景体验和无所不在、无所不能的机器人高效率服务而来。总体而言，饭店业的科技应用还处于提升生产效率和满足现有需求的初级阶段，未来的数字化将创造新的需求，可能给旅游住宿业带来革命性的变化。需要说明的是，饭店业的数字化战略不在于技术本身，也不是科技元素越多、越先进越好，而在于无接触服务的界面友好性和技术有效性。

最后，**希望各位同仁要想方设法吸引更多的年轻人，特别是旅游管理、酒店管理、会展管理相关专业的毕业生加入饭店业，为他们提供正能量的价值观、职业精神和专业能力，以及有吸引力的薪酬待遇和高成长空间**。饭店是饭店人的饭店，一个不能持续吸引年轻人进入的行业是没有未来的，无论如何，不要让年轻人的职业梦想破灭，这是我们共同的责任。希望教育者和企业家多交流多互动，告诉年轻人一个有暂时困难，更有阳光未来的真实饭店业。要优先培养学生乐观、积极、健康、向上的生活态度和勇于担当、善于沟通、包容共享的专业精神，不能一开始就画"全球产业领袖""国际饭店精英"这样的大饼。如果说真有什么饭店精英的话，也不是他们从行业中获得了多少功名利禄，而是将其一生的才情和努力，都奉献给了人民的旅游权利和饭店业的高质量发展，就像曾经的你们一样！

浙江省饭店业协会成立20周年纪念演讲

金华·2023年8月1日

03 GUOJI SHIJIE

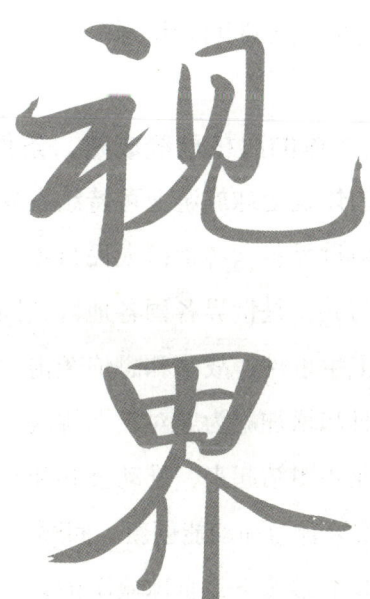

践行全球文明倡议，建设世界旅游共同体

2022年9月，正是疫情对旅游业影响最严重的时候，我在澳门特别行政区的会议上提出，"做出2022年底2023年初迎接入出境旅游市场复苏的准备"。之所以对旅游业始终保持乐观的预期，是因为"读万卷书，行万里路"一直都是中华民族的优良传统，出国旅游尤为人民所向往，国家公共卫生、对外贸易和旅游产业政策是以保障人民的旅游权利为宗旨和导向的。希望有更多的中国游客到访世界其他国家和地区，也希望中国游客获得的不仅是风景、美食和购物的体验，还有更多的精神享受和更深入的文化交流，更希望全球业者因势利导、顺势而为，在全球文明倡议的指引下，共建世界旅游共同体。

一、世界旅游共同体的时机已经成熟，条件已经具备

建设世界旅游共同体是全球旅游业可持续发展的需要。 旅游是人类长存的生活方式，保障世界各国各地区人民自由往来，在相互交往的过程中各美其美、美美与共，是世界各国各地区共同的责任。近年来，气候与环境变化、公共卫生事件、战争和恐怖袭击、贸易保护主义和逆全球化对旅游业的影响日趋增加。为应对长期挑战，推进疫后旅游复苏和经济增长，全球旅游业要团结起来，推动公共和私营部门形成新时代旅游发展的思想共识、政策合力和动能创新。回顾历史，在文化中心主义、经济霸权主义和地缘政治影响下，全球旅游治理、政策协调和市场协同机制还没有完全取得预期效果。长期以来，对于旅游产业功能，特别是

目的地经济增长的过度强调，正在面临环境保护、文化生态、过度旅游等发展伦理的拷问。值此旅游复苏和产业振兴的关键时刻，践行全球文明倡议，构建世界旅游共同体，对于稳住消费预期、培育产业创新动能和重塑全球旅游供应链，无疑具有十分明显的现实意义。

建设世界旅游共同体是世界经济社会可持续发展的需要。我们看到了旅游业对经济社会发展和文明演化的积极影响和促进作用，也看到了诸如旅游"飞地"、过度旅游、文化冲突、道德弱化、环境影响等需要正视的负面问题。就是从经济影响的角度看，旅游业对不同国家和地区的影响也不尽相同，欠发达国家和地区在全球旅游经济体系获得的份额相对较低。根据世界银行的数据，国际游客主要到访的目的地仍然以80个高收入经济体为主，其他130多个中低收入经济体的国际游客接待量占比在1995年仅有27%，之后虽有小幅增长，2019年也只达到36.6%（见图1）。只有让世界各国各地区都能够从旅游发展中获得经济增长、就业岗位增加、削减贫困、推进社区振兴、保护传统和文化遗产等收益，这个世界才能变得更好，旅游业才可能持续发展下去。随着人民旅游权利意识的觉醒，特别是新兴经济体、发展中国家在世界旅游发展格局中的崛起，倡导世界旅游共同体、共商共建全球旅游新格局的时机已经成熟，条件已经具备。

建设世界旅游共同体有助于全球旅游治理体系和治理能力的现代化。文明交流超越文明隔阂、文明互鉴超越文明冲突、文明包容超越文明优越，是全球旅游治理的理想目标和共同价值。循此思想，各国各地区的政府部门和公共机构有责任引导旅游者、从业者和社区居民正确地看待相互差异，理性地处理彼此分歧。旅游立法、发展规划、市场监管、公共安全机构最大限度地保障每个人的旅游权利，旅游投资、项目建设、旅行服务、旅游住宿、餐饮、购物和休闲娱乐企业向旅游者提供安全、平等、高效率和高品质的接待服务，环球旅行者在领略山河壮美、领悟文化之美的同时，也充分尊重目的地经济社会发展的权利。这就要求各国各地区在明确主权范围内的旅游发展决策权和旅游市场管理权的同时，共商共建面向未来的全球旅游发展战略，寻求最大公约数，画出最大同心圆。无论是跨境交付、自然人流动，还是商业存在，都要在广泛协商的基础上，凝聚最大限度的发展共识，帮助不同文化背景、不同发展程度的国家和地区选择相应的旅游发展模式，维护目的地人民合理表达利益发展诉求和分享旅游发展成果的权利。

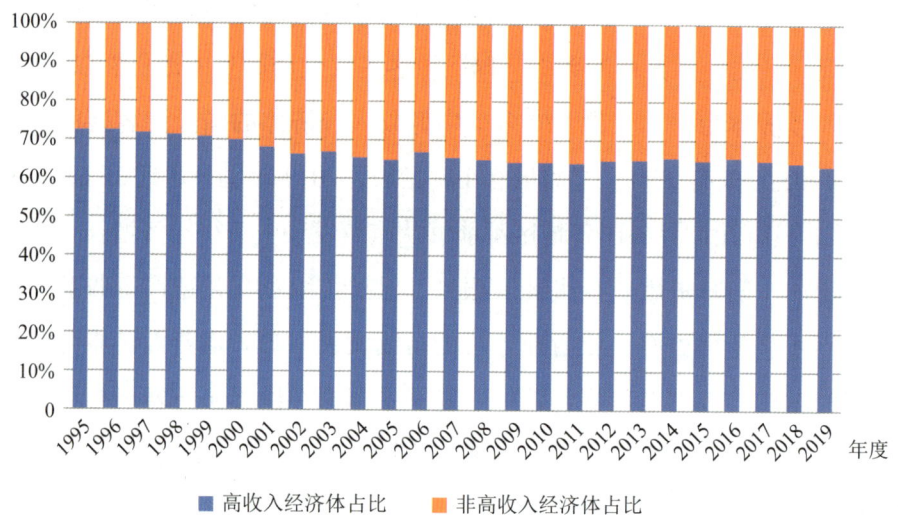

图 1　高收入和中低收入经济体入境旅游接待人次占比（1995—2019）

＊数据来源：世界银行数据库

二、在全球文明倡议下，共建共创共享世界旅游共同体

促进文明交流互鉴，繁荣世界文明百花园是构建世界旅游共同体的指导思想。伴随政治、宗教、外交、教育、贸易等活动而来的旅行有着

悠久的历史，踏青、登高、雅集、访友、宦游等本地休闲和近程旅游活动也多见于文献记载，如李白、苏东坡、徐霞客的人文之旅。启蒙运动、工业革命和贸易的扩展，推动了旅行与旅游服务的市场化进程。1841年，托马斯·库克创办了第一家旅行社（Thomas Cook&Sons Ltd.），拉开了近代旅游业的帷幕。围绕为什么发展旅游、为谁发展旅游、依靠什么发展旅游和发展什么样的旅游，世界各国的政治家、企业家和专家学者在过去的两百年里，提出了一系列的旅游经济思想和政策主张，为世界旅游共同体构建了理念共识和价值取向（见表1）。

表 1　近代以来世界旅游发展思想及其演化

时间	关注重点	基本观念和政策主张
19世纪末至20世纪30年代	游客人数、逗留时间和消费能力	旅游活动被普遍地视为一种具有重要经济意义的活动 发展旅游更多的为了经济增长
20世纪40年代至50年代	不仅是经济；以综合的视野看待旅游	旅游现象的本质是具有众多相互作用要素和方面的复合体，这个复合体是以旅游活动为中心，与国民、保健、经济、政治、社会、文化、技术等社会中的各种要素和方面相互作用的产物。需要通过多学科综合研究，需要多维度的解决方案
20世纪60年代	大众旅游和旅游权利；旅游的经济影响、社会影响和环境生态影响	旅游就是"发展"。更好地发挥"乘数效应（multiplier effect）"，减少"漏损（leakage）"，解决大量游客拥入接待地引起的物价上涨等问题。以综合方式消解旅游发展带来的结构压力 旅游既是经济手段，也是政治工具
20世纪70年代	旅游业的可持续发展	开始倡导可持续的旅游发展。联合国教科文组织（UNESCO）通过发布《保护世界文化和自然遗产公约》等方式，在发展战略制定、旅游资源合理利用和保持生态平衡等问题上达成共识

续表

时间	关注重点	基本观念和政策主张
20世纪80年代	将旅游现象作为与社会诸多方面存在交叉、重叠关系的社会综合体；关注共同价值	在学科上提出跨学科研究的观点 《马尼拉世界旅游宣言》强调："旅游可以成为世界和平的关键力量，并能为国际理解和相互依赖提供道义和理智的基础。"指出世界和平和安全为旅游业的发展创造条件，世界旅游又为世界和平和建立新的国际经济秩序做出贡献。《马尼拉世界旅游宣言》阐述了世界旅游业发展的基本原则是公正、主权平等、不干涉内政、国家之间相互合作，发展国际旅游的最终目标是提高所有人的生活水平，改善生活条件，维护人的尊严
20世纪90年代	旅游业的全球化	政府间强化国际合作，制定共同的旅游政策。世界旅游组织先后发出《负责任的旅游倡议》《世界旅游组织全球旅游倡议》等一系列倡议
21世纪初至今	旅游业的信息化；以人民为中心的发展理念；景观之上是生活	充分利用电子技术、信息技术、数据库技术和网络技术及现代传播媒介，对旅游实体资源、旅游信息资源、旅游生产要素资源进行深层次的分配、组合、加工、传播和销售 将推进人的全面发展和精神层面的共同富裕作为新时代的发展目标，不仅强调经济属性，也强调文化内涵；不仅有产业功能，也有事业目标；不仅要市场供给，也要公共服务 构建面向新需求、依托新动能、分工深化和链条延展的现代旅游业体系 推进文化和旅游深度融合，发展大众旅游、智慧旅游、绿色旅游和文明旅游

保障旅游权利，促进人的全面发展是世界旅游共同体的发展目标。让不同地域、不同肤色、不同文明的人在这颗蓝色的星球上自由行走，万卷书易读，万里路不难，则是当代旅游发展的价值取向和根本遵循。共存共在要求不同的旅游行为主体相互承认彼此的独特存在，尊重彼此的意愿和权利，并愿意在此基础上进行良性互动。旅游者有分享世界自

然和文化遗产、体验不同文化和美好生活的权利，目的地居民也有追求经济社会发展和生活水平现代化的权利。所有国家和地区都有权选择自己的旅游发展道路，制定相应的促进政策和发展规划，平等参与国际旅游事务并发表独立见解，所有国家和地区的旅游发展实践都受到充分尊重，成功的案例都应得到认可和推广。出现包括地缘政治在内的贸易分歧和争端时，应当也可以通过双边对话和多边协商的方式寻求解决之道，而不是采取签证、移民、支付等技术壁垒，更不能以退出或者要求其他国家退出国际组织和多边机制相威胁。

建设世界旅游共同体需要共商共建共享，每位成员都要承担共同而有区别的责任。共商共建意味着广泛吸纳东方和西方、资本和社会、政府和市场的多元力量广泛参与，擘画和塑造全新的全球旅游治理体系。各行为主体必须尊重其他行为主体共商共建的合法权利，尊重其他行为主体提升自身在全球旅游规则制定权、议程设置权和国际话语权的努力。全球旅游治理的改善过程应当充分考虑各行为主体的合理诉求，任何独断专行和垄断国际话语权的做法和意图都是不可接受的。在促进全球旅游治理体系和治理能力现代化进程中坚持"共同但有区别"的原则，尽可能地增强新兴经济体和发展中国家在全球旅游治理中的权利，以增加全球旅游发展伦理的合意性。所有成员在关心自己旅游发展的同时，也必须关心其他成员的旅游发展，世界旅游发展成果要尽可能惠及所有国家地区的消费主体、市场主体和社区居民，特别是欠发达国家的妇女、儿童、老年人、残疾人等弱势和边缘群体。

三、建设世界旅游共同体的中国政策主张

着眼当下，共建疫后旅游新格局。疫情过后，高质量旅游复苏、携手前行已成为全球旅游业的广泛共识。但是旅游业面临的全球性问题并

没有随之消失，重构面向未来的供应链，实施共建共享的旅游可持续发展体系的挑战更大了。世界人民期盼旅游助力和平与发展，期盼更加公平正义的旅游发展，也期盼更加包容、更有韧性的全球旅游治理机制。中国正在加速重归世界旅游体系，应当稳步开放入出境旅游市场，实施更加便捷和高效的签证、移民、口岸、边检和金融支付政策。实施更加有力的入境旅游振兴战略的同时，加快推进亚洲旅游促进计划、"一带一路"旅游合作计划，加快与东盟、拉美、非洲、中东欧、南太平洋岛国的旅游合作进程，不再谋求任何时候对任何国家和地区的旅游和旅行服务贸易顺差。用好世界旅游组织、世界旅游与旅行理事会、亚太旅游协会、欧洲旅游委员会等传统的国际旅游组织，世界旅游联盟、世界旅游城市联合会、国际山地旅游联盟等中国发展的国际旅游组织，创新双边、多边、区域和全球旅游合作机制，繁荣市场、扩大投资，重构世界旅游经济新格局。

面向未来，共商文明旅游新共识。长期以来，我们对旅游业的认识是经济属性强、市场化程度高的现代服务业。今天，该是重视旅游的社会属性并彰显其对文化建设和文明演化作用的时候了。坚持以文塑旅、以旅彰文，推动文化和旅游深度融合，促进旅游业健康、有序和高质量发展。坚持大众旅游的人民性、智慧旅游的现代化、绿色旅游的未来感和文明旅游的世界观。保持量的合理增长和质的有效提升，让国民大众"有得游、游得起、游得舒心、玩得放心"，将"游客满意度高不高""市场主体竞争力强不强""发展动能新不新"作为新时代旅游业高质量发展的衡量指标。中国对世界旅游业的贡献不仅是持续增长的出境旅游人次和消费，还有新时代旅游发展的思想、智慧和力量。引导游客与自然和谐共生，与文化遗产守望相助，与当地居民平等交流，努力构建开放共享主基调的文明旅游新境界。

用好平台，创设旅游合作新机制。 经过四十多年的发展，中国不再寻求任何时候对任何国家都保持旅游和旅行服务贸易顺差，而是强调立足国内旅游大市场，统筹入境和出境旅游双循环，更好地满足人民对美好旅游生活的需求，为世界旅游繁荣和经济增长做出更大贡献。通过"亚洲旅游促进计划"、"一带一路"倡议、上海合作组织、亚太经合组织等多边机制，以及互办旅游年、中国—中东欧国家博览会等双边活动，让世界共享中国机遇。统筹协调外交、移民、海关、口岸、工业与信息化、金融、文化和旅游等部门，实施更加便利化的签证、边检、支付、物流政策，以更高品质的国内资源开发、产品创新和公共服务满足海外游客的居停需求。重点推进与欧盟、东盟、东亚、东北亚、非洲、拉美和中东国家的旅游合作，将游客满意和旅游权利纳入发展议题，稳步实现世界旅游共同体的早收清单。

2023 中国（郑州）国际旅游城市市长论坛

郑州·2023 年 9 月 21 日

世界级旅游景区的价值取向与建设要义

一、市场有基础、游客有期待、国家有要求

观光是大众旅游的基础市场，观光、休闲、度假将会长期并存，而不是从景区观光转向休闲度假，这是建设世界级旅游景区的时代背景，也是逻辑基础。14亿人口的大国，每年都有数以亿计的城乡居民初次进入旅游消费行列，无论是精力旺盛的青少年，还是时间充裕的老年人，都要看一看具有国家地理和人文标志意义的景区景点。近期兴起的"特种兵式旅游"即快速打卡著名景区，"我来了，我看了，我走了"，就是典型的观光旅游。从入出境旅游市场来看，黄山、长江三峡、长城、故宫、三星堆、黄石国家公园、马塞马拉草原、伊瓜苏瀑布、埃菲尔铁塔等地标性景区景点，无一不是初次到访者的必游之地。随着旅游经验的丰富，人们开始追求某个国家、某个地区、某个城市的深度体验，融入本地居民的休闲空间，或者在度假区和家人一起安安静静地度过闲暇时光。这并不意味着观光旅游不存在了，消费主体转向休闲度假旅游了，而是同一群体在生命周期的不同阶段具有不同的旅游动机。随着时代的发展，会有越来越多的旅游者追求个性化的休闲体验和度假生活，休闲度假旅游者在总出游人数中的比重呈稳步增长的趋势，但是也会有更多的"旅游初体验者"加入观光的行列，并持续推动景区观光和出游基数的稳步增长。只要人口是持续增长的，观光旅游的市场基础就会永远存在下去；只要人们对未知世界的好奇不变，就会既有休闲度假的需求，也有景点观光的需求。从这个意义上讲，**旅游景区建设将是现代旅游业**

的永恒主题，世界级旅游景区则是旅游景区皇冠上的明珠。

景区是现代旅游业的基础支撑，建设旅游强国需要更多高品质的旅游景区。一方面要看到随休闲度假者而来的"去景区化"，另一方面也要看到大众旅游全面发展时代观光旅游者的"景区依赖"。大众旅游全面发展时代的旅游景区体系建设，不能仅仅是分等定级，而要从客源地视角入手，为人民群众建设一批由近及远、类型多元、层次丰富的观光景区和休闲空间。**首先是要面向城乡居民的休闲需要，建设一批免费开放的城市绿道和市政公园，让人民尽享身边的美丽风景和日常的美好生活**。20世纪60年代在电影电视里看到首都少年儿童的游园画面，80年代在广播里听到《让我们荡起双桨》的歌声，那是多少小镇青年的童年梦想啊！随着经济社会的发展和新型城镇化、美丽乡村的建设，我们应当让更多三四线城市和中心镇的少年儿童也能看见"海面倒映着美丽的白塔，四面环绕着绿树红墙"。**其次是方便抵达的郊野公园和湿地公园，可以是免费的，也可以是公益的，稳步将品质生活空间从近景拉向中景**。我们看北京市新版城市总规"一屏、三环、五水、九楔"生态空间格局中，"一道绿隔城市公园环""二道绿隔郊野公园环""环首都森林湿地公园环"共同构成了重要的绿化"三环"，并完成了绿化隔离为主向服务市民本地休闲和近程出游的功能蝶变。成都的公园城市也是循此逻辑展开的，让公园融入城市经济社会发展体系，进而形成近悦远来、主客共享的美好生活新空间。

在此基础上导入国家视角的国家公园、国家文化公园、地质公园、森林公园、湿地公园、遗址公园、考古公园，为居民（归来的游客）、游客（远行的居民）提供类型多元、层次丰富的诗与远方的生活空间。之所以没有将主题公园、度假区、博物馆、美术馆、戏剧场和商业街区等纳入其中，是因为旅游景区本就是国情和时代的产物，而公园和风景名胜区本就是旅游景区的典型代表。绿道、市政公园、郊野公园、国家公园和国家文化公园的建设过程，既是人民美好旅游休闲生活需求不断满足的过程，也是世界级旅游景区建设经验不断累积的过程。

二、景观有价值、文化有底蕴、景区有思想

世界级旅游景区应当、也可以承载全人类的共同价值。旅游景区不能只看见风景，还要看见思想和价值观。没有思想的引领，旅游景区走不远；没有价值观的支撑，旅游景区也是不可持续的。和平与发展的全人类共同价值，也是旅游发展和旅游景区建设的指导思想。和平是人民的永恒期望，犹如空气和阳光；发展是各国的第一要务，是文明存续的有力支撑。在促进各国各地共同繁荣的伟大历史进程中，"提倡创新、协调、绿色、开放、共享的发展观，实现各国经济社会协同进步"，"要直面贫富差距、发展鸿沟等重大现实问题，关注欠发达国家和地区，关爱贫困民众，让每一片土地都孕育希望"。依托自然资源、历史人文和社会发展体系而发展的景区，在满足旅游者观光休闲需求的同时，也承载着促进人的全面发展、经济增长和社会发展的光荣与梦想。在景区规划、建设和运营过程中，不仅要关注优秀传统文化的创新性传承和创造性转化，也要弘扬社会主义先进文化，丰富旅游景区体验内容和消费场景。

由于历史的原因，中国很多自然和历史人文景区分布于经济欠发达地区，或者是经济发达地区交通不便的历史文化名城和古村古镇。这些景区需要国家层面的规划建设，以及中央和省级的财政投资和金融支撑。甘肃张掖的七彩丹霞、大佛寺，青海的青海湖、塔尔寺，宁夏的水洞沟、西夏王陵等景区，如果单纯依靠景区的门票收入和自身发展，可能生存都有困难。待这些景区发展到一定程度时，则要有意识地为所在区域的经济社会发展做出应有贡献，比如安徽省委、省政府印发的《关于深化

文旅融合彰显徽风皖韵加快建设高品质旅游强省的意见》，将建设大黄山世界级休闲度假康养旅游目的地作为旅游新高地建设工程的重要内容。中国旅游集团化年会推出的文化和旅游融合案例，就有江苏周庄的香村·祁庄的嵌入式发展模式。马鞍山市的长江不夜城以景区思维打造开放式商业街区，以免交租金、共享发展的模式进一步将街区社区化，也是新时代旅游景区发展模式的有益探索。**无论何时何地，不与社区争利，而与人民共享，才是世界级旅游景区该有的样子。**

　　旅游业经济属性强、市场化程度高，过去四十年中国旅游经济的发展是市场化和专业化的过程，更是改革开放的结果。经济全球化进程中的**旅游业应当、也必须向着朝着更加开放、包容、普惠、平衡、共赢方向发展，既要做大蛋糕，更要分好蛋糕，着力解决公平公正的问题。一方面，要充分保障国民的旅游权利，绝不能将每一处风景都圈起来收门票，**甚至"防止游客偷窥祖国大好河山"。有条件的地区要有序下调国有重点景区门票价格，比如杭州西湖、桂林象鼻山的免费开放。**另一方面，要充分关注景区所在地区人民的发展权利，为世代居住于此者提供高质量的就业、医疗和教育等民生保障。**建设景区和发展旅游要为当地居民提供就业机会，并保证量的合理增长和质的有效提升。要努力让生活场景成为景区的特定符号，让旅游更具活力和生命力，让更多人分享旅游带来的红利，真正实现共同富裕。景区是当地自然环境和社会发展体系的有机组成部分，如果出现了景区—社区"二元结构"，那么再美丽的风景，再个性化的服务，也不可能是真正意义的世界级旅游景区。

三、发展有目标、技术有路线、时间不设表

　　世界级旅游景区要有全球知名度的自然资源，更要有全人类共享的文化价值，也就是党的十九届五中全会公报和国务院《"十四五"旅游业

发展规划》所明确的"文化底蕴深厚"。符合上述要求的旅游景区,我们首先想到的是被列入《世界遗产名录》的56个景区。不出意外的话,纳入第一批世界级旅游景区建设名单者,应当产生于依托世界遗产而发展起来的旅游景区。那些具有国家名片属性、兼具自然风光和文化价值、管理边界清晰、游客接待量大、管理现代化的旅游景区,如长城、明清皇宫、莫高窟、秦始皇陵及兵马俑坑、布达拉宫历史建筑群、黄山、庐山国家公园、武夷山、九寨沟风景名胜区、杭州西湖文化景观、苏州古典园林、福建土楼等容易引起文化和旅游主管部门的关注。对于这些景区来说,当前的主要任务是梳理、总结和提炼旅游景区的文化底蕴,以旅游市场听得懂的语言讲述优秀文化的创新性传承和创造性转化,将"以文塑旅、以旅彰文,推进文化和旅游深度融合"落到实处,并让社会所看见。今后一个时期的工作重点则是坚持大众旅游的人民性、智慧旅游的现代化、绿色旅游的未来感、文明旅游的世界观,让旅游景区的建设成果为世界各国各地区的人民所共享,并以旅游人的身份向世界讲好新时代的中国故事。除了56处世界遗产地,还有数以百计的5A级景区有意愿创造条件进入世界级旅游景区的建设行列。尽管短期内建成数百家世界级旅游景区不现实,也不可能是政策目标,但是将世界级旅游景区定位于"以现代化管理水平和世界级品质服务包括中国人民在内的世界各国各地区的游客,推动文化和旅游深度融合,推进旅游业高质量发展",那么我们还是愿意看到更多的旅游景区为此目标而努力。

从政策导向和实践进程来看,世界级旅游景区建设将是一个长期的建设过程,而不是阶段性的成果验收。回到开头,景区观光和度假休闲将在大众旅游全面发展阶段长期并存,中央文件和发展规划也是既要建设世界级旅游景区,也要建设世界级度假区,还要建设一批文化特色鲜明的旅游休闲城市和街区。对于那些有条件建成为代表国家旅游形象,构成国家旅游线路的节点支撑的高等级景区而言，固然要在世界级旅游景区工作指引和旅游主管部门的指导下，创造条件、提升能级，加快建设世界级旅游景区。对于那些更加适宜发展休闲度假新业态的度假区、主题公园、旅游街区，则选择创建世界级旅游度假区、国家级旅游休闲街区、世界级旅游集团。过去四十多年的旅游发展历史表明，供给侧创新主要集中于政府主导标准制定、地方动员行政资源、企事业单位创建摘牌的分等定级。在世界级旅游景区和度假区的评定主体尚未清晰的情况下，传统的创建挂牌模式可能要做相应的调整。不能简单地将世界级旅游景区视为"5A+"的牌子，并以此为目标去列出创建路线图和挂牌时间表。文化和旅游系统、旅游景区管理主体和运营机构都要切实转变工作思路，从分级评定到分类发展，从升A挂牌到全方面提升，从专家评定到市场认可，从国情出发到共同价值，务实推动文化和旅游深度融合，有效提升旅游景区发展质量。无论挂牌还是不挂牌，只有真正实现了景区高水平、游客高满意、发展高质量，文化传承有创造、生态文明有彰显，为世界旅游繁荣贡献中国智慧的"三高二有一贡献"战略导向，为此而付出不懈的努力，才是世界级旅游景区该有的样子。

第四届地球科学旅游大会

张掖·2023年8月17日

旅游度假区的中国风与世界范

2023年的全国宣传思想文化工作会议正式提出习近平文化思想，习近平文化思想为新时代新征程的文化和旅游工作提供了强大思想武器和科学行动指南。旅游度假区建设要以文化和旅游深度融合为主线，传承中华优秀传统文化基因，创造东方式美学生活新场景，以文化自信的中国风和产业开放的世界范推动新时期旅游业的繁荣发展。

一、旅游度假区已经完成了行政主导的功能区建设向市场推动的品牌培育嬗变

1992年8月17日，国务院下发《关于试办国家旅游度假区有关问题的通知》（国函〔1992〕46号），明确指出，"国家旅游度假区是符合国际度假旅游要求、以接待海外旅游者为主的综合性旅游区"。强调试办国家级度假区是改变我国旅游产品结构，提高旅游产品档次，提高国际竞争力的一项重要部署。原国家旅游局当年批复了大连金石滩、青岛石老人和江苏太湖三个度假区，次年又在上海佘山、杭州之江、福建武夷山、福建湄洲岛、广州南湖、昆明滇池、三亚亚龙湾和北海银滩试办国家旅游度假区。在旅游行政部门、地方政府和社会各界的共同努力下，我国陆续建成了一批政策支持、风景优美、配套完善、服务优良的休闲度假项目，基本满足了入境旅游者康养、休闲、娱乐、健身、观光多种需求。现在看来，中华人民共和国成立初期的工人疗养院和干部休养所主要是向苏联东欧国家学习的结果，20世纪90年代初期的旅游度假区建

设则以向美国和西方国家学习为主，总体学习借鉴有余，自主创新不足。比如干部休养所和疗养院过于强调事业属性，不能适应改革开放后的市场变化而逐步淡出公众视野，比如旅游度假区强调海滨、湖泊和山岳等自然资源的依托，依赖入境旅游市场政策支撑，无法适应大众旅游初级阶段的市场需求而不得不放弃功能区的发展目标，分别探索融入当地经济社会发展体系的行政区建设和面向国民休闲度假市场的品牌培育。

1999年"国庆黄金周"标志着我国迎来了以国民消费为基础的大众旅游新时代，也迎来了旅游度假区创新发展的新机遇，明确了旅游度假区建设的市场导向和旅游度假区运营的商业模式。2011年4月，原国家旅游局主导制定并颁布国家标准《旅游度假区等级划分》（GB/T26358—2010），成为新时期旅游度假区创新发展的基础架构和底层器件。2015年，原国家旅游局印发《旅游度假区等级管理办法》，着手建立政府主导的国家级旅游度假区动态评选机制，并正式启动了评定工作。2018年机构改革后，这套标准和机制得以延续。2020年，党的十九届五中全会提出"建设一批文化底蕴深厚的世界级旅游景区和度假区"。2021年，全国人大通过《中华人民共和国国民经济和社会发展第十四个五年规划和2035年远景目标纲要》，建设高水平旅游度假区得以上升为国家意志。2022年，国务院发布《"十四五"旅游业发展规划》及其部门分工、文化和旅游部内设机构的工作分工，标志着旅游度假区建设进入全新轨道。截至目前，国家级旅游度假区数量已达63家，加上600多家省级旅游度假区、重点旅游城市的度假项目，以及粤港澳、长三角、京津冀、川渝、关中、中原、长江中游城市群的环城、环湖、环山度假带，基本满足了广大居民不同类型、不同层次和不同时长的度假需求。

二、旅游度假区建设要走分类指导、分级建设的道路，既要建设"少而精"的国家度假地，也要建设"特而优"的国家级和省级度假区，更要建设大批"小而美"的国民度假区

要建设大批"小而美"的国民度假区，满足人民群众休闲度假新需求。随着全面小康社会的建成、国民旅游经验的累积、国家对节日和纪念日放假制度的优化和带薪休假制度的落实，度假需求日益增长。观光、休闲、度假是旅游经济在不同发展阶段表现出的市场需求，不能简单地认为谁是低端的，谁是高端的。**为满足人民群众度假旅游新需求，就必须让度假项目离城乡居民近些，再近些**。通过资本、技术、创意和创业的协同，通过城市更新和乡村振兴，导入大批"小而美"的项目、产品和服务，让更多的城乡空间成为"微度假"的好去处，让更多人可以享受"北京郊外的晚上""北戴河海滨的周末""太湖庄园的假期"。**中式度假不能仅仅关注自然景观，也要关注文化资源**。乌镇、宏村、周庄、篁岭、西塘、碛石等古村名镇，以名人故居、传统生活和主客共享的品质空间，吸引异国他乡的游客流连忘返。这些自然和文化资源，搭配极具辨识度的生活方式，兼具日渐完善的基础设施、公共服务和商业环境，与特定空间的国家级和省级度假区遥相呼应，为城市居民提供了更多休闲度假的场景选择。

要建设一批文化特色鲜明的国家级度假区，布局一批资源优势明显的省级旅游度假区，推进文化和旅游高质量发展。无论是国家级还是省级，都是旅游度假区的国家队和主力军。旅游行政主管部门不仅要授牌，还要进一步向地方放权并切实加强分类指导，帮助地方找准特定度假区的发展定位。哪些是资源依托型的，哪些是市场驱动型的，哪些可以康体疗养，哪些可以会展休闲，都要有权威的科学研究和数据支撑。**无论是国家级还是省级度假区，都要系统而深入研究中式度假的传统美学内**

涵。皇家"秋狩"、官员"致仕"、百姓"避暑"和"猫冬",其蕴含的传统生活方式、审美取向和价值观,对当代中国和世界的度假旅游创新发展仍有很强的启示意义。**丰富多彩的自然生态、名城古镇和传统文化,是旅游度假区空间布局的资源依托,也是时间延展的产品载体**。游客可以去呼伦贝尔体验草原生活,可以去阿尔山泡温泉,也可以去长白山滑雪,还可以去沙坡头的黄河宿集观星。当且仅当度假者发自内心地喜爱旅游度假地,乐于享用旅游度假设施和服务,旅游度假区才是美好生活新空间。在具体建设过程中,也要以更加开放的心态引进环球、迪士尼、万豪、地中海俱乐部等全球范围内的度假投资机构、品牌运营商,构建活力内生和边界开放的国民度假体系。

要建设若干"小而精"的国家度假地,服务主场外交、文化交往和文明交流的国家需要。传统的旅游度假地如北戴河、承德、庐山、莫干山、鸡公山,依托的主要是山水环境和气候资源,当代旅游度假所依托的自然资源则更为丰富,类型也更加多样。北京雁栖湖、广州南沙、深圳香蜜湖、厦门海悦山庄、安徽黄山、杭州西湖等地均具有服务国家主场外交的国家度假地的潜质。可以选择资源有基础、历史有积淀、发展有潜力、国家有需要、地方有意愿的国家级度假区,有序建设若干展示国家形象、承担主场外交和文化交往职能的国家度假地。在总量控制的前提下,建成后的国家度假地非核心区域平时要向公众开放,不能只为特定人群服务而成为事实上的"度假飞地"。

无论是什么等级和类型的旅游度假区,都要满足当下的需求,也要引领未来的时尚。欧美国家将度假视为生活方式,并从休假权利和国民福利的角度加以保障,主要表现为地中海、加勒比、夏威夷等地的夏季海滨度假,以阳光、沙滩、海水和"躺平"为主要特征;冬季的度假客源则流向阿尔卑斯、北欧峡湾、索契等地,以高山滑雪、日光浴和温泉为主。北海道、伊豆、轻井泽、鬼怒川等地的海滨、山地、温泉、雪景、和式旅馆则构成了日本的度假生活图景。相对欧洲、澳新和日本以"躺平"为主的度假生活,方兴未艾的中式度假既有传统的山水隐居,也有现代的都市娱乐;会选择环球、迪士尼、长隆、海昌、银基、横店这样的大型主题乐园,也会选择松鼠小镇、泡泡玛特城市乐园这样小而美的特色园区;既关注凯悦、白日方舟这样的度假酒店,也愿意城市漫游。旅游度假区的规划者、度假产品的研发者不能机械照搬其他国家的商业模式,而应是在创新性传承和创造性转化传统文化的基础上,充分发挥科技、文化和商业的力量,营造更多面向未来的生活场景,培育兼容并蓄的"中式度假新生活"。

三、促进国内旅游扩容和入境旅游振兴,是旅游度假区的时代新使命,也是发展新动能

借鉴国际旅游度假区开发模式和度假产业发展经验,探索中国特色的度假旅游发展道路。 受自然环境、历史文化、生活习惯、基础设施、公共服务和品牌积淀等多重因素的影响,世界旅游目的地和度假项目主要集中于地中海、加勒比海、南太平洋,以及南亚、东南亚等海滨地区和海岛城市。专项调研显示,与普罗旺斯—阿尔卑斯—蓝色海岸大区、圣托里尼、西西里、索契、夏威夷、奥兰多、迈阿密、坎昆、黄金海岸,以及亚洲的普吉岛、济州、箱根等国外知名旅游度假目的地相比,我国旅游度假区在全球范围的知名度和存在感相对偏低。调查表明,国际前十位旅游度假区的检索热度长期维持在54.1的较高均值,我国家级旅游度假区前十位的检索热度平均值仅为18.7。中国的旅游度假市场开发和旅游度假区建设不可能、也没有必要复制美国和西方国家的度假产业发展模式,国情、市场、制度和发展阶段都不允许。可行的做法是梳理

"独乐乐，不如众乐乐""仁者乐山，智者乐水""三秋桂子，十里荷花"的文化底蕴和审美取向，面向最大多数的人民群众，培育层次丰富、动静结合、主客共享的美好生活新空间，才能走出一条中国特色的旅游度假发展模式。在旅游度假区规划、建设和运营过程中，不仅要关注优秀传统文化的创新性传承和创造性转化，也要弘扬社会主义先进文化，丰富旅游度假区体验内容和消费场景。

坚持顶层设计、系统推进、开放共享的发展思路，构建中国特色的旅游度假产业体系，为世界旅游共同体贡献中国版的度假方案。中国的旅游度假区，不可能走度假区与社区割裂开来的"飞地"模式，也不可能搞少数人和小圈子的"高端"模式，更不可能踩踏生态红线，在自然和文化资源保护地搞开发。新时代度假旅游者应当是全球文明倡议的自觉践行者，社会主义核心价值观的知行合一者。**中国的度假产业发展和度假区建设，应当弘扬和平、发展、公平、正义、民主、自由的全人类共同价值，坚持共商共建共享，追求共同发展和共同富裕**。依托自然资源、历史人文和社会生活而发展的旅游度假区，在满足国民度假需求的同时，也承载着促进人的全面发展、经济增长和社会发展的光荣与梦想。有必要在《"十四五"旅游业发展规划》《国民旅游休闲发展纲要（2022—2030）》《世界级旅游度假区建设指引》等政府文件和行业标准的基础上，由文化和旅游部、国家发展和改革委员会、人力资源和社会保障部、自然资源部等部门联合制发《国民度假促进计划》。在世界级旅游度假区建设过程中，既要强调标准宣贯、项目入库、投资完善和考核验收，也要同步开展资源开发、产品研发和推广体系建设。

讲好新时代的国民度假故事，助力入境旅游振兴和世界旅游共同体建设。14亿人进入度假市场，是足以载入中国和世界旅游发展史册的大事件，必将重新定义度假旅游并重塑全球旅游度假新格局。随着更多的国际度假旅游者到访中国，也将吸引全球投资机构和市场主体参与中国旅游度假区建设进程。中国旅游研究院（文化和旅游部数据中心）专题调研显示，亚洲区域对中国旅游度假区感兴趣的热度最高，占比37.12%，其次为欧洲、美洲、非洲和大洋洲。这意味着随着综合国力的增强，生态和文化建设成就获得了越来越多的国际认可。2023年中秋、国庆节假日期间专项监测显示，全球主流媒体102篇涉旅报道中，正面报道占比55.88%，正面和中立报道占比88.24%，创历年节假日新高。文相通，心相亲，自然就会渐行渐近，建设世界级旅游度假区就会具备越来越深厚的市场基础。可以文化体验、生态休闲、医疗康养为重点，深耕海外华人华侨、港澳台和亚太周边市场，**在全球范围内实施度假旅游专项推广计划，促进入境旅游振兴发展**。用好中国发起成立的国际旅游组织、海外文化中心和驻外旅游办事处、国际友好城市和国际旅行商，举办度假旅游专题推广活动，面向境外旅行商和潜在客户开展精准营销。

相比观光旅游，度假旅游对常态服务、日常交流和生活链接有更高要求。中国越开放，海内外度假者和旅游从业者的交流互动也会更多，将来还会有越来越多的旅游度假区承接世界性的节展、赛事、会议和论坛。要适应主要客源地语言习惯，有序完善度假区外文名称和标识，加强境外主流网络和社交媒体的内容输出，用世界听得懂的语言讲述新时代的中国度假故事。联合文化和旅游、公安、外交、移民、交通、发改、商务、市场监管等部门力量，专题研究签证居留、航班航线、基础设施、公共服务的政策优化，破解社区利益冲突等难点堵点问题，为海外游客的度假生活和社会交往留足必要的政策空间。

致谢：

感谢中国旅游研究院国际研究所杨劲松博士、李隆辉博士、朱昊赟博士参与研讨和制图，感谢北京市文化和旅游局研究室孙博同志在部分观点形成过程中的意见与建议。

旅游度假区考察调研专题讲稿

北京·2023 年 11 月 21 日

美好中国携手昌明大马，共创亚洲旅游新未来

部长阁下：

很荣幸在旅游经济文化和旅游部重点实验室，也是中国旅游数据最丰富、旅游理论最前沿的学术空间，接待您和马来西亚联邦政府旅游、艺术和文化部代表团一行，我谨代表中国旅游研究院（文化和旅游部数据中心）向您和各位朋友表示热烈欢迎！

作为总理对华特使，您在促进中马两国政治互信、高层互访、经贸往来，特别是旅游、艺术和文化交流方面做出卓越贡献。我注意到马来西亚旅游部发布2023年接待500万中国游客的目标，也注意到您不久前指示旅游部门要在机场提供中文服务，为老年人和少年儿童提供特别通道，为中国游客入境马来西亚提供便利和必要的协助。相信在您的领导下，在各方的共同努力下，这个目标一定可以早日实现。

马来西亚拥有丰富的自然和历史文化资源，还有完善的交通网络、接待设施和高素质的旅游从业人员。中国青少年在世界地理课本上就知道了马来西亚联邦包括马来半岛的马来亚和加里曼丹岛的沙巴、沙捞越，首都吉隆坡。作为多民族和多元文化的国家，近700万华人与马来族和其他族裔和睦相处，共同建设这片美丽的国土。很多中国游客，特别是研学旅行者、亲子旅游者愿意跟着课本去旅行，吉隆坡、云顶、槟城、马六甲、兰卡威、刁曼岛、热浪岛、邦咯岛，随处可见中国游客的身影。吉隆坡双子塔、柏威年广场、默迪卡购物中心、荷兰红屋、黑风洞等都是热门的旅游打卡地，肉骨茶、娘惹菜、喇沙、板面也都是中国游客喜

欢的美食。旅游业是马来西亚第三大经济支柱、第二大外汇收入来源，相关从业人数超过352万，占总就业人口的23%以上。丰富多样的自然环境、灿烂多元的历史文化、完善的基础设施和高素质的人力资源，为马来西亚旅游业的高质量发展提供了坚实的支撑和系统的保障。

马来西亚一直都是深受中国游客喜爱的海外旅游目的地，也是中国重要的入境旅游客源市场。从1999年的"国庆黄金周"开始，到疫情前的2019年，中国公民首站赴马旅游人数年均增长18.26%，马来西亚同期来华旅游者年均增长6.78%。连续二十年保持如此高的增速，在世界范围内都是罕见的。2019年，有138.35万人次马来西亚人来华旅游，马来西亚是中国第八大客源国家。同期，有241.32万人次中国人首站赴马来西亚旅游，马来西亚是中国第八大目的地国家。另有71万中国公民经其他国家和地区转道赴马来西亚旅游，二者相加，当年共有312万中国公民赴马旅游，占同期马来西亚接待外国游客总人数的11.95%。按照每位游客2000美元的消费估算，450.35万入出境游客创造了90亿美元的旅游消费，占当年中马服务贸易的18.82%。随着入出境旅游市场的有序恢复，中马旅游交流合作必将迎来更加有利的市场机遇。中马两国旅游互访问人数（2010—2021）见图1。

中马旅游交流之所以能够取得如此令人瞩目的成就，得益于两国长期以来的政治互信和高层互访。1974年5月31日，中马两国建立正式外交关系，马来西亚是东盟第一个与中国建交的国家。2013年，中马建立全面战略伙伴关系。习近平主席会见安瓦尔总理，双方就共建中马命运共同体达成共识，必将开启两国关系新的历史篇章。构建人类命运共同体理念同马政府提出的"昌明大马"理念高度契合，双方将加强经贸合作和"两国双园"建设，推进共建"一带一路"合作。纵观世界旅游交流合作的历史，国家之间的战略互信，国家元首、政府首脑之间的国事互访，以及权威媒体的正面报道，从来都是旅游目的地形象塑造和国民旅行决策最重要的因素。在此基础上，重视和善用行业媒体、自媒体、文化名人和意见人士（KOL）的新型传播网络，有利于进一步提升美好、友善、包容、共享的国家旅游形象。

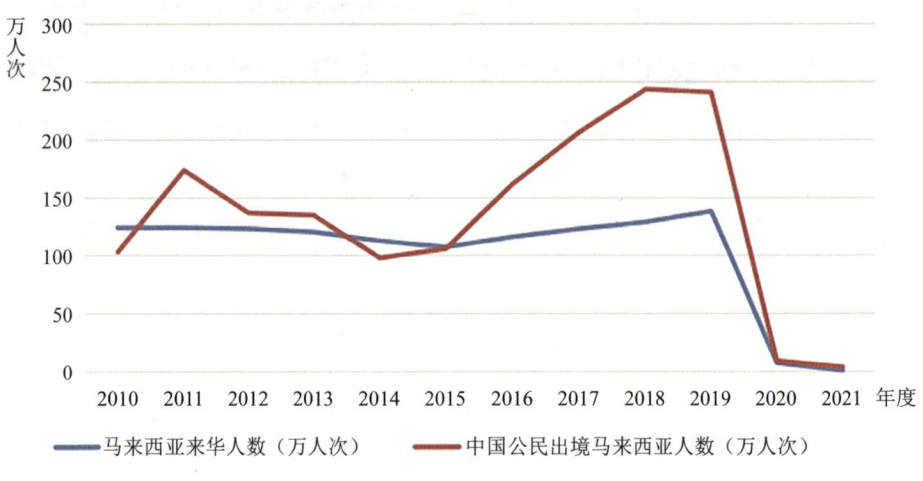

图 1　中马两国旅游互访问人数（2010—2021）

*数据来源：中国旅游研究院（文化和旅游部数据中心）

中马旅游交流之所以能够取得如此令人瞩目的成就，得益于两国旅游部门的良性互动和政策创新。早在20世纪90年代，马来西亚就是中国公民出境旅游的目的地，也是首批ADS国家（approved destination status，被批准的旅游目的地国家）。在中文语境中，"新马泰＋港澳"在相当长的时间里就是出境旅游的代名词。多年来，两国旅游行政部门和专业机构一直保持密切沟通，做了大量有利于人员往来和交流合作的制度创新工作。2016年3月1日起，马来西亚对中国公民推出电子签证与免签政策。2020年互办中马文化旅游年进一步拉近两国人民的心理距离，为旅游业界的交流互动创造了更多机会。2021年11月21日，我应邀参加第十一届马中企业家大会，并发表了题为《从美丽中国到真正的亚洲——RCEP框架下的中马文化交流与旅游合作》的主题演讲。随着疫情防控政策的调整，中国重启出境团队旅游业务，马来西亚是首批开放的20个目的地国家。在您的推动下，马来西亚在国际机场设立了为中国游客服务的专门机构，并委派懂中文的事务官员驻场协调。

中马旅游交流之所以能够取得如此令人瞩目的成就，得益于两国贸易投资和经济往来的稳定增长。在国际旅游目的地发展进程中，商务旅行者往往扮演着关键角色，发挥着基础支撑和战略引领作用。早在二十年前，我曾经主持过一项社科基金项目，研究主要城市高等级酒店数量增长的影响因素，结论是进出口总额、社会商品零售总额、铁路旅客周转量和入境游客量四项指标排列靠前。这是因为相对于观光、休闲和度假需求，会议、展览、路演、技术交流、销售和渠道管理等商务旅行需求更具刚性，对品质和效率的诉求更高，支付能力也更强。中国已连续14年成为马来西亚最大贸易伙伴，2022年双边贸易额达到创历史新高的2036亿美元，与中国的贸易比重占马来西亚总贸易额的17.1%。中国是马来西亚最大外资来源地，2022年来自中国的直接投资额超过125亿美元，占外国直接投资总额的33.9%。贸易和投资直接带动了商务旅行者的增长，为酒店和短租公寓、展览中心、餐饮店、免税店带来了大量的客源，进而促进了城市旅游的繁荣发展，也为乡村和景区度假区带去了高质量客源。

中马旅游交流之所以能够取得如此令人瞩目的成就，得益于两国公共部门、商业机构和社会各界的广泛共识和通力协作。入出境旅游广泛涉及外交、领事、移民、航空、口岸、交通、市政、金融、公共安全、文化和旅游等多个部门和众多领域。签证的便利化、通关的便利性、语言环境的友好性、住宿和餐饮对入境旅游者的文化尊重和生活关切，以及员工素质和居民态度,都会极大影响游客对目的地的综合评价。中国旅游研究院(文化和旅游部数据中心)自2013年起,分季度对27个中国公民出境旅游海外目的地国家和地区开展游客满意度调查。2013—2019年28个季度的调查数据表明,中国游客对马来西亚的满意度稳中有升,从"基本满意"(75~80分)升至"满意"(80~85分)区间(见表1)。在纳入监测的27个中国主要出境国家和目的地中,中国赴马来西亚游客满意度处于中上位置,2019年位列第13位,处于第一方阵。令人欣慰的是,马来西亚访华游客普遍认为中国居民的态度友好,排名各分项指数的第一位,给出了89.06的高分。统计数据和直观感受充分表明,中马两国互为重要的旅游客源市场和国际旅游目的地,具有"民相亲、心相通"的广泛民意基础。

表1 中国赴马来西亚游客满意度(2013—2019)

年度	2013	2014	2015	2016	2017	2018	2019
得分	77.86	76.68	77.01	75.66	77.09	78.96	81.73
排名	21	17	18	17	17	17	13

进一步研究表明,中国游客对马来西亚的各类旅游服务评价均高于海外旅游目的地的平均,特别是对当地居民态度、旅行社和预订的评价最高,对住宿、景点、性价比、推荐度、餐饮和交通也给出较为满意的评分(见图2)。以下是赴马游客的真实评价:槟城很淳朴、很美好,可以在槟城这样的小城闲逛几日,不要赶着去景点;升旗山山顶有一家猫头鹰博物馆,里面有各种千奇百怪的猫头鹰作品,值得一看;吉隆坡中央火车站很有特色,建造风格像英国中世纪的城堡;沙巴州怀旧蒸汽火车站价格便宜,包早午餐,沿着田园、村庄、大海、森林行进,可以近距离感受当地居民生活;"娘惹小厨"环境好味道好,还不贵,位置就在

鸡场街，鸡翅、蛋饼、chendol、蓝米饭，都超级好吃。值得关注的是，游客对休闲、购物、旅游业管理和目的地形象的满意度评价相对较低。

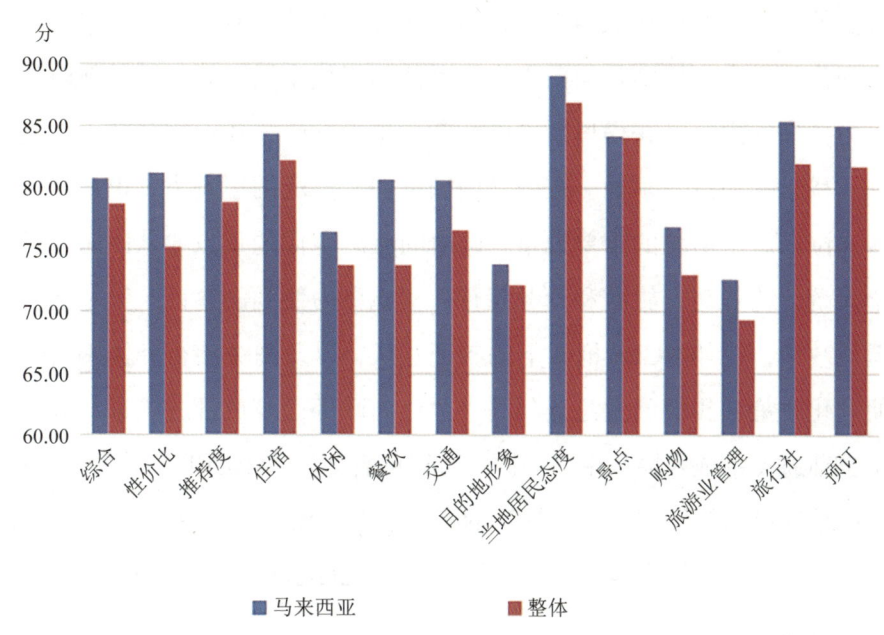

图 2　2013—2019 年中国赴马来西亚游客满意度
数据来源：中国旅游研究院（文化和旅游部数据中心）

面对百年未有之大变局，中马两国需要更多的旅游交流，需要更深更多元的旅游合作。中马同属亚洲文明，都是经济全球化和多边主义的受益者、贡献者、维护者，推动亚洲文明对话需要切实推进"亚洲旅游促进计划"。"读万卷书，行万里路"自古以来就是中华民族的优秀传统，出国旅游尤为人民所向往。在可见的未来，中国不再谋求任何时候对任何国家和地区都保持旅游服务贸易顺差。我们愿意推动不同国家、不同文明、不同肤色的人民在这颗蓝色的星球上相互往来，各美其美，美美与共。我们希望海外目的地国家平等对待每一位到访的国际游客，并提供更高的安全和品质保障。我们也期待包括马来西亚在内的世界各国各地区的旅游者，多来欣赏美丽中国，多来体验美好中国。

期待中马两国进一步深化文化交流和旅游合作，持续提升双方互为重要的旅游客源地和旅游目的地。文化交流不能只有传统的项目，还要有现代的内容，特别是面向青少年群体的当代生活方式，都是新时代要着力传递的内容。获得奥斯卡影后的杨紫琼女士，还有很多歌手、艺术家、科学家和商界领袖，在中马两国都拥有广泛的影响力，也是塑造和传递国家旅游形象的重要力量。政府间旅游合作的重点要从团队游转向个人游，统筹观光旅游和商务旅行，实施更为便利的签证政策和购物免退税政策，比如RCEP框架下的签证互认，以及商务旅行和休闲度假的便利化政策，我们已经注意到马来西亚内政部已开放部分国家游客可使用自动通关系统入境。中马两国还可以联合东盟和RCEP的其他成员国，面向全球市场开发"一程多站"的跨国旅游线路，让"你好中国（Nihao China）"携手"马来西亚，真正的亚洲（Malaysia, Truly Asia）"成为经典的跨国旅游线路。

期待中马两国进一步扩大地方交流和城市合作，有效缩减出境旅游者的决策过程和旅行成本。随着国民出境旅游经验的丰富，城市作为独立的旅游目的地形象更加凸显。中国游客说起兰卡威、吉隆坡、马六甲、沙巴、槟城等地，以及神山、姆鲁国家公园、双峰塔、玲珑谷等景点，如同马来西亚人说起中国的北京、上海、广州、深圳、厦门等城市和故宫、土楼、黄山、兵马俑、广州塔等景点一样熟悉，仿佛随时可以过去串个门。为适应旅游目的地从国家到城市再到景点的空间尺度不断缩小的趋势，要进一步凸显城市在海外旅游推广体系中的功能和作用。广告、路演和专题推广可以再下沉一些，直接指向社区居民和消费终端。为迎接更多的国际游客到访，我们还需要在城市之间加密定期航班和旅游包机业务。

期待中马旅游业界之间有更多的交流互动，投资机构、市场主体和旅行商之间有更多的相互往来。 我和我的团队愿意推动中国旅游集团20强企业，特别是中旅旅行、携程、去哪儿、春秋、广之旅等旅行商与马方一线旅游企业和企业家的交流互动。推动旅游教育、科研、媒体、智库之间更多地交流合作，面向青少年群体推出更多的研学旅行产品，为老年人提供更新的康养旅游项目。

我代表中国旅游研究院诚挚邀请部长阁下莅临今年12月12日的中国旅游集团化发展论坛，为中马旅游企业家对话专场做主题演讲。**我也十分愿意与您指定的官方研究机构和数据中心负责人建立联系，在友好协商的基础上，正式签署战略合作框架协议，共同推进国家旅游智库联盟，定期开展学术交流、政策研究和数据交换工作，为中马两国文化和旅游融合高质量发展提供理论动能和数据支撑。**

马来西亚旅游、艺术和文化部部长张庆信率代表团访问中国旅游研究院

北京·2023年4月3日

繁荣世界文明百花园　共建全球旅游新未来
——中国—中东欧旅游交流与合作构想

女士们、先生们：

今年的劳动节五天假期，中国的国内旅游市场迎来了新冠疫情以来的转折点，入出境旅游也延续了春节以来的复苏进程。劳动节假日五天，全国国内旅游出游2.74亿人次，同比增长70.83%，按可比口径恢复至疫前同期的119.09%；实现国内旅游收入1480.56亿元，同比增长128.90%，按可比口径恢复至疫前同期的100.66%。据国家移民局数据，全国边检机关共查验出入境人员626.5万人次，日均125.3万人次，较2022年"五一"同期增长约2.2倍，是2019年"五一"同期的59.2%。宏观数据之外，网络上一则短视频则让人久久不能平静。行驶在塞尔维亚的一辆旅游巴士上，数十名中国游客合唱南斯拉夫电影《桥》的主题曲，"那一天早晨，从梦中醒来/侵略者闯进我家乡……啊，朋友再见吧、再见吧、再见吧/每当人们从这里走过，都说/啊！多么美丽的花"。那一刻，满满的回忆在深情中复活，当地司机悄悄地抹去流下的泪水。

这些电影、歌曲、文学、艺术影响了一代又一代中国人民，也拉近了中国和中东欧国家的心理距离，一旦条件允许，每个人都想去看看瓦尔特保卫过的萨拉热窝、茜茜公主流连过的美泉宫，还有CK小镇和布拉格城堡。今天，中国游客的足迹已经布满了包括亚洲、欧洲、美洲、非洲和南北极在内的每一块土地。**中东欧国家是疫情前十年中国出境旅游者增长最快，也是最有潜力的海外旅游目的地。**2010—2019年中国与中东欧区域游客互访总量见表1。

表1 2010—2019年中国与中东欧区域游客互访总量

年份	中东欧访华人数（万人次）	中国公民首站出境中东欧人数（万人次）
2010	23.45	7.54
2011	24.51	9.14
2012	25.33	9.89
2013	26.15	11.91
2014	27.72	15.92
2015	28.52	18.99
2016	32.61	20.86
2017	35.36	27.88
2018	36.47	28.61
2019	38.27	25.74
年均增长率	5.6%	14.6%

资料来源：中国旅游研究院（文化和旅游部数据中心）

随着旅行经验的丰富，更多的自然和历史文化资源进入了旅行社的产品手册和自助旅游者的攻略清单。匈牙利的帕农哈尔马千年修道院与温泉、捷克的布拉格城堡、波兰的居里夫人博物馆、斯洛伐克的圣伊丽莎白教堂、克罗地亚的杜布罗夫尼克古城等，在年轻客群中均拥有广泛的知名度和美誉度。年轻人聊起莫德里奇和"格子军团"、波希米亚风格的艺术与美食、匈牙利的温泉，就像谈论《乘风破浪的姐姐》、草莓音乐节、宁波的海鲜和余姚的黄鱼面一般熟悉。随着双边贸易、双向投资与人文交流的加强，那些曾在影视作品观赏到的、在网络评论和攻略中被越来越多游客提及的中东欧的每一个国家都会进入中国公民的旅行计划。

从近期的网络搜索量、游客发帖量和评论量来看，中东欧的小众目的地正在孕育旅游大市场。2019年中国与中东欧国家游客互访总量见表2。

表2　2019年中国与中东欧国家游客互访总量

国别	中东欧访华人数（万人次）	中国公民首站出境中东欧人数（万人次）
阿尔巴尼亚	0.37	0.05
波黑	0.44	0.09
保加利亚	2.11	0.24
克罗地亚	2.16	0.33
捷克	3.84	9.53
希腊	4.48	5.76
匈牙利	2.41	3.26
黑山	0.91	0.07
北马其顿	0.32	0.04
波兰	9.90	4.29
罗马尼亚	4.62	0.51
塞尔维亚	4.10	1.35
斯洛伐克	1.74	0.07
斯洛文尼亚	0.87	0.14

资料来源：中国旅游研究院（文化和旅游部数据中心）

作为异地生活方式的旅游，吸引游客的不仅是美丽的风景，更是风景之上的美好生活。回顾中国出境旅游高速增长的二十年，经过了"8天10国游"的组团打卡式旅游、"买买买"的群体购物旅游和"慢慢慢"的深度体验旅游等不同的发展阶段，正在进入"我的行程我做主""美好生活深体验"的个性化和多样并存的新阶段。中东欧国家各具特色的自然风光、历史文化、风土人情、特色美食都为中国游客提供了丰富多元的个性化选择，加上稳中向好的双边关系、高效率的旅游推广和高品质的专业服务，**中国游客对中东欧国家的满意度在102个重点监测的样本国家中处于相对较高的水平**。2019年中国出境游客赴中东欧部分国家满意度及排名见表3。

表3　2019年中国出境游客赴中东欧部分国家满意度及排名

序号	国家	2019综合（分）	排名（位）
1	捷克	81.07	16
2	塞尔维亚	80.90	21
3	匈牙利	80.43	35
4	希腊	80.19	42
5	克罗地亚	80.03	44
6	保加利亚	79.86	46
7	斯洛文尼亚	79.65	50
8	波兰	78.86	62
9	波黑	78.74	63
10	斯洛伐克	77.04	82

资料来源：中国旅游研究院（文化和旅游部数据中心）

近年来，来自中东欧国家的入境旅游者，特别是与贸易、投资、教育、科技和文化交流相关的旅游者也在稳步增长。2012年以来，中国与中东欧国家贸易年均增长8.1%，中国自中东欧国家的进口年均增长9.2%。截至目前，中国与中东欧国家双向投资规模接近200亿美元。中欧班列蓬勃发展，2022年全年开行1.6万列，同比增长9%，中欧陆海快线建设也在积极推进。2023年5月，由中国东方航空公司执飞的宁波—布达佩斯定期客运航线正式开通，为旅游市场的扩容和品质的提升奠定了更加有利的基础。

我们注意到景点、美食、购物、温泉、住宿及其承载的美好生活，已经成为中国游客到访和消费的主要影响因素，农业、物流、贸易和投资则是中东欧国家旅游者访问中国不断增长的新动能。与此同时，我们也注意到，博物馆、美术馆、戏剧、非物质文化遗产、民族文化和民俗风情，及其所承载的不同地域的文明，仍然影响国际交流的基本要件和底层逻辑。中国人民自古以来就有"读万卷书，行万里路"的传统，出国旅游尤为人们所向往，在不同文明交流互鉴的行程中，所带来的不仅是看得见的消费和就业的增长，更有看不见的生活水平的提高和综合素质的提升。

2023年5月5日，世界卫生组织宣布新冠疫情不再构成"国际关注的突发公共卫生事件"，意味着世界朝着结束新冠疫情大流行迈出了关键性的一步，世界旅游业正在重新进入繁荣发展的新阶段。根据联合国世界旅游组织最新发布的《世界旅游晴雨表》，2023年第一季度全球旅游达2.35亿人次，全球旅游已恢复到疫情前的80%，而欧洲地区能达到疫情前的90%。市场逐步复苏的同时，我们也注意到世界旅游也面临着新的挑战。

全球旅游供应链有待加速修复，航空、高铁、酒店、餐厅、购物、小交通等旅游资源的供给恢复速度还跟不上旅游市场复苏节奏，供给不足与发展的不均衡导致跨国旅行的成本偏高。增量人力资本吸纳与存量人力资本提升，特别是有经验的员工回流和新进入者的培训，也是必须解决的现实课题。这需要各国旅游部门加快构建面向新需求的人力资源体系，适应新市场的商业模式，以及跨国合作的治理体系。

旅行社、导游、餐馆、咖啡馆、免税店、列车、出租车等直接为旅游者提供服务的机构，还不能完全适应国际旅游者在语言、支付、通信等方面的数字化和亲和力方面的新需求。投资、贸易、服务领域的商会和行业协会还需要在以下方面加快创新的步伐：建设并规范高频旅游场景及相关导览设备的多语言标识指引体系；完善境外游客在行前、行中和行后的金融结算、离境退税和移动支付环境，提高电子支付便捷度和外币兑换便利性；提升游客在目的地使用移动网络和社交媒体的便利性。

各国签证、移民、口岸、金融、商务和税务等部门需要以更加开放的政策，满足跨国旅游者对便利、效率和品质的新需要。提升政府部门、公共机构和社会各界对旅游业的关注度，主动推进涉及人员流动、跨境购物和旅游市场主体建设方面的政策协调与落地，建立政府间旅游工作机制，协调国家旅游议程和战略目标，营造更有利于旅游业高质量发展的营商环境和政策体系，都是各国政府需要面对并有效解决的现实课题。

战争、恐怖袭击、公共卫生事件，还有国际关系和国内政策，比如一些国家征收出境税，对不同国家和地区的游客实施差别政策，都在不同程度上影响了世界旅游业的复苏和可持续发展。如何以旅游权利为导向，不断提升全球旅游治理体系和治理能力现代化水平，已经成为全球旅游业应当重点关注的现实课题。为此，文化和旅游、外交、移民和警察等部门应丰富政策储备，加强跨部门沟通和跨国界合作，创造更多的双边交流机制和多边对话平台，以确保国际旅游者的生命和财产安全，为游客在健康保障、旅行救援和服务投诉方面提供及时而有效的司法和行政救济。

全球旅游业的发展从来不是一帆风顺的，但全球旅游业始终是向前发展的。保障人民旅游权利，促进人的全面发展，应是全球旅游业发展的共同价值和根本遵循。包括中国和中东欧国家在内的各国政府，特别是文化和旅游部门、旅游业界，为了让人类在这颗蓝色的星球上更加自由地行走，应相向而行，主动承担共同而有区别的责任。

2023年3月15日，习近平主席在中国共产党与世界政党高层对话会上发表了题为《携手同行现代化之路》的主旨讲话，提出了全球文明倡议，对包括中国—中东欧在内的当今世界的人文交流和旅游发展指明了方向，擘画了未来。

无论是旅游者，还是旅游业，都要尊重世界文明多样性。在读万卷书、行万里路的行程中，与当地居民和企业员工多沟通、多交流，努力做到平等对话、彼此尊重、相互包容。无论是跨境交付、自然人流动，还是商业存在，旅游人都要本着共商共建、共创共享的原则，以文明交流超越文明隔阂、文明互鉴超越文明冲突、文明包容超越文明优越。

无论是旅游者，还是旅游业，都要倡导弘扬全人类共同价值。旅游者有分享世界自然和文化遗产、体验不同文化和美好生活的权利，当地居民也有追求经济社会发展现代化的权利，二者在多数时候是一致的，也可能在特定时空存在差异。为保证世界旅游业在的可持续发展，我们要以宽广胸怀理解不同文明对价值内涵的认识，深刻理解和平、发展、公平、正义、民主、自由是各国人民的共同追求。

无论是旅游者，还是旅游业，都要推动各国优秀传统文化在现代化进程中实现创造性转化、创新性发展。文化遗产是文明演化的路标，是旅游发展的基础资源，也是吸引游客到访的核心吸引物。旅游者的到访，有助于各国人民更加珍视传统文化，旅游投资和市场创新则为弘扬优秀传统文明注入了新动能。根据世界银行的数据，国际游客主要到访的目的地仍然以80个高收入经济体为主，130多个中低收入经济体的国际游客接待量占比1995年为27%，2019年也只有36.6%。推动发达国家和地区的客源向发展中国家和地区流动，推进发展中国家和地区文化和旅游深度融合，应当成为世界旅游共同体的优先目标。

**无论是旅游者，还是旅游业，都要促进各国人民相知相亲，共同推

动人类文明发展进步。创新国际旅游的双边和多边合作机制，丰富包括中国—中东欧国家博览会、互办旅游年、亚洲旅游促进计划等合作机制，及时交换市场数据和产业信息。推动各国政府实施更加便利、更加高效的旅游政策，不再谋求任何时候对任何国家都保持服务贸易顺差，而是将安全和品质放到更加重要的目标上来。

旅游是人民的基本权利，是人类长存的生活方式，人民对美好旅游生活的向往就是我们的奋斗目标。旅游可以为目的地带来消费、投资和就业的增长，旅游还可以促进不同地域、不同文明、不同民族之间的文化交流和平等对话，旅游更可以为繁荣世界文明百花园、建设人类命运共同体做出更大的贡献。全世界旅游人团结起来，为了一个更加文明、更加安全、更高品质的旅游新世界而奋斗！

第二届中国—中东欧国家地方合作高质量发展高端智库论坛

宁波·2023 年 5 月 17 日

04 XUESHU YANJIU

为旅游赋能思想　为文化培育市场
——关于文化和旅游深度融合的几个理论问题

坚持以文塑旅、以旅彰文，推进文化和旅游深度融合发展，是党的二十大做出的战略部署，也是学术共同体必须回答而且必须要回答好的时代之问。每一位参与者都不能满足于发几篇学术论文、出两本专著、写几份折子、得几句批示，而是要真正谋"国之大者"和"民之关切"，着力构建以人民为中心的当代旅游发展理论体系。

一、从大众旅游的人民性、智慧旅游的现代化和绿色旅游的未来感、文明旅游的世界观出发，系统研究文化和旅游深度融合为什么、做什么和怎么做等重大现实课题，努力构建中国特色的旅游学科体系、学术体系和话语体系

20世纪80年代，我们开始发展入境为主、创汇导向的旅游业。市场是现成的，美日韩等发达国家、港澳台地区和华人华侨要来中国大陆、中国内地看一看的愿望是如此强烈，几乎可以坐享开放的红利。要不要发展旅游的战略决心是中央下的，旅游系统主要是贯彻落实。邓小平同志1979年会见泛美航空董事长西威尔先生，和在座的民航、旅游部门的负责同志们说：旅游业要突出地搞，加快地搞。当年7月，邓小平同志在黄山，发表了著名的"黄山谈话"。可以说，旅游业发展一起步，就是与国家战略紧密相连。在上述背景下，中国社会科学院的孙尚清先生牵头，集中了学术界和政府部门的力量，高质量完成了旅游领域首个国家社科基金课题，提出了"政府主导、适度超前"的发展战略。1989年旅游业第一次显现了其脆弱性，后面虽然有所恢复，但是"黄金十年"已经过去了。1998年，"亚洲金融危机"为入境旅游时代画上了句号，那个时代的辉煌再也不可能回来了。随之远去的还有传统的理论研究范式：中央定下发展的基调，理论界谋划路线图和时间表，通过文件转化为国家意志，政府动员社会力量加以落实。1999年10月，"国庆黄金周"标志着国民消费为基础的大众旅游时代拉开了历史帷幕，过去二十年都处于这个时代的初级阶段。这个阶段从实践的意义上看，有两个特征：一个是需求的视角，就是大基数、稳增长、低消费，2019年的国内旅游市场规模已经超过了60亿人次，但是人均每次的旅游消费还不到1000元，人均旅游时间还不到8天。另一个是供给的视角，中央、地方、集体、民营和外资"五个一起上"，加上这些年的"大众创业、万众创新"，旅游市场主体规模空前扩大，仅注册的旅行社就有43 800家，执证导游70多万名。总体而言，企业的竞争力、创新力，特别是抗风险和可持续发展的能力还很弱，这次疫情就暴露了很多问题。搞得不好，我们很可能就会落入"大众旅游初级阶段陷阱"。

2018年4月，随着文化和旅游部的组建，"诗和远方"在一起了，文化和旅游融合发展一时成为网络热词。一时间，媒体、专家、学者和社会各界纷纷发表观点和意见。注意，我说的是"观点和意见"，而不是"理论"，比如"诗与远方为什么要在一起""如何在一起""在一起要做什么"等学术理性问题，并没有得到深入探讨。似乎就是看了《美女与野兽》《青蛙王子》之类童话剧，"从此王子和公主过上了幸福生活"，可是经济不是童话啊！回头看过去这五年，网上文字更多是网络写手和行业专家的声音，学者呢？有意无意中缺席了。"有意"是指学术研究与现实热点要保持必要的距离，学者可以借助大众传媒传播观点，但是不能都奔着网红去。"无意"则是学术界以发表论文为导向，自我精英化，与政商两界既缺乏对话的渠道，也缺乏理论建构的资源和互动对话的底气。一段时间以来，意见代替了观点，观点代替了命题，命题代替了理论，写手成了专家，专家则以学者和理论家的身份向业界言说。规范严谨的理论建设成了舆论主导的名利场，不管是传统媒体还是自媒体，有热点了，一哄而上，新的热点来了，又一哄而去。

事情正在起变化，理论终究要回到与实践互动的应有轨道上去。写稿写累了，夜深人静时分，很是喜欢欣赏丰子恺先生"人散后，一钩新月天如水"那幅画，不是繁华终将逝去的悲凉，而是热闹散去、学问上场的喜悦。2018年春季，中国旅游研究院组织专门力量写了三份特别报告《美好生活是文化建设和旅游发展的共同目标》《市场主体是文化和旅游融合发展的突破口》《大数据是文化和旅游融合发展的底层器件》，初步回答了文化和旅游融合发展"为什么、依靠谁、做什么"等基本理论问题。沿着这个方向，过去两年我们通过《旅游内参》（含特别报告）、《中国文化和旅游大数据》等内刊、《中国旅游评论》和微信公众号、服务号等平台，以及专项课题、演讲、会议、采访等渠道，回答了融合发展过程中的一些现实问题，也取得了一些研究成果。现在看来，还不够系统、不够深入，特别是贯彻落实党的二十大精神，坚持以文塑旅、以旅彰文，推进文化和旅游深度融合，还理解得不深，贯彻得不够。在讲好文化和旅游融合发展的中国故事所需要的学理哲理道理方面，在国际旅游交流合作中如何更好地践行全球文明倡议、推动世界旅游共同体建设方面，还要下更多的功夫。

2021年5月19日，我在浙江台州首次提出"小康旅游"的概念，以及"跨越大众旅游初级阶段陷阱，走向小康旅游的高质量发展新阶段"的观点。之后陆续发表了《小康旅游城市梦》《小康旅游景区梦》《小康旅游街区梦》《小康旅游教育梦》等公开演讲。2022年4月，在嘉兴市提出"保障农村居民旅游权利，促进精神共同富裕"的命题。现在看来都谈不上是什么理论，只是对旅游市场和产业实践观察思考的初步结论，还需要进一步学理化和体系化。学术研究和理论建设要说清楚小康旅游的内涵是什么，指导思想怎么确立，文化和旅游融合发展是如何链接大众旅游和小康旅游两个大的历史阶段的。**当代旅游发展理论的建设过程，也是与旅游业发展实践紧密互动，通过思想赋能和价值引领，推进旅游业高质量发展的过程。**学术研究要能够提出当代旅游发展进程和现状的解释框架，也要敢于和善于提出未来的发展方向，并尽可能付诸行动。

二、强化理论建设和实践指导能力，理论掌握群众，推动旅游业创新发展的同时，也要自觉接受实践的检验

回过头看中国旅游研究院和学术共同体这些年走过的发展历程，之所以能够取得旅游经济运行分析与预警、游客满意度调查、夜间旅游、研学旅行、避暑旅游、冰雪旅游等系统、地方和行业所认可的研究成果，从根本上讲就在于我们坚持做大众旅游时代的思想者、旅游产业的同行者和旅游发展理论的建构者。在原国家旅游局、文化和旅游部党组的领导下，努力成为推动国家旅游业发展和国际交流合作的独立力量。这是一条值得走，但是并不容易走，更不容易走成功的道路。

理论建设者应当，也可以成为高水平的旅游研究团队，既要出规范的学术成果，也要有高水平的思想产出。现在的学术研究和理论建设团队多是由高校和科研院所培养出来的高学历人才，但是我们的价值取向和成果衡量标准又有别于高校和科研院所。传统的旅游学术成果多以专著、论文、教材为载体，以解释世界为导向，学者和研究人员是要成名成家的。旅游理论研究和智库建设则是以内参、专报、数据、内部研讨和公开演讲为表现形式，以促进国民旅游权利的实现和产业高质量发展为导向。在这个体系中，学者和研究人员可能会出名，但是更多时候需要藏名，为旅游赋能思想，为文化培育市场。这是繁荣和发展新时代哲学社会科学的必然要求，也是旅游学科体系、学术体系和话语体系建设的价值取向，不可不察也。

理论建设者应当，也可以成为高素质的旅游宣传团队，既要向同行传播，也要向业界宣传文化和旅游融合发展的理论成果。一些相对成熟的阶段性成果，要有意识地发表和传播，自觉接受理论和实践两个方面的检验，不断地丰富和完善。在发表阵地和平台的选择上，不能自我封闭在传统学术的小圈子里。规范严谨的学术论文，可以投稿给《旅游学刊》《旅游科学》，也可以投给《经济研究》《文艺研究》等学术刊物。有些有创见的理论文章也可以投给《人民论坛》《学术前沿》《前线》等党内理论刊物和面向旅游业界的《中国旅游评论》。不适合公开发表的研究报告，则可以通过《旅游内参》《旅游内参·特别报告》《中国文化和旅游大数据》向决策机关和应用机构报送。

理论建设者应当，也可以成为高质量的旅游工作团队，既要落实党组的工作部署，也要独立开展面向未来的创新项目。哲学社会科学领域高水平的理论成果从来就不是关在书斋里苦思冥想出来的，而是市场一线和生产实践中干出来的。创造出来的理论成果水平高不高，也不完全是提交结项报告后由同行评出来的，而是通过实践检验加以证明，经由历史积淀而留存下来的。"两弹一星"的功勋科学家、"杂交水稻之父"袁隆平、青蒿素发明者屠呦呦，还有第一位获得"中国绿卡"的核物理学家寒春，无不是把论文写在祖国的大地上，把科研成果应用于社会主义现代化建设的进程中。旅游领域的学术研究和理论建设，从一开始就不是，将来也不可能是为了个人的成名成家，而是用集体攻关的科研组织方式重点解决国家旅游发展进程中的重大课题和难点，否则难有大的境界和成就。

理论建设和生产实践当然是有所分工的两个领域，有分工就有专业化，这是自然而然的事情。随着社会分工和专业分工的深化，让科研和理论工作可以在越来越细分的领域深化认识、生产理论并溢出知识。但这不是我们"躲进小楼成一统，管他冬夏与春秋"的借口，不能动不动就把"从理论上说如何如何"挂在嘴边，更不能把理论简化为西方学者发表在学术期刊上的研究成果，而是首先把自己看作实践一线的工作者。2015年，中国旅游研究院启动了"旅游思想者"项目，为什么要面向企业家？为什么用文言文写颁奖词？是因为我们想以国字号的研究平台，以庄重典雅的文字，为那些愿意并能够为国家旅游权利而奋斗的企业家树碑立传，让千千万万的旅游从业者享有职业的尊严。具体而言，就是以实践的思想推动思想的实践。我们还与大业漫奇妙公司启动了"亲子文旅实验室"项目，旅游研究机构为什么选择一家动漫企业做合作伙伴？是因为我们想让文化领域的创作者看到旅游市场的消费潜力，让文化产业的投资者看到长期回报的广阔前景。假以时日，院司合作和持续互动完全可能会培育出中国版的《芝麻街》，成为文化和旅游融合发展的经典项目。这些工作可能成不了所谓的学术论文，也没法计入某个级别的科研项目，**可正是这些与市场一线紧密结合的会议、项目和作品，让我们找到了文化和旅游融合发展的现实可能。也只有做了这些工作，才会发自内心地认同并带动更多的同行者自觉践行"文之大者，为国为民"，学亦是。**

三、积极探索政府认可、学界认同、行业满意的新时期哲学社会科学研究新范式，以及旅游智库建设新模式

党和国家高度重视哲学社会科学研究和智库建设工作。2014年11月30日，中共中央办公厅、国务院办公厅印发《关于加强中国特色新型智库建设的意见》，2015年11月9日，中央全面深化改革领导小组第十八次会议通过《国家高端智库建设试点工作方案》。习近平总书记主持召开中央全面深化改革委员会第十二次会议，通过了《关于深入推进国家高端智库建设试点工作的意见》，强调指出：建设中国特色新型智库是党中央立足党和国家事业全局做出的重要部署，要精益求精、注重科学、讲求质量，切实提高服务决策的能力水平。**中国特色的新型智库不同于西方国家为特定利益群体的代言者，也不是封建社会为帝王将相谋权术的策士，更不是什么师爷和门客，而是要在党的领导下，坚持以人民为中心，服务"两个一百年"的中国梦，提供高水平的资政建言成果。同时要有效引导舆论，开启民智，讲好新时期的中国故事。**作为文化和旅游部直属的研究院和数据中心，当然是有中国特色的新型智库的有机组成部分，包括获得立项资助的国家社科重大课题的研究展开，都必须坚持服从并自觉服务于中央关于文化建设和旅游发展的战略部署。

理论工作者要系统学习习近平新时代中国特色社会主义思想，深刻领会习近平总书记关于文化事业、文化产业和旅游业的重要论述，贯彻落实习近平总书记关于文化和旅游工作的指示批示精神。哲学社会科学研究离不开立场、观点和方法的支撑，旅游理论同样如此。我们必须坚持党对哲学社会科学研究的绝对领导，而不是想研究什么就研究什么，想怎么发表就怎么发表，甚至主要以海外学术期刊发表为导向。我们必须坚持以促进全体人民的文化权益和旅游权利为导向，而不是为了局部

的、阶段性的目标为导向，更不能为特定利益集团所捕获，为了获得其经费资助背离以人民为中心的宗旨。旅游理论工作者要围绕文化和旅游部门、各级党委和政府的中心工作，服务文化和旅游深度融合和高质量发展的大局，做旅游产业发展的坚定促进者，而不能为了博取个人名利而去带节奏，更不能为了流量而语不惊人死不休。我们必须坚持理论联系实践，从实践中来，到实践中去，想人民群众之所想，急广大业者之所急，而不能动不动就"掉书袋"，动不动就抬出西方某个学者怎么说的，某个国家怎么做的，一知半解、装腔作势、吓唬业者。我们还要坚持科学原理和数据支撑，强调有理有据、行稳致远，而不是张口就来，更不能为了迎合一人一事的需要而说些经不起实践的观点。在文化和旅游深度融合研究展开的过程中，要以习近平新时代中国特色社会主义思想为指导，把文化和旅游融合发展、高质量发展、改革与创新共同构成的当代旅游发展理论体系建立在科学的基石上，这样才能有高度的理论自觉和学术自觉，否则就可能偏离正确的方向。

理论建设者要到市场一线去，到产业一线去，倡导并践行"灵活机动的调查，深入细致的研究"。 要下决心改造我们的学风、文风和作风。不要一谈文化，就是戏剧场的舞台艺术，就是博物馆、美术馆的陈列作品，就是诗歌、散文、小说、广播、电影、电视、曲艺。这些当然是文化的表现形式，也是文化工作的重要领域，更要看到"以文化人"价值追求和历史传统。习近平总书记视察山西大同指出：发展旅游要以保护为前提，不能过度商业化，让旅游成为人们感悟中华文化，增强文化自信的过程。读万卷书、行万里路，是中华民族的传统，也是增强国家认同、活化历史记忆的有效途径，而不仅是看看异国他乡的风景民俗这么简单。过去这些年，旅游业在市场化的道路上走得很远，取得了不少令人自豪的商业成就，而对游客的不文明行为、市场宣传和商业实践中的

"三俗"倾向也需要加以重视和反思。从社会主义核心价值观和国民素质提升的角度，再来看"以文塑旅，以旅彰文"的提法，我们对文化和旅游融合发展的指导思想会有全新的理解。有了理论的自信，才会有行动的自觉，才可能把上网冲浪、休闲旅游、会议交流、走动和聊天等日常活动都看作企业访谈一样的调查研究，而且随机的调查和日常的研究更能够帮助我们找到理论建设的突破口。一旦有了想法，就要敢于、也要善于行动，在行动中研究，在研究中行动，从而实现"行动、研究、再行动、再研究，直至完善"的预期目标。

　　理论建设者要加强与国际国内旅游、文化、经济、社会、科技等领域，与学界、业界和政界的广泛交流。有些学者总是在"放眼天下，舍我其谁"和"井底之蛙，一无是处"两个极端之间徘徊，要么瞧不起别人，要么瞧不起自己，长此以往，可怎么行啊！与同行交流，要有理论自信，还要有数据支撑。体制机制创新是为了促进文化和旅游融合高质量发展，也就是通过新机制、新动能让文化和旅游融合从较高水平走向更高层次。这就需要我们从质性和量化两个方面了解融合的现状是什么样子？广大游客、市场主体和行政主体对未来融合的核心诉求是什么？像《旅游科学》年会这样的学术共同体的公开论坛和内部研讨的机制要坚持下去，每次会议都要有记录，记录下共同走过的路和每名同志的学术贡献，也是对历史负责的态度吧。学术交流这件事不能局限于学界同行之间的交流，不能见面就谈基金申报、如何发表、如何写报告，目的性太强，反而出不来高质量的创新。要以更加开放的姿态、更加宽广的视野，与国际国内学术界、实业界和政府管理部门的同仁深入交流，以更加广泛的共识推进文化和旅游深度融合。当且仅当旅游学术共同体以独立的力量登上文化和旅游融合发展的时代舞台，为旅游赋能思想，为文化培育市场，才可以在走进历史的那一天告诉后人：我们有幸与大众旅游时代同行，为了人民的文化权益和旅游权利付出了所有的才情和努力，留下的论著及其承载的思想，请党和人民检阅。

《旅游科学》2023年会主题演讲

上海·2023年6月3日

科研质量提升年的任务、策略与方法

建院十五年来，结合主题党日和年中工作会，我们讨论了诸多形势与战略问题，如思想建设、学科建设、学术成果、数据生产、合作网络、国际和港澳台交流、学术推广、团队建设等方面，初步形成了具有中国旅游研究院特色的专业智库建设纲要。今年是科研质量提升年，重点研究如何推进旅游理论和数据高质量发展的策略、战术与方法。为了便于理解和记忆，可以将这些实践经验和失误教训概括为若干个"三三制"。

一、建院十五年来所取得的科研成就与经验

完善了以人民为中心的当代旅游发展理论、假日旅游统计和旅游经济监测预警范式、"1+8+X"标志性成果体系。任何一家机构都有其初心与使命，在体现编制和组织部门下达的"三定"中，中国旅游研究院的初心和使命是什么？是在文化和旅游部党组的坚强领导下，建设以人民为中心的旅游发展理论、服务旅游业高质量发展的数据体系，为保障人民的旅游权利而尽忠竭智。这是最高纲领，也是行动指南。在中字头、国字号的平台上做学问，就必须听从党和国家的召唤，服务于人民的需要，而不是圈子、小集体的利益，更不可能是个人的功名利禄。为国为民，学之大者，要明言之，笃行之。2009年，全院第一次党建活动和干部职工大会，我们去了河北乐亭李大钊故居，念着"铁肩担道义，妙手著文章"，首次提出了要建设"1+8+X"成果体系，并坚持至今。

创办了中国旅游科学年会、中国旅游集团化发展论坛和城市旅游、

避暑旅游、冰雪旅游、夜间经济、研学研行、老年康养等品牌学术活动。2008年，中国旅游研究院刚成立，原国家旅游局党组理论学习中心组学习，我做了《大众旅游的价值取向与政策选择》的演讲，第一次提出了以人民为中心的大众旅游发展理论。由于理论准备和工作经验不足，当时并没有成为旅游领导机关的共识，直到2016年《政府工作报告》提出"迎接一个大众旅游的新时代"。自那时起，我们便下决心搭建学界和业界对话的平台，以及后来的一系列成果的发布平台。回过头看，如果没有这些机制和平台，我们说话就没有人听，听了也形成不了共识。

培养了理论研究、数据生产和行政支援三支队伍。没有学理基础和数据支撑，政策研究走不远，政产学各界也不会认我们是国家队。建院伊始，进人没有挑选的余地，第一批招了6名同志，包括第二和第三批，基本上都来自高校。优点是都接受了系统的学术训练，而且用老先生的话说，"都是有枝有蔓的"，也善于学理解释和问题分析，不足之处则是解决问题的实践经验不足，也没有名气和声誉，容易被政产学研各界所轻视，哪怕做个地方旅游发展规划和政策咨询项目，不拉个老同志都不敢出现场。为了解决这个问题，中国旅游研究院下决心建设自己的数据体系和行政团队。有了数据和后援，说话也就慢慢硬气起来。数据中心不是2015年12月3日才有的，那是原国家旅游局接到中编办批复后在一号楼多功能厅正式挂牌的日子。我们是从建院之初就在做这件事，也是现在每年投入预算最大和资源最多的项目，将来还要继续加大投入，直到彻底解决"数据不足恐惧症"为止。

形成了建组开题、中期检查和结项复盘的全过程质量控制系统。无论是纵向课题还是横向项目，都不是个人行为，而是吸取院校派哲学社会科学研究的经验教训，坚定不移地走挂牌督办、组长牵头、集体攻关的新型科研模式。重大项目开题时集中有经验的科研和行政团队，听取项目负责人和实施团队的技术路线和进度安排，提出有针对性的意见与建议，让课题和项目一开始就有坚实的学理支撑和组织保障。一般项目也要建立集思广益的制度，贯穿从开题到结项的全过程。在此过程中，每个人都不是单纯提建议，告诉执行团队这不行、那不好，而是要提出观点、贡献数据、解决问题，总之每个人要有具体贡献。

创建了博士后工作站、旅游经济实验室、文献情报中心三个平台。从建院到现在，虽然职能不断增加，也一直在争取增编，但是一直就35个编制。我们对纳编的每个人都是宝贝得不能再宝贝，每天都是战战兢兢，唯恐种瞎了一棵苗子。部党组上半年听取院工作汇报，也将增编列入了会议纪要，但是要在短期内实现这个目标还面临诸多困难。总等也不是办法，就起了招收博士后的念想。在原国家旅游局的支持下，2013年把这件事办成了，相当于给了我们一个不受名额限制的编制空间。有了人，得有平台，还得有做事的条件，就继续拱，在国家发展和改革委员会的支持下，依托数据中心建设项目成立了旅游系统第一家重点实验室，组建了文献情报中心和中国旅游评论编辑部，还定期编发中国旅游大数据内刊。现在看来，起了大作用呢！没有这些平台，这么少的人员，就更加"青蛙穿套裤，踢蹬不开"了。

构建了旅游内参、大数据和中国旅游评论三个阵地。至今还记得第一期内参的主题是关于汶川灾后重建，当时还在一号楼711筹建呢，哪有什么研究团队和数据支持，就是觉得国家有需要，义不容辞，时不我待。我以责编的名义写了首期编者按，"书生报国无他物，唯有手中笔如刀"，也是年轻时最朴素的理想吧。客观地讲，以当时的条件，坚持半个月一期并不是件容易的事，领导也善意提醒"是不是不定期出版，也好留有余地"，反复权衡后还是咬牙坚持了下来。加上内刊《中国旅游大数据》和辑刊《中国旅游评论》，总算形成了"三位一体"的理论宣发阵地。加上官方网站、官方微博和微信公众号、服务号，已经形成研究院特有的宣发矩阵。没有这个矩阵，想发出自己的声音，宣传自己的思想，就会处处受制于人。就像常抓不懈的数据体系和理论成果建设，宣发也要有自己的平台。爹有娘有不如自己有，饭碗还是端在自己手里好，而且饭碗里一定得装自己的粮食。

二、旅游科学研究的形势与任务

"这是一个需要理论而且一定能够产生理论的时代，这是一个需要思想而且一定能够产生思想的时代。"相对于建院之初，旅游业发展环境已经发生了根本变化，标志就是大众旅游进入了全面发展的新阶段，人民的旅游权利得到了前所未有的彰显，旅游者广泛进入城乡居民的生产生活和休闲空间，文化、科技、教育和资本构成了旅游业高质量发展的全新动能，文化和旅游深度融合也迫切需要与新时代相适应的新发展理念、新数据体系和新市场主体，更需要全新的科研方式和组织创新。对于新时代的旅游研究和理论工作者来说，一定要明白是时代和人民，而不是哪一个具体的机构和个人在给我们出题目，答题者也不能只是给出解释和建议就可以了。新时代的中国旅游业要往哪里去、怎么走、做什么？政府和业界在等着我们的答案，学界也在等着我们的探索结果。从这个意义上讲，我们已经进入了无人之境，面临前所未有的挑战，也面临一切有历史意识的哲学社会科学工作者梦寐以求的历史机遇。正如恩格斯所说，"一个民族要想站在科学的最高峰，就一刻也不能没有理论思维"。当代共产党人以巨大的理论勇气和实践智慧，创立了习近平新时代中国特色社会主义思想，完成了马克思主义中国化的又一次伟大飞跃，开辟了马克思主义发展新境界。中国旅游研究院应当也可以坚持问题导向，自我加压，提升本领，科学回答旅游发展的人民之问和时代之问，以实践的思想推动思想的实践。只要团队沿着方向前行，就一定会不负时代不负旅。

我们还要直面可持续发展的长期风险和现实挑战，特别是思想懈怠、能力不足、数据不够、财务保障机制不稳定，必须高度重视并下力气解决。不管是机构还是个人，小有所成以后，还能不能坚守初心和使命，还能不能保持奔跑的状态，都是最大的风险，也是折磨创业创始团队睡不着觉的课题。对于中国旅游研究院而言，思想懈怠、信念流失、不敢斗争、不愿创新的"躺平"风险始终都是存在的。有了理想就能与时俱进吗？不一定。与党和国家的要求相比，与业学两界的期待相比，能力不足的风险始终是存在的。高级研究人员开创新领域、培育新团队的能力能不能苟日新、日日新？理论、数据和行政骨干离开中国旅游研究院这块牌子能否独立作战并获得国际国内和社会各界的认可？说实话，我现在给不出肯定的答案。院长、所长有级别，正高、副高有待遇，但是绝不能以官视之，更不能自己扛了个局级、处级、正高、副高、博士、硕士的牌子就觉得了不起。没有相应的资历、成就和影响力，文化和旅游系统、旅游行业、各级政府、国际国内学术界会发自内心地认你吗？加上时代发展和产业进步每天都在对旅游统计理论和数据体系提出新要求，既有总体的，也有结构的；既有频度的，也有颗粒度的；既有行政工作的，也有市场创新的。还有财务保障机制不稳定。与生存和发展的支出预算相比，财政拨付只占了很小的比例。小到什么程度呢？形象地讲，就是"给了个领带，自己买套西服配"。我也知道"大学在于大师，而不在于大楼"的道理，可是没有大楼，大师能来吗？就是来了，能留下吗？所以难啊！没有一天能睡个好觉的。十五年来，想方设法解决财务保障问题占据我们太多的精力，就是想有个一劳永逸的法子，现在看来可能永远都找不到最满意的答案。

高水平的学术研究和高质量的理论建设需要更多的同行者，需要以共同的理想建设不同类型的共同体，持续扩大朋友圈。建院以来，我们一直在努力构建旅游学术、旅游集团两个共同体，还有旅游数据、全球旅游智库两个合作网络。经过十五年的努力，前三者基本上有了雏形，但还很不稳定，国际合作网络这一块还不成规模。分院、研究基地和科学年会支撑的旅游学术共同体启动得早一些，受原国家旅游局党组委托，开展了部级科研立项和评奖工作，极大调动了高校参与的积极性。可我一直在担忧啊，这是借来的权力，行政机关随时可能会收回，一旦没有了立项和评奖，我们还能继续团结和带领数万名"青椒（青年教师）""青稞（青年科研人员）"前行吗？2018年秋季开始，这个挑战越来越突出，好在有声誉和影响力在，绝大多数还是愿意同行的。如果没有旅游集团化年会，没有中国旅游集团20强发布，没有"旅游思想者"，或者机关司局也来搭类似的平台，我们能不能以人民为中心的旅游发展思想、文化和旅游融合高质量发展的理论，团结和引领旅游集团、投资机构和各类市场主体创新发展？文化和旅游数据合作网络能不能持续保持计算技术、数据来源和人员培训方面的优势，并对旅游数据共同体赋能？如果我们不能有效回答上述问题，可以想象的就可能是"眼看他起高楼，眼看他宴宾客，眼看他楼塌了"，徒留些史料供后人凭吊罢了。

三、稳步推进科研质量提升策略

指导思想，牢牢把握马克思主义中国化最新成果的立场、观点、方法。 立场就是党的领导、以人民为中心、服务产业、报效国家。在文化和旅游部党组的坚强领导下，团结和带领旅游学术共同体，围绕中心，服务大局，推进文化和旅游深度融合，推动旅游业高质量发展，这是中国旅游研究院（文化和旅游部数据中心）的初心和使命。没有这个政治站位，就不会有旅游理论研究的国家队的精气神，就不会有"不管风吹浪打，胜似闲庭信步"的战略定力。观点就是研究院基于自主数据和集体研讨所形成的原创观点，而不是什么新闻摘要或者江湖写手的文案摘编。这样的观点应当是有温度、有力度、有逻辑的——从需求到供给、从市场到政府、从微观到宏观的逻辑。这样的观点不是要"说了算"，而是要"说得对"。方法就是历史进程和逻辑进程相统一的方法、旅游统计和大数据的方法、实践归纳和理论抽象的方法、概念展开的逻辑建构的方法。需要注意的是，这些方法不是用来给政府官员和业界朋友炫耀的——"你们看，我是受过系统训练的专家学者哦"，也不是反复训练的智力健美操，而是内化于心、外化于行的逻辑展开过程。

写文章、产数据、做演讲，都要注意义理、考据、辞章，都要体现理论之力和逻辑之美，以理服人，以美动人。义理就是观点，不论是导入新理念、指出新问题，还是提出新方略，都需要有鲜明的观点，并以生动活泼的形式将之表现出来。不要温暾水、片儿汤，不要听上去甲乙丙丁、面面俱到，做起来却无从下手。过去这些年，我们先后提出了"主客共享、近悦远来""大众旅游的人民性、智慧旅游的现代化、绿色旅游的未来感、文明旅游的世界观""新时代旅游工作要转移到城市中来""文化建设和旅游发展都是为了满足人民美好生活的需要""政府的每一分努力，游客都能感受到"等一系列原创观点，已经成为业者用之而不觉的理念。考据要求说话有依据，数据有出处。有理有据、守正创新的观点终将为读者所接受，不能为了流量张口就来，为了博眼球而语不惊人死不休。辞章要求文字生动飞扬，密不透风，疏可跑马，不能死鱼眼，更不能动不动就掉书袋。怎么做到呢？还是要抽空多读读《诗经》《战国策》《论语》《古文观止》《史记》，以及马克思主义的经典著作，多去去博物馆、美术馆、现代艺术馆，多听听音乐、戏曲和专题讲座，从古今中外的传统文化艺术中汲取营养。曾国藩"千秋邈矣独留我，百战归来再读书"，学问做了半生，方明白不过历史与哲学而已。读书不能读死了，要在建功立业中体悟和升华，没有"一年三百六十日，多是横戈马上行"的经历，岳飞写不出千古名篇《满江红》。

组织建设，持续推进班子抓战略、研究所抓建设、项目组带团队的科研创新模式。在日常工作和重大项目攻关方面，坚决贯彻组织意图和完成战略部署的同时，最大限度地发挥每一位骨干研究人员的积极性和创造力。为此，我们要继续抓好模范研究所的建设，继续给所长提要求、压担子。说实话，这并不是件容易的事情。大家学历、年龄、履历和研究能力都差不多，甚至面对课题申报、"帽子"申请和成长进步的机会时还存在竞争关系。怎么办？就是要比别人多付出、多奉献、少索取。很多时候啊，名利去，人才来；名利聚，团队散。勘不破个人名利关，还想带好队伍，带出创业创新的队伍，是不可能的事情。我曾多次在大群里要求所长和高级研究人员做到"两个尽可能、一个务必"，就是参加非政府机构的论坛、讲学、评审等活动时，要尽可能利用周末和休假时间，尽可能带上青年学者、访问学者和博士后，务必要写好讲稿、准备好课件。遂行旅游内参、重大项目和数据报告时，一定带着团队特别是青年学者集体研讨，对交上来的初稿一定要亲自动手修改，千万不要"复制—粘贴"，而要坚持手写，至少要在打印稿上用笔修订。之所以提出这个要求，是基于对人性的了解。每个人都有偷懒的心理，电脑上修订看不出痕迹，而且很容易一目十行地滑过去。要成长，一定要自己和自己较劲。这样才能给年轻人做好榜样，让他们觉得跟着你能够成长。很多学术机构和文艺团体都有名家，也有传帮带的要求，为什么总体战力上不来？我看很大程度上与名家忙着在外走穴有关。如果名家占着行政资源，却不为团队服务，那么队伍就不可能建起来，建起来也很快就会散了。

对于青年学者，包括博士后、访问学者和院聘人员来说，组织培养代替不了个人努力，千万不能有等靠要的思想。有的同志做研究，习惯等任务、靠指导、要材料和数据。组织和平台当然会给予必要的支持，可是我们想过没有，这些条件都具备了，还轮得着你吗？值此大众旅游时代，政府和业界每天都要给我们出题目，走出甲九号的院子，到处都是素材、数据和人脉，为什么不主动去拥抱呢？一年24期内参，1份旅游经济蓝皮书和8份报告，分到每位研究人员的身上，一年下来的工作量并不大，只要把心用到了，功夫下到了，没有理由出不来高质量的成果。这不是院长摊派的任务，而是每一位青年学者和理论工作者成长的机会。不要小看任何一个岗位和任何一项任务，组织把某个领域或者某个方向给了你，就是把未来给了你。就像当年抗大毕业的学员，带着任务、地图和手枪就三五成群地走向了抗日战场，打开了局面，带出一个连，就是连长，带出一个团，就是团长，失败了，就是以身殉国了。希望新时代的理论工作者也要有这么股劲儿，没有经历千山万水、千辛万苦、千言万语，凭着一项博士帽子就能把学问做大，不可能。

团队建设，重点培养理论研究、数据生产与行政支援三支高素质、高能力的专业队伍。对团队中的每个人来说，首先要提高综合素质和独立作战的能力，面对理论建设、政策研究和产业服务主战场，哪怕身边没有任何人，也能独自一人完成任务。这也是理论斗争的底线或者说极限思维。如果总是依靠别人，慢慢就会产生依赖性甚至人身依附感。有一天别人不让你依赖和依附，或者依赖和依附的代价大到你不能承受的时刻，怎么办？过去十五年，这样的危险和威胁时时都在发生，今天也是。有了这样的思想准备和能力储备，就可以像特战队员一样在任何复杂的环境中、在难以想象的困难下生存下去，就算是牺牲了，也会在历史上留下不可磨灭的路标。这样组合起来的团队在其对标领域才是最优的，这样的团队在兄弟部所和平台资源的支援下联合作战，才会有"1+1＞2"的协同效应。当然，现实中的每个人，不管是研究员、博士还是院长、科员，都不可能是全面的，更不可能每个方面都是最优秀的，这就要发挥团队和成员的比较优势。七个研究所有聚焦政策研究的，有侧重数据生产的，有擅长宏观分析的，有善于企业和地方研究的，在形成各自的特色和优势的前提下，要加强协同作战和集群出击的能力建设。

过去十五年，我们对每个人的成长都付出了心血，也从学术成果建设的角度，利用办公会、专题调研和重大项目会商等形式对每个研究所进行了有针对性的系统指导。这次天津大调研，首次集中了七个研究所和博士后工作站的精干力量，加上依托南开大学建立的旅游市场和目的地营销研究基地的配合，对省域和直辖市一级的旅游发展现状进行全面调研和战略咨询。这是一次大调研、大练兵，也是一次旅游研究乃至哲学社会科学领域科研组织和团队建设的原创性探索。从效果上看，基本实现预期目标，但是也暴露了不少问题，比如不同程度存在的畏难情绪和等靠要思维定式、独立作战和攻坚克难能力不足、相互成就和相互补台的协同机制有待完善等。任何组织都是由人组成的，任何机制都是由人推动的，欲实现三支队伍的协同，必须最大限度地压缩"精致利己主义者"的滋长空间。院里会继续出台并完善科研、推广、人事和财务方面的管理制度，努力推进三支队伍建设和协同作战能力，但是所与所之间、人与人之间的主动协同更加重要。希望同志们记住：只有雨天给别人打伞，晴天才会有人同行。

社会服务，持续完善方案、监测和评估三个环节。智库成果和发展理论来源于实践，无论是为地方政府还是为市场主体服务，都要本着"总是同行，经常服务，偶尔引领"的心态，在调查研究的基础上提出解决问题的方案，并保持持续监测和定期评估。出现场考察之前，一定要做好高质量的案头工作，包括地方的地理、人文、经济、社会、政治诸方面的信息，并以学理形成相对成形的研究报告，做到胸有成竹。出现场是为了以实感和地方同志广泛而深入地讨论，对之前的假设和研究成果进行系统验证，这样提交的方案才是有同理的、共情的和高质量的。提交方案好比医生开出药方，只是社会服务的第一步，接下来是持续监测和定期评估，在此基础上提出更进一步的意见与建议。对市场主体的服务也应如此，即 PDCA 循环。总而言之，一言以蔽之，就是国家队要有国家队的样子。这次天津大调研开了个好头，服务了地方，创新了模式，也锻炼了队伍，扩大了影响力，要在总结经验的基础上继续创新。

宣传阵地，重点抓好旅游内参（含特别报告）、中国文化和旅游大数据、中国旅游评论三个平台。作为马克思主义指导下的社会科学研究机构，我们不仅要科学地解释世界，还要在党的领导下改造旅游实践的客观世界和理论工作者的主观世界。对于一家专业智库而言，改造世界最有效的工具就是办报办刊办宣传平台。在办刊这件事上，我是一直以《新青年》而不是学术期刊为榜样的。中国文坛，本无新旧之分，但陈独秀在《新青年》上一声号炮，别树一帜，提倡文学革命，胡适之、钱玄同、刘半农等在后摇旗呐喊。我从不希望研究院的刊物和平台做成小圈子里相互捧场的学问发表平台，也不能做成相互索引的文献库。不是说这些学问不能做，文献不能引用，事实上这样的学术刊物一直都有，而且用传统的评价标准办得还不错，我们现在也在申请刊号嘛。需要强调的是，无论是期刊、辑刊，还是内刊，我们的平台，无论是官方网站、官方微博，还是微信公众号、视频号，都是面向基层、面向一线，办给旅游工作者看的，他们才是国民旅游权利的保障者和旅游福祉的创造者，也是旅游学术共同体的同行者。

北京·2023 年 7 月 4 日

《旅游大数据理论、技术与应用》前言

一、缘起与目标

2008年6月，中央编办批复原国家旅游局成立中国旅游研究院，其核心任务是旅游经济的运行监测与分析。2015年12月，在加挂原国家旅游局数据中心、组建旅游经济重点实验室以后，数据建设进入快车道。2018年3月文化和旅游部组建后，中国旅游研究院和原国家旅游局数据中心随之转隶改名为中国旅游研究院（文化和旅游部数据中心），将需求侧的文化数据也纳入了工作目标。过去十几年，通过国家统计局、国家移民局、中国银联、中国电信等政府机构和通信企业交换的数据，加上旅行服务商联合实验室共同生产的数据及游客满意度调查等项目自采的数据，我们初步建成了国内一流、国际知名的旅游数据中心。在旅游学科建设和智库成果产出中坚持"万语千言，不如数据一组"，并身体力行之。

回过头来看，尽管在平台建设、团队建设、标准和流程建设，以及在理论研究、文献收集和数据积累方面取得了一定的成绩，节假日旅游数据和季度分析也成了系统、行业和社会关注的热点，但是当我们试图以哈耶克意义上的"知识扩展秩序"去构建旅游大数据共同体时，却发现哪怕是旅游统计研究、教学和一线工作的同志都会在基本概念、基础理论和基本方法上难以达成一致。摆在我们面前的现实问题是，从事一线旅游统计和大数据分析工作的基层同志不具备理论建构的可行条件，而负责知识生产和人才培养的高校教师多数又缺乏问题意识和一线体验。在这一背景下，中国旅游研究院（文化和旅游部数据中心）主动承担起这项基础性工作，并组织统计调查所、数据分析所、旅游经济文化和旅游部重点实验室、博士后工作站的专业团队，联合有关高校的教学研究人员，组建编写组编写一本兼顾理论研究、人才培养和实践工作所需要的教材。

相比追求逻辑自洽和边际创新的期刊论文、理论著作，将分散在不同场景却为学术共同体认可的知识进行体系化教材编写，是一件难度更大的学术产出。令人遗憾的是，在现有的高校和科研院所的评价体系中，教材、译著、讲稿和科普作品的重要性被极大地低估。原创的知识发现、科技发明和理论建构很难，在横涯无际的知识海洋中将那些最有价值的珍珠筛选出来，不是件轻而易举的事情。"折戟沉沙铁未销，自将磨洗认前朝"，哪里有那么容易啊。如果还要将这些知识点镶嵌到历史的星空，让学习者生出"东风不与周郎便，铜雀春深锁二乔"的联想来，便是通连过去与未来、个体与世界的立交桥了。既然是立交桥，就必须将概念、原理、工具、方法的基础打得牢而又牢，而不是建在沙滩上。

以大数据这个核心概念来说，似乎其内涵、外延和特征都是不言自明的。可是真要有人问起"什么是大数据"，我们怎么回答？嗯，就是Big Data、Mega Data，与互联网、物联网、机器学习、5G相关，具有4V特征，即规模性（Volume）、高速性（Velocity）、多样性（Variety）、价值性（Value）特征。结果呢？很可能是计算机专业的觉得浅，非计算机专业者听得似懂非懂、一头雾水。为此，本书编写组必须对科技成果和理论知识进行创造性转述，并使之体系化。我们看到的大数据首先是巨量的信息和数据矿产，但是信息太多了会增加使用者对事物本质的把握难度，数据矿产太多了就需要我们学会使用分布式存储、分布计算、非线性决策等技术，更进一步地理解大数据，它更新了人们认识的视角和观念，影响人际交往和社会治理方法与行为。在编写组的前期研讨中，除了全书的逻辑框架和基础模块，大家讨论最多的是对基本概念、基本原理和基本方法的理解，以及解决什么问题的设问。

二、因为困惑，所以设问

1. 这个世界是随机的吗，数据可以让我们更好地理解旅游业吗？

改革开放初期，为适应市场化导向的入境旅游发展，旅游研究的主流是应用研究，旅游教育的主流则是职业教育，或者说旅游理论与实践是合而为一的。从20世纪中后期开始，旅游学术共同体意识开始萌芽，科学开始成为旅游理论建设的价值取向，一些高校的旅游系更名为旅游学系、旅游科学学院，并组建了一些旅游研究院、研究所和研究中心。近代科学的发展离不开数学、实验和统计，而旅游行政部门通过传统抽样统计体系定期发布的旅游统计年鉴，无论其频率还是精细程度都无法满足科学研究、人才培养和市场分析的需要。互联网、物联网、5G通信、机器学习等科技的进步让旅游统计进入了大数据的时代，政府机构、科研院所、高校和企业纷纷以智慧旅游的名义建立大数据中心。那么，大数据比传统的统计方法，甚至经验判断更有助于我们理解这个世界吗？从历史进程来看，以牛顿力学为代表的科学自19世纪以来越来越广泛地应用于现实世界，并在工业革命、经济增长、国家富强和人类文明演化中取得了巨大成就，也让"决定论"的世界观深入人心，我们可以依靠概念、命题、模型、数学公式描述现实和预测未来。受此影响，旅游学术研究开始从丰富多彩的产业实践中独立出来，借助统计、实验和数据分析工具，沿着逻辑自洽和学科独立的方向越走越远。问题是，这条路本身是对的吗？或者说是科学的吗？统计思想的开创者卡尔·皮尔逊认为，世界并不是决定论的，而是随机的，随机是有规律的，可以用概率分布或者说准确的数学分式加以描述的。用更为学术的语言说，被观测量本身就是随机的,科学实验所观测到的其实是一个"分布",所谓"误差"不过是被观测量随机本质的反映。这就不可避免地产生了二律背反,即数据看上去越精确,越多维和具体,距离本质和真实越远。现代数理统计的奠基者罗纳德·费希尔(Ronald Fisher)在没有重复实验的情况下就指出了孟德尔豌豆实验的数据作假了:"它们的精确程度如此之高,以至于没有表现出应当具有的随机性,所以不可能为真实。"多么天才的论断!倒让我想起"事出反常必有妖"这句老话来。由此出发,我们在言说大数据之前,有必要对统计工作规律和统计学理论进行系统了解。

2. 现代统计学的假设——检验和因果推断能够回答"休谟诘问"吗?

借助概念和数据尽可能准确地描述事物的外在特征,只是科学研究的起步,而探求现象的本质,以及事物的演化规律及其影响因素,才是科学家的好奇心和永恒的精神动能。长期以来,人们一方面好奇地追问原因和结果的关系,另一方面又苦于所使用概念的模糊性。被称为"维多利亚的天才"的弗朗西斯·高尔顿在前统计学时代就发现了"均值回归"现象:如果父亲非常高,孩子往往比父亲矮;如果父亲非常矮,孩子往往比父亲高。似乎有种神秘力量让人类的身高远离极端,朝着所有人的平均靠拢。均值回归现象不仅适用于研究人类身高问题,几乎所有观测都面临均值回归的困扰。这个困扰如此折磨人类"心智的荣耀",以至于苏格兰哲学家大卫·休谟(David Hume)坚持认为人类仅凭借经验,只能认识事物之间恒定的前后相继关系,而不能认识任何因果关系。得益于现代统计学的发展,特别是随机组对照实验(Randomized Controlled Trial,RCT),因果推断成为回答休谟诘问的可行路径。号称统计学"四大天王"之一的内曼对自己在统计假设检验方面的奠基性工作如此自豪,以至于将之称为统计学发展史上的"哥白尼式的革命"。这一革命不仅在自然和工程科学领域取得了相应的成果,而且在研究复杂社会问题的因果关系方面取得了令人欣慰的进展。2019年,麻省理工学院的三位经济学家阿比吉特·班纳吉(Abhijit Banerjee)、艾丝特·迪弗洛(Esther Duflo)和迈克尔·克雷默(Michael Kremer)由于用实验的方法研究发展经济学而获得了诺贝尔经济学奖。在旅游大数据的研究和教学过程中,我们不能忘记探索旅游本质的初心,必须牢记促进旅游业高质量发展的使命,而不是炫耀计算工具和数学方法,更不能沉迷于大数据本身。

3. 因果性存在"对"的数学模型吗?

大数据产生后,统计学家会使用相应的数学模型对自变量和因变量之间的复杂关系进行验证和解释,统计工作者需要在此基础上对特定时空条件下数据是否脱离正常轨道进行判断,并提出逆周期调控或者相机抉择的政策建议。然而,存在一个绝对正确的数学模型和恒等式吗?物理学、化学、生物学、统计学、经济学的诸多模型,从产生的那一天起,就注定了被否定和超越的命运,如地心说、日心说、万有引力、狭义相对论、广义相对论、量子力学、奇点、大爆炸、引力波等所经历的那样。拉卡托斯把要证伪作为科学的要件之一,便是这个道理吧。事实上,数据模型往往不存在"对""错"之别,但是非常讲究"好""坏"之分,比如是否具有一致性、无偏性和有效性等。在科学哲学的意义上,意味着一种谦卑的、开放的世界观。在旅游统计学科建设和大数据分析工作中,我们可能永远无法发现"终极真理",但是在追求更好的模型过程中,还是可以借助统计实证和思想实验去无限接近它。

三、样本、实验与知识的生产

1. 大数据必须是大样本甚至全样本吗?

在旅游经济运行监测与分析,特别是假日旅游等专项统计任务执行的过程中，我们经常会遇到样本够不够大的问题。事实上，除了定期开展的全国人口和经济普查，几乎所有的统计都是建立在抽样基础上的。抽样是科学，需要对样本的代表性进行系统设计、试调查、稳定性验证和相应比例的定期替换。抽样也是实践，需要组建采集、汇总、清洗和质量控制诸环节的专业团队，需要依据《中华人民共和国统计法》《全国文化文物和旅游统计调查制度》等法律法规执行具体的样本库建设、线上和线下调查及合规性审查。当然，维护样本、建设平台和采集数据还需要相应的财务预算。所谓"兵马未动，粮草先行"，说的就是这个道理。很多从事旅游统计和大数据分析的工作者倾向于样本越大越好，最好是全样本，却忽视了这样做既缺乏方法论的科学性，也不具有人力、财力上的可行性。无论在思想认识、理论准备，还是在具体的旅游统计和数据生产的实践中，大数据与基于抽样的统计都不是非此即彼的对立关系，而是相互补充、相互印证和相互促进的关系。

2. 大数据需要实验，也是培育旅游领域实验室经济的全新动能

旅游大数据的理论建设和科学研究必须从问题出发，直面国民经济和社会发展的宏观调控、旅游行政主管部门的微观监管，以及市场主体的投资、研发、创新、运营、转型、升级等商业活动的实践需求。长期以来，旅游统计工作的纵向不可加、横向不可比、上下不贯通、结构性数据供给不足等问题，一直为业界所诟病。大数据的研究和应用是为了解决而不是增加"旅游统计乱象"的，但是从过去十年的智慧旅游和大数据应用效果来看，旅游大数据的建设、应用和发布同样存在不可忽视的乱象。统计需要设计，大数据也需要科学普及、理念共识、平台支撑、组织建设和模型验证。旅游大数据在统计中的应用越来越广，囿于技术方法缺乏统一规范，旅游大数据统计逻辑混乱，错多对少。在理论研究和教学改革的同时，应尽快制定旅游统计与大数据应用的标准体系，将位置、消费、订单、爬虫等大数据的量级要求、处理规则、核心算法等技术标准经由专家论证和主管部门审定后予以公开。对难以标准化的数据指标，要制订算法指引，保证关键规则统一可比，避免造成新一轮旅游统计乱象。对上述问题给予了积极的正面回应。

3. 大数据著作或者教材要让专业学习者看得懂，更要让实际工作者用得上

罗纳德·费希尔在 1925 年出版的名作《研究工作者的统计方法》中用实例介绍图表制作的方法、分析数据的方法、解释结果，列举公式甚至详细介绍这些公式在机械计算机上的使用方法。但是，所有的公式都没有数学的推导和证明。对于某一学科的研究人员而言，只要这些公式和方法是目前"最好的"模型就足够了，就如同应用经济学者只需要知道如果没有确定的、可交易的和受保护的产权，就没有经济的繁荣与增长就足够了。至于科斯定理的数学证明还是留给数学功底扎实的理论经济学家去做吧，正如杨小凯教授所做的贡献那样。相对于统计学理论和计算机科学，旅游大数据的应用色彩更加深厚，哪怕其理论建构也是如此。在前期研讨和写作展开的过程中，我反复商请唐晓云博士、马仪亮博士、谢仲文博士，他们都是受过管理工程、统计学、计算机等学科系统学术训练者，从所学专业的应用层面出发，让科学之光照进旅游业的现实，让更多一线工作者也能感兴趣、看得懂、学得会，并在旅游统计和大数据分析的实践中加以应用。事实上，包括大数据在内的科学、理论和知识都不应仅用于膜拜，更不应让人敬而远之，而是让人亲而近之，得而用之。

四、致谢

本文的部分观点来自微信公众号"招摇山人"的漫谈现代统计"四大天王"卡尔·皮尔逊、费希尔、埃贡·皮尔逊、内曼的系列文章；丁鹏教授发表在微信公众号"计量经济学"上的《因果推断——现代统计的思想飞跃》，以及一些统计学和经济学教科书。本前言作为主编思想阐释和本书导读，没有按照严格的学术规范一一列出参考文献并做出具体的引文注释。在此，我和全体参编人员谨向所有统计学、计算机和大数据领域的开拓者致敬。

感谢唐晓云博士、马仪亮博士、何琼峰博士、谢仲文博士、乔向杰博士、黎巎博士、曾甜博士，还有周围、王峰、汪早荣、刘雪峰，以及王良举、王娟、柳钦云、钱天宇、李慧芸、丁昭涵、毛伟、杨素珍、戴慧慧、郭可心、胡宁婷、吴羽涵、路国平、刘宇、高兆庆、戴吉秋、韩晋芳、胡咏君、张佳仪、陈晓华、沈淙波、张玉蓉、郑涛、林志生、樊信友等旅游统计和大数据专业人员，他们共同组成国内旅游统计和大数据领域豪华的研究与教学阵容。曾甜博士作为本书编写工作的联络人，在人员联系和书稿编写中做了大量工作，感谢她的辛勤付出。没有大家的理解、认同与努力，本书难以如此快与读者见面。相对于编写组诸多成员的学科背景和专业能力，我亦是一名旅游大数据的学习者。相对于她们／他们在研究和写作过程中的亲力亲为，与其说我是主编，倒不如说是一名制片人和导演。

感谢高等教育出版社编辑的辛苦工作，还要感谢所有选择本书的教师、学生和旅游统计工作者，因为你们的努力，中国的旅游统计研究和大数据应用才能沿着科学的道路稳步向前，旅游工作也有了显而易见的专业属性。

北京·高等教育出版社，2023年2月26日

从旅行社到旅行服务商，产业变迁与理论重构

作为面向 21 世纪旅游管理专业课程体系和教学内容改革与实践项目成果之一，《旅行社管理》（第一版）纳入高等学校旅游管理专业主干课程教材，于 2002 年 7 月由高等教育出版社出版发行，并被旅游院校广泛采用。为满足旅游业发展、旅行社产业创新和教学实践的需要，编写组于 2005 年 3 月、2009 年 7 月、2017 年 9 月先后推出了更新版本。为保持教材体系的连续性和整体性，兼顾教学内容的创新性和适用性，第五版继续由戴斌教授和张杨博士联合主编，特别邀请殷英梅博士、李吟博士、柴焰博士、周洪波老师等教学、科研和实践一线的专业人士加入编写队伍。本版教材的编写目标、修订要点和章节设计主要体现了以下思路和特点。

一、培养学生的专业思想和旅行服务核心价值观

如同恒星裂变之于宇宙，产业分工之于人类历史，旅行社之于旅游活动，既不是与生俱来的，也不是一成不变的。无论是秦始皇东巡、乾隆下江南等帝王巡游，还是李白的千里江陵一日还、徐霞客的自宁海出西门等文人壮游；无论是地理大发现，还是欧洲大游学，都离不开行程谋划、饮食供给和风土人情，只不过这些服务都是通过公共机构、家族资源或者个人影响力而为特定人群定制的。在漫长的历史长河中，绝大多数人是无缘于这类旅行的，而 1841 年托马斯·库克发起的数十千米的火车禁酒之旅之所以能够载入史册，成为近现代旅游业的里程碑事件，

就是因为它第一次以商业化的方式为所有人提供专业而高效的旅行服务，是因为市民阶层也可能通过购买商业服务的方式而实现自己的旅行梦想。1923年，银行家陈光甫先生创办的中国旅行社，之所以在百年之后仍然为业者所追忆，是因为他是从国人的旅行场景而非从教科书中发现商机，是从旅行者的现实需求出发研发产品，而非照搬欧美旅行社的销售手册。早期的中国旅行社曾经将旅客换乘火车时的行李搬运服务也纳入服务清单，让自己成为异国他乡的旅行者可以依靠的朋友。抗日战争爆发后，旅行社全面转向运送战略物资和文化遗产，直至耗尽企业的全部资源和重启的能力。一家为民众服务的企业，一个为国家认可的行业，任何时候都会有生存的土壤和成长的空间，至于长成乔木还是花草，那只是外在的形态罢了。

然而，我们的教科书又是如何编写的？绝大多数版本受制于理论、历史和法律三重因素的影响太深了，以至于教师和学生常常是"见社不见人"，一旦走出课堂离开教科书甚至不知道如何与现实对话，反过来又陷入对理论和教科书的深度怀疑而无法自拔。纯理论化的教科书把服务对象局限于不以营利为目的的观光旅游者，事实上，从来就没有哪一家世界级的旅行社不把商务、公务和事务旅游者纳入自己的主要市场，日本的交通公社、美国的运通如此，中国的携程、凯撒也是如此。从历史角度看，我国第一代市场化意义上的旅行社，从进入市场的那一天起就是做入境旅游市场的，就是接待旅游团的，国有的国旅（CITS）、中旅（CTS）、中青旅（CYTS）如此，民营的春秋、众信、南湖也是如此。从法律法规角度看，例如《旅行社管理条例》及其实施细则，虽然将旅行社经营范围扩大为招徕、接待，但骨子里还是离不开包价、团队和观光的基因。大众旅游的兴起和互联网的加持，让传统的旅行业监管者和从业者无所适从了二十多年，2020年新冠疫情让业者发出"无可奈何花落去"之叹。从法律角度看，一切历史都是当代史，法律法规和行政规章也要与时俱进。只有回归旅行之本，回到服务之源，教和学两个方面才能从纷繁复杂的现象出发，牢固建立起"为旅行者提供专业服务"的从业理念。有了理想和价值观，我们才可能在课堂的知识建构和未来的职场生涯中行稳致远。

【本部分章节设计】从现在入手，往前探源，往后展望。现在是什么？是疫情期间的休闲生活没有停止而旅行社行业几乎停滞了，是疫情防控常态化下的旅游与旅行市场不可逆转的复苏，而旅行社除了一声接一声地叹息外，没有什么思路也没有任何办法阻挡旅行社从旅游经济体系的中心滑向边缘。无论我们愿意还是不愿意，传统意义上的旅行社时代即将成为历史，而更广阔、更有前景的旅行服务时代正在拉开帷幕。本书的章节以问答的形式展开，层次、逻辑和文风不拘泥于现有的同类型教科书，包括本书的前四版。例如，用"旅行社的前世今生"代替"旅行社的历史进程"，用"去旅行社化是疫情引发的偶然，还是旅游市场变迁的必然？"代替"旅行社的地位与作用"，用"旅行社是旅行社的凤凰涅槃"代替"旅行社的制度创新和市场创新"。事实上，2020年，中国旅游集团发展论坛推出的文化和旅游融合十大案例，特别是中旅旅行的故宫以东、春秋的"建筑可阅读，城市微旅游"、携程的目的地营销、凯撒的航空配餐等，昭示了旅行社向旅行服务商的转型已取得初步的胜利。

二、培养学生发现旅行需求和产品研发的知识体系

军校是培养既知道为什么打仗，又知道怎样能打胜仗的军人的，旅游院校培养的学生走出校门以后，必须有明确的专业思想和自我发展的职业能力。旅行社之所以存在，是因为市场上存在游客对旅行服务的需

求，而不是有了旅行社，才有旅游和旅行服务的需求。对于纷繁复杂和日新月异的旅游需求，如果旅行社不能全面把握并使之得到有效的满足，那么市场机制将创造更新的商业形态满足该需求。游客的需求包括但不限于信息获取、票务和旅行证件办理、交通、住宿、餐饮、购物、文化体验、社区互动与分享等内容，这些从出发到返回的线性需求，以及在特定空间的生活需求，可能会经由旅行社实现，也可能通过其他替代性机构如社群经济加以实现，还可能通过亲朋好友的关系实现，也可能直接与资源商和供应商进行交易加以实现。从业者只有以市场思维，从消费出发，才能了解自己立足的大地和生长的空间。只要商务、会展、休闲、度假等传统旅游者，研学、文化、探险、自驾等新型旅游者，诗与远方的梦想需要专业的服务，只要航空公司、酒店和度假村、景区和主题公园、餐饮、购物、戏剧场、博物馆需要分销渠道，市场主体和从业者就能够战胜许多可以预见或不可以预见的困难，在不断探索和持续创新中永续向前。这些，需要我们系统而扎实地掌握旅行服务和产品研发的基础理论、基本工具和基本方法。

那么，什么是旅行社的产品？过去的教科书给出的标准答案是包价产品、半包价产品、小包价产品和单项服务。这个定义是典型的"地接+团队"的视角，未来的旅游产品必须，也只能从旅游市场和消费需求出发，系统导入"研发+销售""散客+目的地生活方式"的全新视角。从游客对美好旅程的全新期待和目的地美好生活的体验看，旅游市场从来就没有一成不变的标准化产品，也没有一去不复返的消费需求。好的旅游产品是设计而不是模仿出来的，高品质的服务是与时俱进而不是一成不变的。它们可以有效满足既有的旅游与旅行需求，也可以通过宣传和广告的方式让创新产品进入游客的消费清单。因此，新时代的旅行社或旅行商管理教科书必须全面导入产品思维，告诉学习者通过什么样的产品能满足消费者的旅游需求。

有了好的产品，还要抓好服务创新。过去主要靠一线导游和公司内部的质量控制。祖国山河美不美，全靠导游一张嘴。直到今天，导游仍然是典型的旅游从业者，是旅游服务水平的观测窗口。狭义的导游指获得旅游行政主管部门颁发的导游证并在旅行社执业的人员，广义的导游包括全陪、地陪、讲解员和出境领队。从历史的、系统的和全面的视角来看，导游队伍确实在旅游发展尤其是旅行社经营中发挥着积极的作用，"因为有你，万卷书易读，万里路易行"。进入大众旅游新时代，媒体不断曝光一些导游强迫消费、欺诈消费、诱导消费等负面信息，让导游的社会地位和经济收入进入螺旋式下降的状态。在这样的时代背景下，仅依靠传统的培训和考核已经无法维持导游的服务水平和旅行社的服务质量。来自旅游部门的行政监管和旅行社内部的品质管控，虽然保障了旅行社等窗口行业的服务水平，让游客满意度稳中有升，但是对服务于商务散客和自由行的线上线下旅行商则缺乏有效的行业指导和专业提升手段。变革的力量更多来自市场变迁和技术进步。随着人们旅行经验的成熟和移动互联网技术的进步，游客更倾向自助旅行和定制旅游，而不是以团队旅游的形式跟随旅行社的标准化流程。资源商销售环节的缩短和分销渠道的拓展，以及平台商对大数据和人工智能的广泛运用，让旅行社基于信息不对称的差价获利空间越来越小。相对于高速增长和日渐变化的旅游市场，依靠导游、计调和质控人员提升服务水平的方式已让旅行社感觉力不从心。因此，旅行社只能加快数字化转型和市场创新，用智慧旅游的技术、工具和方法实现服务质量的系统升级。资本和技术的耦合将进一步提升旅行社的资本有机构成和劳动生产率，还会对其既有的劳动力市场形成挤出效应，需要企业家和职业经理人加以必要的干预和优化。

【本部分章节设计】从外（资源、市场）到内（产品、服务），让未来的从业者在了解大众出游能力和消费偏好的基础上，掌握将自然资源、历史文化资源和当代生活方式转化为旅游产品的能力。外部的资源必须是能够通过品牌、线路、项目、服务、广告和价格策略加产品化的，而不能泛泛地将那些我们把握不了的资源都纳入采购范围和加工过程。人们对旅游资源的认知主要局限于传统的山水林草等自然资源及历史遗迹、非物质文化遗产、文字典籍等人文资源，此外，还包括社会主义先进文化和现代化生活方式。多数情况下，旅行社并不具有对自然和历史人文资源进行一级开发的能力，那是景区和度假区开发商、城市、街区和美丽乡村建设机构的责任。旅行社要把酒店、民宿、度假区、航空公司、高铁、餐厅、购物中心、展览馆等商业机构，还有博物馆、美术馆、戏剧场、体育赛事组织者等文化机构都视为自己的资源供应商。外部的市场必须是旅行社有能力提供服务的市场，没有任何一家旅行社能够不加区分地将全国乃至全世界的旅行者，都纳入自己的目标市场。本书引入动态演化的概念，让学习者了解旅行社是如何通过产品和服务去满足需求，以及在市场机制的作用下，如何由小到大成长的。第五版放弃按内设部门讲各种职能管理这种静态的视角和标准化的叙事方式，将产品研发和服务设计作为重点内容编写，因为无论是哪所院校毕业的学生，都不可能立即进入管理岗位，而是要从一线做起。需要指出的是，我们不想把学生培养成服务业流水线上的熟练工，而是要告诉他们如何知其然，还要知其所以然，做好一个人在市场上打拼的知识储备和心理准备。无论产品的表现形式是观光线路、度假体验，还是一个晚上的乡村住宿，都必须是通过旅行企业可以销售的，游客可以感知的。

三、培养学生将旅行需求和创新动能转化为产品和服务的能力

宏观经济学和大历史观能够让我们登高望远，看见旅行服务和旅游经济的森林，让我们在学习具体的专门知识的过程中不至于迷路，再掌握具体的工具和方法，以明确我们要实现的目标。对于旅行服务管理的学习者来说，仅有宏观的思路和需求侧的视角是远远不够的，还要从供给侧出发，以管理实践的思维建立组织，把品质服务的理念转化为具体的产品和服务，建立企业与客户的黏性，推进旅行社的可持续发展。

我们需要教会学生如何把研发出来的产品和设计好的服务销售出去。市场营销和销售管理等专业课程所教授的知识、工具和方法，在本书中得到了体现，比如分销渠道的建立和代理商的管理。在案例的选择和知识点的介绍上，本书主动引入社群营销、"种草"、"打卡"、IP打造与周边开发、用户生成内容等获客新思维。随着万物互联和数字化生存时代的到来，游客在旅行的过程中经常主动或被动地介入生产和分销的各个环节。如果教材继续坚持传统的"我推广，你接受""我销售，你购买"的营销思维，很可能会走向教师厌教、学生厌学的恶性循环。引入生动活泼的现实生活场景和年轻人的创造力，是打破低水平教学循环必不可少的关键动能。

我们需要教会学生如何最大限度地满足游客在行前、行中和行后的所有需求，这些需求可能是游客明确表达的，也可能是隐而不言的。全面建成小康社会以后的大众旅游需求是多样的，也是分层的，一成不变的思维和标准无法满足当代人的旅游需求。要引入技术手段和数字化工具去建构一个信息收集、分析、干预和反馈系统，以实现游客的基本满意。要引入文化创意和艺术引领的概念，以提升游客的体验感和满意度。为此，我们要有与时俱进的时代感，综合运用科技的、文化的和社会的力量，打造服务集成的新概念和新动能，最终让未来的从业者形成继续

教育和终身学习的概念。

我们还需要教会学生如何建立组织并为一个共同的目标而努力,这涉及企业文化和团队建设。从世界范围看,中小微型企业都是旅行商的主流业态,特别是"95后""00后"的入场,传统的集权式管理和权威式领导方式已经不被员工所接受。从人员招聘、核心价值观的培育、职业发展到团队建设,都要有全新的思维。不能总想着严格管理,360度无死角地管理,而要更新理念,培养人才,与年轻人共同成长,这才是新时代管理者该有的样子。

【本部分章节设计】如何将工商管理的一般理论与旅行社的特殊属性相结合,是本部分章节设计的难点之所在。如果按照人力资源、财务投资、市场营销这样的模块,或者计划、组织、指挥、协调、控制这样的职能来写,很容易就写成工商管理理论在旅行社中的实践应用。如果按照采购、销售、计调、导游、领队、会计、行政等业务流程来写,则容易把教科书写成旅行社各岗位的业务培训教材。因此,还是要回到旅游服务的需求及其满足这条主线上来,以供应链创造价值链,进而形成供应链,让学习者了解如何让产品信息传送到消费终端,如何让服务理念转化为游客能够感知的服务品质,如何让组织可以动员的全部力量都集中于一个共同的目标,就是游客满意。沿着这个思路,我们对第四版的相关内容进行必要的修订,重点说明企业经营诸模块和工商管理各职能是如何为游客提供高品质服务的,而游客感知的高品质服务又是如何反过来牵引要素、功能和模式创新的。

四、培养学生发现机遇和应对挑战的专业素质

铁路发明以前,游客不会有火车票务信息的需求,民用航空器和邮轮进入旅行市场后,旅行社开始以舱位分销和包机、包船的方式找到全

新的业务增长点。随着航天技术的进步，将来旅行社也许还会组织游客去月球、火星和更远的地外空间探险。事实上，每一次科技进步和产业革命都会深刻改变人类的日常生活和旅行方式。问题在于多数人是风险的厌恶者，只看到不确定性所带来的风险，总想守着原有的一亩三分地过安逸的日子。只要我们把目光从传统的包价旅游作业模式转向旅行服务领域，更加深厚的创新土壤、无限深远的成长空间就在我们的面前，而这关键在于我们有没有发现新需求的视野和创造新模式的能力。有时教育者总习惯把历史看成线性的，把现在看成静态的，结果会成为寓言故事中的刻舟求剑者或者守株待兔者。比起"抱团取暖"，还是喜欢庄子说的"相濡以沫，不如相忘于江湖"。作为高等教育阶段的专业教材，得为学习者打开全世界的视野，给予他们前行的信心和勇气，让他们看到无限可能的未来。

未来的旅行社或旅行服务商不仅有鲜花盛开的春天、果实累累的秋季，也会有风霜雪雨的寒冬，还会有难于上青天的蜀道和水流湍急的险滩。人口结构的变化、周期性经济危机、战争与恐怖袭击、自然灾害、空难、海难、传染病，还有无法预测的各种黑天鹅、"灰犀牛"事件，让旅行社时刻都要面临卡夫丁峡谷。这是市场的风险，也是商业的魅力所在。人无远虑，必有近忧。对未来的职业经理人和旅游企业家而言，必须清醒地认识到，现实不可能是童话，危急时刻总有神仙驾祥云而来，而是要从一开始就学会与不确定性相伴，与风险同行。

影响人类生活和旅行方式的因素不仅有科技，还有文化、伦理和制度。如果说科技是推动旅行社产业奔腾向前的势能，文化、艺术、伦理则是确保旅行服务业可持续发展的生命基因。不能一说文化就是历史传承，还有未来创新；也不能一说制度和伦理就是《中华人民共和国旅游法》《旅行社条例》《导游人员管理条例》和旅游行政管理部门，还有行业协会、专业媒体、教育科研机构、生态与文化多样性保护组织。他们会对旅行社经营管理和旅行服务创新施加现实的压力，也会提供最为长久而稳定的保证。文化的力量是如此强大，影响范围是如此宽广，以至于旅行服务乃至全部的旅游经济体系最初"从经济入"，最终"从文化出"，形成现代文化产业的有机组成部分。

【本部分章节设计】对旅行社的理解及其发展趋势的把握，不能仅从微观的、静态的低维视角出发，还要从科技创新、市场分工、经济增长和社会进步等宏观的、动态的高维视角加以审视。包括物质消费和精神享受在内的文明演化，会从根本上影响人们的消费偏好，那些经常去图书馆、博物馆、美术馆和戏剧场的市民到了异国他乡，必然产生相同或者类似的文化需求。高速铁路、超音速飞机等交通方式的现代化，以及5G通信、物联网和人工智能等科技应用的泛在化，使游客的一些传统需求在消失的同时，又产生了一些全新的内容和场景需求。市场经济的深化、大众创业、万众创新和商业生态的繁荣，使旅行社和旅行服务业处于一刻不停的变革中。本版教材吸纳了这些变化，从更高的维度和更广的视野培养学生的面向未来的专业素养。这些章节的设计、编写和教学目标是最大限度地拓展学习者面向未来的知识结构和专业能力，要把战略管理、知识创新与内驱成长的理论成果和实践经验融入其中。与第二和第三部分相比，本部分章节不受既有知识结构的局限，也不追求自洽的逻辑体系，而是告诉学习者在无人引领的未来，依靠直觉和勇气如何探索无限的可能。从高等教育的层次联结看，也是为其未来硕士和博士阶段的学习构建一个跃升的逻辑基础。

《旅行社管理》第五版前言
北京·高等教育出版社，2023年2月14日

燃烧理论创新的熊熊火焰
照亮文旅融合的灿烂星空

2016年5月17日，习近平总书记主持召开哲学社会科学工作座谈会并发表重要讲话，强调着力构建中国特色哲学社会科学，在指导思想、**学科体系、学术体系、话语体系**等方面充分体现中国特色、中国风格、中国气派。2022年，中共中央办公厅印发了《国家"十四五"时期哲学社会科学发展规划》。党的二十大报告指出，坚持以文塑旅、以旅彰文，推进文化和旅游深度融合发展。国务院《"十四五"旅游业发展规划》就建设文化底蕴深厚的世界级旅游景区和度假区、文化特色鲜明的国家级旅游城市和街区做出了明确部署。

经文化和旅游部批准，本届中国旅游科学年会的主题为：强化三大体系建设，推动文化和旅游深度融合。在过去两天里，我们聆听文化和旅游部领导的讲话，分享中国科学院院士、大学校长的主题发言和一线学者的专题对话，交流中青年学者的优秀论文，发布了艺术与旅游融合荣誉案例、中国旅游研究院建院十五周年标志性成果、2023年度文化和旅游宏观决策课题立项和获奖名单，圆满完成了各项议程，明确了中国特色旅游理论建设的指导思想和学科体系、学术体系、话语体系建设的方向、路径与任务。值此年会胜利闭幕之际，我代表中国旅游研究院（文化和旅游部数据中心）向所有关心、支持、参与年会工作的各位领导和同志们致以真诚谢意！向获得荣誉的机构和学者表示热烈祝贺！

一、理论可以让旅游的世界变得更好吗？是的，新阶段需要更多旅游学者从致敬传统的学术研究转向面向未来的理论建设

恩格斯在《社会主义从空想到科学的发展》（1892年英文版）导言中这样写道，"当我们每个人在阐述他认为是新学说的那种东西的时候，他首先要把它提炼为一个包罗万象的体系。他一定要证明，逻辑的主要原则和宇宙的基本规律之所以存在，历来就是为了最后引到这个新发现的绝妙理论上来"。按说，欧根·杜林博士以其整套的"哲学体系"、全套的"政治经济学的和社会主义的体系"，以及"政治经济学批判史"，已经达到了这个标准。①可是，恩格斯为什么要在19世纪70年代写下《反杜林论》的鸿篇巨制呢？是因为在恩格斯看来，杜林以看似严谨的学术语言所阐释的"一般的主权""个人的主权"等抽象的平等和绝对的自由，作为资产阶级的意识形态是为资本主义经济制度和政治制度服务的。恩格斯强调，研究社会现象，包括研究道德现象，只能遵循辩证唯物史观，并运用科学的方法。"为了使社会主义变成科学，就必须首先把它置于现实的基础之上"。②正如习近平总书记在党的二十大报告所强调的那样：我们要以科学的态度对待科学，以真理的精神追求真理。一切脱离人民的理论都是苍白无力的，一切不为人民造福的理论都是没有生命力的。

20世纪80年代以来，一代又一代旅游学者想国家之所想，急行业之所急，栉风沐雨，殚精竭虑，以全部的才情和努力，历经自主引进、消

---

① 中共中央马克思恩格斯列宁斯大林著作编译局编译，《马克思恩格斯选集》第三卷，第695页。人民出版社，1995年6月第2版。

② 恩格斯，《反杜林论》，人民出版社，2018年3月。本文无意对25万多字的"马克思主义的百科全书"做系统的读书笔记或者"创造性转述"，只是为了自己关于旅游理论建构的人民性与实践性有一个明确而坚实的逻辑基础。

化吸收、自发探索和自觉建构的学术长征，形成了一批对产业实践和旅游教育有支撑作用的优秀成果，搭建了以期刊、学会、论坛为代表的学术共同体对话平台，为建设有中国特色的旅游学科体系、学术体系和话语体系奠定了坚实基础。对此，中国旅游研究院在过去三年连续发布了《中国旅游学者志》和《中国旅游口述历史成果展》，缅怀前辈学人并向他们致以崇高的敬意！我们也注意到旅游学术共同体在追求学科独立的过程中，也存在过度追求概念原创、逻辑自洽和期刊发表的倾向。而这，对于实践性强、融合度广、可塑性高的旅游学科而言，似乎并不是当前最优先的任务。相反，更多的旅游学者开始从致敬传统的学术研究转向面向未来的理论建设，更多旅游机构鼓励青年学者将论文写在祖国的大地上。

当代旅游理论的最高目标必须也只能服务于人民的旅游权利，倾尽所有的才情和努力让"读万卷书，行万里路"的梦想照进共同富裕的现实。这一目标需要党的领导，经由行政主体、市场主体、学术共同体和社会各界的共同努力，才能得以实现。为了这个目标的学术研究才是有思想的研究，为了这个目标的旅游学者才是有理想的学者。政界没人听，业界没有应，所有的论文、著作和教材只是在小圈子里唱和与引用，这样的研究，不做也罢。眼里没有光，心中没有热，为了个人的功名利禄而卷成"精致的利己主义者"，这样的学者，不成也好。新时代的旅游学者和理论工作者要在服务和同行中，以旺盛的学术生命力让抱薪者取暖、让有力者前行，以持续的实践行动力去推动产业演化、创造社会连接。

二、理论可以让旅游人更有力量吗？是的，新理论需要更加坚定的人民立场和更为科学的研究方法

马克思《关于费尔巴哈的提纲》的最后一句："哲学家们只是用不同

的方式解释世界,而问题在于改变世界。"《黑格尔法哲学批判》导言指出,"批判的武器当然不能代替武器的批判,物质力量只能用物质力量来摧毁;但是理论一经掌握群众,也会变成物质力量。理论只要说服人,就能掌握群众;而理论只要彻底,就能说服人。"①很多时候,我们学会了读书、做学问、发论文,却忘记了为什么要读书、做学问、发论文,或者说科学哲学和学术伦理被悬置了。当代中国的旅游研究和理论建设必须堂堂正正地亮出自己的旗帜,就是要站在人民的立场,为保障国民大众的旅游权利,让更多的父老兄弟有得游、游得起、游得放心,让更多的游客在旅游过程中领略山河壮美,领悟文化魅力,在中国式现代化进程中经由旅游提升人的素质,促进人的全面发展。只要坚持这一理论立场,走进生动活泼、丰富多彩的旅游实践,就会有取之不尽、用之不竭的研究素材和理论创新的动力。离开了人民立场,也许会在局部领域和个体意义上做出些足以让自己成名成家的精致学问来,也可能会形成一整套逻辑自洽的解释体系来,就像杜林所做的那样,但是终究走不远,也不可能让理论掌握群众,更无法成为"让这个世界变得更好"的思想力量。

理论的力量来源于系统学术训练而习得的质性研究和形而上的思辨能力。正如马克思所指出的那样:"分析经济形式,既不能用显微镜,也不能用化学试剂。二者必须用抽象力来代替。"②经过研究生阶段严格的学术训练,以博士为主的当代旅游学者和理论工作者,已经具备了从纷繁复杂的现象中提炼科学问题和独立从事科学研究的专业能力,也应当具有历史进程和逻辑进程相统一的理论抽象能力。这些能力来自扎根理论

---

① 马克思:《黑格尔法哲学批判》导言,人民出版社,1973年第1版。
② 中共中央马克思恩格斯列宁斯大林著作编译局编译,《资本论》,第一卷,第8页。人民出版社,1975年6月第1版。

等质性研究，也来源于实践观察的哲学理性思辨。

理论的力量来源于扎实的定量研究及其数学表达。与长期在某一领域工作，通过"干中学"积累经验以解决实际问题的专家不同，学者往往是在统计、建模、假设、检验等定量研究过程中成长，离不开研究成果的数学表达。这也是一流高校为博士生开设《高级微观经济学》《高级宏观经济学》《高级管理学》等"三高课程"的原因，这些专业课程往往需要坚实的统计与数理基础，并为当代学者的成长提供普适性的理性工具。

理论建设还需要广泛的社会调查和科研实践。时代是出题人，我们是答题者，业界和游客是阅卷人。社会调查要有坚定的人民立场和清晰的问题意识，要坚持问题导向和目标导向的统一。不是有了选题再去发问卷、做调查，更不能为了调查而调查，为了问卷而问卷，而是要在教学实践、科研实践和产业实践中随机而持续地获取信息。调查对象不能只局限于投资者、高管团队和私人定制旅行者，更要关注千千万万的普通从业者，比如民宿经营者、一线导游、驾驶员、服务员，还要关注广大农村居民的旅游休闲需求，他们更需要知识的普及和理论的指引。

文化和旅游的深度融合，需要学术共同体和理论界更加广泛的开放与共享。历届旅游科学年会的参与主体一直都是旅游领域的一线学者和日趋活跃的中青年学者，也有越来越多的不同学科背景、不同专业领域和不同工作背景的学者、企业家和政府官员到会分享。我们希望有更多的"他者"审视当下的旅游实践和基于实践的研究成果，更希望有更多的新生力量形塑未来的学科建设方向。思想的碰撞和新生力量的成长，不可能都是和谐有序的，也不可能都是在位者马上就可以接受的，但是不这样做，旅游研究和理论研究的宏图大业就不可能实现，更不可能基业常青。这也是我们坚持设立青年学者为主的大会交流环节，并尽力宣传推广的用意之所在。

三、理论可以让旅游学者更自信吗？是的，新理论在推动旅游业高质量发展实践中持续完善，并让学者更加自信

伴随着中国式现代化进程，大众旅游开始进入全面发展新阶段。在这个阶段，旅游学术共同体和理论建设者要始终与普普通通的旅游者站在一起，与千千万万的旅游人站在一起，在服务和同行的过程中，日渐成为行政主体和市场主体之外的、具有辨识和行动力的独立主体，在党的领导下，成为推进文化和旅游深度融合、高质量发展、可持续发展的有机组成部分，为城乡居民的旅游权利鼓与呼，尽自己的才情和努力去帮助每一位旅游人实现创业的梦想。这就要求每一位与旅游相关的教学人员、科研人员和理论工作者，都能够以创业者的激情和学问者的理性而成为国家需要、人民期待的科研实践者。在此进程中，可能会有更多人因为理想的召唤或者利益的追逐而跟随，最终建构起足以载入史册的宏大理论；也可能会有人因为自己才情的不足或者江湖的险恶而失败，终其一生连个教授的学衔也没有。无论如何，都不应成为旅游学者，尤其是年青一代的旅游学者回避实践、"躲进小楼成一统，一心只为发论文"的理由。

为什么要在学术会议上发布产业发展报告和案例？或者说，为了推广学术研究和理论建设成果值得专门开一次发布会吗？答案是肯定的。**旅游研究和理论建设需要从生动活泼的产业实践中确定选题，从丰富多彩的旅游活动中获得素材和数据**。一旦有了相对成形的观点和改进的建议，首先想到的是主动倾听受众的意见并接受实践的检验，然后修订完善既有的理论。这个理想的机制是传统的学术期刊、机关报和行业媒体无法兼容的，是需要我们自己去创造的。2009 年开始，中国旅游研究院坚持按季度发布旅游经济运行与预测、全国游客满意度调查报告。2019年开始，中国旅游集团化发展论坛开始发布文化和旅游融合发展创新案例，2022年推出"潮品牌新势力"系列，城市旅游发展论坛推出"非凡十年 魅力二十城"，2023年研学旅行论坛发布了年度报告、绍兴观察和五座标杆城市，本届年会首次推出了10项艺术与旅游融合发展的案例。不同于政府部门发布的案例，学术机构和专业智库本身没有行政权力去要求各地或者全行业推广，也就不必要搞层层申报评选的流程，而是以担当作为的理论勇气，把更多的学术资源放在"发现—评价—提升"。

旅游权利、大众旅游、主客共享、游客满意、旅游目的地是生活环境的总和，商业环境是旅游目的地竞争的关键，消费是理解旅游经济的钥匙，旅游工作的重点要及时转移到城市中来、国民研学和国家营地等论点，以及冰雪旅游、避暑旅游、夜间旅游、美食旅游，特别是建院十五年全部的理论创新和实践探索，都是当代学者为了回答旅游实践进程的重大现实问题和热点、难点问题而做出的理论回应。

作为旅游理论建设主阵地的高校、科研院所和政府研究机构，不是新闻和传播机构，也不是商业咨询的市场主体，在推动行业发展中积累了宝贵的第一手资料，最终还是要回到学术研究、理论建构和思想引领上来。**无论是学术研究，还是理论建设，都应当也必须有学术共同体认可的平台和载体，包括公开出版和发表的专著、教材、学术论文和理论文章。**不是说用于同行交流的学术期刊不重要，也不是否定科技论文的写作范式，而是希望当代学者的视野更宽泛些。如果总是在同行之间聆听和言说，甚至内卷成"万般皆下品，唯有论文高"，那就不好了。①

---

① 戴斌，《旅游研究的培根方法与理论建构的NOMA原则》。原发于《旅游导刊》2022年第5期，《旅游管理》2023年第3期全文转载。

如果"任何一个等级也还缺乏和人民魂魄相同的,哪怕是瞬间相同的那种开阔胸怀,缺乏鼓舞物质力量去实行政治暴力的天赋,缺乏革命的大无畏精神,对敌人振振有词地宣称:我没有任何地位,但我必须成为一切。"那么,"市民社会每个领域也是未等庆祝胜利,就遭到了失败,未等克服面前的障碍,就有了自己的障碍,未等表现出自己的宽宏大度的本质,就表现了自己心胸狭隘的本质,以致连扮演一个重要角色的机遇,也是未等它到手往往就失之交臂,以致一个阶级刚刚开始同高于自己的阶级进行斗争,就卷入了同低于自己的阶级的斗争"。[①]年轻人思想敏锐,行动力强,充满了无限可能,断不可早早地归寂于实验室、图书馆和书斋,日复一日地重复那些尚未古老的歌谣。散文家梁遇春悼念诗人徐志摩的名篇《吻火》有言:"人世的经验好比是一团火,许多人都是敬鬼神而远之,隔江观火,拿出冷酷的心境去估量一切,不敢投身到轰轰烈烈的火焰里去,因此过个暗淡的生活,简直没有一点的光辉,数十年的光阴就在计算怎么样才会不上当里面消逝去了,结果上了个大当。"

四、理论可以让旅游系统和旅游行业广泛接受吗?是的,新理论需要更加开放的话语体系和更加多样的推广方式

学科体系、学术体系和话语体系是三位一体的,包括旅游在内的社会科学理论建设必然包含向谁言说,以及如何言说的问题。正如杜江副部长在上午的开幕致辞所指出的那样:**人民性必须也应该成为引领中国特色旅游话语体系建设的宗旨和导向;旅游业的综合性和旅游研究的实践性决定了旅游话语体系的开放性。**经过严格学术训练的旅游学者熟悉,也习惯于向学术共同体言说,问题是近二十年我们有意无意忽略了向行

---

① 马克思:《黑格尔法哲学批判》导言,人民出版社,1973年第1版。

业和社会言说,而且慢慢地变得不善于言说了,甚至变得不愿意或者不会言说了。加上来自政府和业界的影响,在广泛涉及旅游权利、旅游发展动能、现代产业体系、世界旅游共同体建设等公共话语空间里,已经鲜见旅游学者的身影。

理论文章应当,也可以写出生动如在眼前的画面感。马克思在论述资本主义生产关系时说,"(资本家)一个昂首阔步的走在前面,意气风发,(工人)一个垂头丧气的走在后面,好像要把自己的皮卖给别人一样,只能任别人来鞣"。理论是要掌握群众的,这样的文字,不是比寻章摘句的八股文更有力度,也更能打动人心吗?微信公众号《浙江宣传》有文,关于江南的鱼,"水是江南魂,鱼是水精灵。春日江南游,怎能少得了这一尾鱼?"①。通篇无一句"山水""诗画""美好""好客"之词,也没有一句文化和旅游融合之语,读完却顿生身未动、心已远之念。这样的文字和音频,对于地方形象的建构、宣传与旅游推广,应该说提供了全新的样本。旅游学者有自己的领地,也有自己的话语方式,倒也不必都成了文学家和宣传家,可是为地方政府做旅游规划和市场推广等应用研究课题时,我们总不能只会在白板上画旅游目的地生命周期曲线,只会言说"推—拉(Push-and-Pull)"理论吧。

诸子百家、东林书院、五四运动,历史上的思想启蒙和理论高峰无不是得益于学者的主动传播。要传播,就要考虑受众的心理,去倾听、去理解、去说服、去引领,这也是"文史哲不分家"治学传统的内在逻辑,以及"知行合一"的本质要求。要传播,也要以强大的理论自信和实践勇气,主动走向广场——论坛、会议、企业、景区和互联网都是今天的广场,甚至像孔子那样周游列国而到处碰壁,像唐僧那样

---

① 嘉轩,《江南的鱼为何让人惦念》。载微信公众号《浙江宣传》,2023年3月25日。

九九八十一难，哪怕落得个"丧家之犬"的模样，也没什么。大不了"百战归来再读书"，开杏坛、写春秋、编诗经就是了。就像海明威的《老人与海》，人可以被毁灭，而不能被打败。如果因为江湖的流言、同僚的蜚语而止步不前，因为爱惜羽毛而不敢在乌云和大海之间飞翔，就只能成为呻吟的海鸥、海鸭和企鹅，永远成不了高傲的、勇敢的、自由的海燕。

理论推广平台包括面向学术共同体的学术期刊，也需要面向党政系统的理论报刊，还需要向面向行业和社会的大众传媒，以及数字化新媒体。学术机构和理论工作者还要与时俱进，打造特有的思想宣传和理论推广平台，比如微信公众号、视频号，以及音频传播平台。只有善用媒体，才能在专业对话和公众互动中推广理论、检验理论和完善理论。如果还有人抱着"一流学者在书房、二流学者做演讲、三流学者上电视"的陈旧思维不放，那么就是主动放弃当代理论传播的主阵地。过于强调坐在书房和图书馆写学术论文、投发学术期刊或者在学术会议宣讲，对于尚处于建设期的旅游学科而言，不应该是主流的价值取向。正确的打开方式是，允许每个人在每个可能的方向上自由探索，聚精会神地倾听每个回声，并竭尽全力确保旅游理论在推进文化和旅游融合发展的道路上熠熠生辉。

2023 中国旅游科学年会闭幕演讲

北京·2023 年 4 月 23 日

旅游研究的培根方法与理论建构的 NOMA 原则

一、梁思成的独乐寺与培根方法

为了解读李诫的《营造法式》，通过对中国历史建筑的探幽发微而阐述弘扬中华民族的文化传统，也为了破除日本学者常盘大定的论断"中国和朝鲜境内一千岁的木料建筑物，一个亦没有"，梁思成和林徽因从1932年到1937年走遍了中国的北方大地，对古代木料建筑进行野外考察和测绘。他们的第一份成果就是《蓟县独乐寺观音阁山门考》，之后10年经对200多个市县的田野考察和数以千计的古建筑测绘，于1946年形成了英文手稿《图像中国建筑史》（*A Pictorial History of Chinese Architecture*）。书中精心绘制的手绘图、建筑实景照片，加上极其扼要的文字，给予了西方读者一个关于中国古建筑的简洁明晰的概括性认识。1984年，该书由美国麻省理工学院出版社正式出版，当年就获得了"全美最优秀出版物"荣誉；2015年，读库重印出版《梁思成〈图像中国建筑史〉手绘图》，也已成为建筑史的经典著作[①]。对于古建筑爱好者来说，通过阅读文字和手绘图，也会对不同历史时期、不同地区和不同文化的

---

① 本段文字转引自微信公众号"群学书院"和"静嘉读书"的文章《看了梁思成这部手稿，才懂得我们离那一代知识分子有多远》。除了经典著作、学术期刊，我经常会从理论刊物、报纸杂志、内部刊物和微信公众号上获取信息和数据，并将这些文献列入讲稿和报告的参考文献。除了出于对知识产权和他人成果的尊重，还有一层意图，就是希望年轻人除了教材和学术论文，阅读的视野可以更广泛一些，特别是那些一手的资料，对学术观点的形成和青年学者的成长是十分有益的。

木建筑有概括性的了解。

对研究对象进行分类排列和时序比较,是自然科学特别是早期博物学者最常用的研究方法,也是社会科学和人文学科研究人员入门的基本功,如同书法练习者的"永字八法",诗经的"赋、比、兴、风、雅、颂",经济学的"完全竞争、垄断竞争、寡头垄断",都是从开蒙到登堂的不二法门。这个基本功对应到西方学术语境,就是"培根方法"。达尔文在自传里说,"我的第一本笔记始于1837年7月。我以真正的培根方法为指导,在没有任何理论的情况下大规模地收集事实"[1]。这里所说的培根方法,指作为研究人员仅记录所观察到的事实,其逻辑推论和理论建构必须也只能是基于这些事实清单而进行的客观过程。在早期博物学向现代科学转型的阶段,学科分类和知识分工还没有成形的体系和压倒性的知识图谱(knowledge map),人们出于对科学的好奇心或者仅出于个人的兴趣,而非为了证实或者证伪某个先验的观点而去观察、考察和调查,并对结果进行分类和分层,进而研究其内在的联系和逻辑关系。现在去看早期的科学著作,很多都是对花鸟鱼兽进行分类分层,并附上照相级的写真画及对其特征的文字描述。直到今天,那些研究蝴蝶的动物学家还会为发现某个新的种类而异常开心。这种"观察—分类"的方法,我们同样可以在化学的元素周期表、心理学的需求层次论、管理学的流程与标准化等知识图谱中看到其存在。我们熟悉的《旅行社管理条例》《旅游饭店星级的划分与评定》的制定,以及省级、国家级和世界级

---

[1] 详见《刺猬、狐狸与博士的印痕》第136页。需要说明的是本文引用文献时往往不是照本宣科的,而是会结合笔者阅读体验进行"创造性转述"。如果有读者希望读到原汁原味的文字,可以根据注释去图书馆查找译文,有条件的读者还可去读英文、法文、德文甚至拉丁文的原著。对于像我这样由是出发去思考旅游问题的学者而言,"得意而忘言"也许是一个不错的读书方法。就像我阅读古诗词往往也是理解其意境,记住那些经典的文字而不会逐字逐句地背诵。

度假区的建设，遵循的同样是分层分类的逻辑，只是在前期观察阶段可能失去了早期博物学者般的耐心。

如同文史哲不分家一样，早期的西方哲学与科学同样密不可分。在熟练使用培根方法的学者群体中，不乏经验主义（empiricism）的拥趸。在有限的阅读经历中，经验主义者给我留下了三个深刻的印象：一是约翰·洛克关于科学与哲学的讨论，他将牛顿、波义耳那样的科学家看作知识大厦的真正建筑师，而哲学家是受雇者，是"对地面稍做清扫，扫除通往知识之路上的一些垃圾的雇工"。他要扫除的垃圾，主要是理性主义者"某些观念可以不由经验而获得，而是与生俱来的"这样的观点[①]。二是乔治·贝克莱的观点，"一些最初似乎导向怀疑主义的原理，运用到一定程度，便会将人带回常识"（杰里米·斯坦格鲁姆、詹姆斯·加维，2014）。因为这句话，我们不再将经验主义——经常与怀疑主义走在一起——看作令人沮丧的学说，而是看作可以抵抗虚无、忧郁与谵妄的力量。三是大卫·休谟，他被哲学史家大卫·皮尔斯称为"最出色的哲学伙伴"，"你阅读休谟的著作时，他几乎就像在你的房间里"。自认为"除了研究哲学和总体的学问，对其他一切事情都怀有无法克制的反

---

① 详见《西方哲学画传》，第217页。在个人的学习、研究和工作经历中，对于超出本专业的文献，我喜欢读一些大家的科普著作，比如霍金的《时间简史》、爱因斯坦的《物理学的进化》、鲁迅的《中国小说史略》，也喜欢读一些本专业的名家传记和他们的非学术性文字，比如《顾准画传》《哈耶克传》《诺贝尔经济学奖得主演讲集》。这些文字一方面增强了我对旅游学视角下的旅游活动和旅游活动中的经济现象的理解，另一方面也让我认识到除了经济学和管理学，事实上，对这个世界的理解还有很多方法和范式。除了旅游，这个世界还有很多科学、艺术、社会、政治、军事、生态、人性等问题需要我们去关注，还有更多涉及公平、正义和人类未来的问题需要我们去思考。

感"的休谟，也是《人性论》的作者。①

与培根方法相对照的还有"笛卡尔方法"或者说数学的方法：从可靠的基础出发，仔细、缓慢地前行，一点点地探索，一点点地获得真理，像做数学证明题那样，根据定义和公理推导出定理。在科学的全盛时期，人们以为单凭理性，便能摆脱不确定性带来的困扰，认识一切必须了解的真理。然而，就是在最狭义的科学共同体内部，对笛卡尔方法也是没有形成共识的。伊曼努尔·康德在《纯粹理性批判》里写道，"不以某种方式与直觉相连的概念，便不能产生知识；不以某种方式与概念相连的直觉，亦不能产生知识"，"无内容的思想是空洞的，无概念的直觉是盲目的"（斯蒂芬·杰·古尔德，2020）。无论是自然科学的工程实验，还是社会科学的思想实验，我们都会使用演绎的方法。在一些初入研究门槛者眼中，演绎的方法似乎比归纳的方法要容易些，或者说看上去更像科学。

回到旅游研究的主题。在我们决定下场之前是否也需要确认手持的是培根方法还是笛卡尔方法？在正式言说之前，是否也需要去"独乐寺"驻场一段时间？答案是肯定的。对于当代旅游学者来说，观察、分类和描述是需要终身练习的基本功。为此，我们需要去体验山山水水的自然环境，浸入文化遗产的叙事体系，需要深入了解旅行社、在线旅行商、酒店、民宿、景区、度假区、免税店等各类市场主体丰富多彩的市场探索和商业实践，更需要去大众旅游者的消费场景和活动现场，像熟悉掌心的纹路一样熟悉游客和业者的所思所行。他们中有名人政要，也有我们的父老乡亲；有国际品牌酒店的高级管理者，也有民宿老板娘和餐厅

---

① 在阅读西方哲学史的过程中，时常困扰自己的一个问题是：为什么经验主义主要在英国传承，而理性主义则在欧洲大陆居于主导地位？之所以思考这个问题，是因为我们经常把西方看作一个整体而忽略了其内在的不同和结构性差异。

服务员；有说走就走买张头等舱机票去伦敦海德公园喂养一下午鸽子再返回香港的有钱有闲者，也有明知有陷阱也要报个低价团，哪怕频遭白眼也决不进店买东西，到了饭点拿出干粮就着凉白开下饭的老年旅游者。当田野调查的对象从物转向人、从自然转到社会时，理论、方法和手段都要发生变化，自我民族志、参与式调查和行动研究就变得很重要。

20多年前，在我撰写硕士论文《现代饭店集团研究》和博士论文《中国国有饭店的转型与变革研究》的过程中，自己最大的困惑是如何解决理论与实践、抽象与具体、学界与业界"隔山隔水"的问题。我熟悉马克斯·韦伯、约瑟夫·熊彼特、罗纳德·科斯、小宫隆太郎对企业的定义，读过松下幸之助、李·艾柯卡、比尔·盖茨等企业家的传记，却没有住过任何一家国有宾馆，也不认识任何一位总经理和部门经理，既没有环境的实感，也不了解国有饭店领导人和员工在做什么和想什么。怎么办？就得从县、市、省一级级往上摸索，由小到大，从少到多，一点点地积累人脉、案例和经验。每一个过程、每一个节点都需要付出艰辛，才可能获得点滴的实感，慢慢地就把书本上的概念、知识和理论还原到现实中，再慢慢把实践中得来的信息、数据、案例，还有人情世故，分门别类地纳入培根的"小盒子"里，以理性之土壤和灵性之文字将之培育成为自己的这一棵"知识之树"。

二、弗罗斯特的《未选之路》与走向实践的社会科学

说到理性与感性，很多人应读过罗伯特·弗罗斯特（Robert Forst）的《未选之路》（*The Road not Taken*），"黄色的森林里分出两条路/可惜我不能同时去涉足"。诗人在伫立之后，"选了人迹更少的一条/从此决定了一生的道路"。诗人是敏感的，学者是理性的，可是哪怕艾伦·图灵再世也无法穷尽所有的信息，在成本—收益框架中求得那个最优解，

而不得不行走在理性与感性之间。尽管如此，我们也不能总在路口彳亍，更不能坐等导师给出明确的答案。如同创业者，多数时候都不是因为看见而相信，而是因为相信而看见，只是让理想之光引领我们前行的方向。任何实践都可能有失败的风险，也可能是"错着错着就对了"，但是一味地躲进象牙塔里清谈就没有风险了吗？一个想把什么都安排得妥妥帖帖的父系思维，只能导致什么都要等待安排的巨婴行为。

在中国从事旅游研究，还是读些文史哲方面的经典文献好。不是让大家去上什么国学班，就是多读《战国策》《古文观止》《昭明文选》《史记》等，里面有国情，也有人情，有政治智慧，也有文字功底。我们不是从事古典文学专业的，不需要字斟句酌地精读，太难的或者暂时不感兴趣的就不读，感兴趣的就反复读，总之开卷有益，也可以得意忘言。我自己的阅读就是很泛的，前段时间看浦江清先生的传记和文章，他总结出人类最高情绪由歌曲而来，发展到一定阶段后产生了诗词。从诗词本体上看，楚辞、汉赋、唐诗、宋词、元曲，都有从原生态的民歌到文人加工过的乐府，再到可读但不可吟唱的诗词这样一个过程。认为诗高于乐府和民歌的观点，可能是对诗史和文学史的误读（浦江清，2016）。旅游研究和学术成果的认定是否也适用这个逻辑呢？我看也是可以适用的。从市场实践、行政实践和教学实践而来的制度、标准和流程，相当于民歌；学者的课件、讲稿、咨询报告、发展规划和报刊文章相当于乐府；学术期刊刊发的论文和专业出版社出版的专题著作相当于诗。我们不可能越过乐府直接进入诗的阶段，更不能简单地认为学术成果就比讲稿、课件、报告高级，那样很容易自我精英化而"内卷"。

包括旅游在内的社会科学的研究通常由某一特定的理论立场出发，提出一项由该理论所生发出来的研究问题，目标则是证明（少数时候也是为了否定）所设定的"假说"。这种研究方法可以是明确说明的，也可以是未经明言的，但总是带有一系列不言而喻的立场，甚或无意识的预设。在论文导向的研究体系中，我们习惯于从文献中寻找题目，而不是从实践中发现问题。这里所说的文献主要指学术期刊，特别是中外文核心期刊上由高校和研究机构学者撰写的学术论文，公开出版的专著、教材和讲稿，以及发表在《人民日报》《光明日报》《学习时报》《求是》《旗帜》《前线》等报刊上的文章。更加贴近政策实践和产业实践的理论文章则很少进入研究者的文献综述视野，更不用说行业媒体和微信公众号上的文字了。不是说学术期刊的论文不重要，也不是否定科技论文的写作范式，而是希望大家阅读的视野要宽泛些，沉入基层和深入一线，想业者之所说，急业者之所急，以问题导向选择研究的课题与调查的主题。如果只是在同行之间聆听和言说，甚至内卷成"万般皆下品，唯有论文高"，那就不好了。

事实上，由实践而非理论出发所发现的问题，更有可能是所研究国家自身的内生要求，而不是源自西方理论／认知所关切的问题（黄宗智，2021）。2008年以来，我和中国旅游研究院的同事致力于一边解答实践问题，一边建构当代旅游发展理论。无论是400余期的《旅游内参》（含特别报告），还是150余部《中国旅游经济蓝皮书》和分市场与行业的研究报告，无论是旅游领域中首个科技重大项目和首个社科重大项目，还是上级交办的项目和自主立项的课题，无论是已经出版的《游客满意论》《旅游消费论》，还是正在写作的《旅游政策论》和计划中的《旅游市场主体论》，都有一个始终不变的指导思想：坚持从国情和实践出发去建构理论，而不是从理论和经验出发去裁剪实践，坚持时代是出题人，学者是答卷人，业界是阅卷人，坚持服务产业，报效国家，努力成为旅游领域的"理论近卫军"和"数据特战队"。这是一条前人没有走过的道路，很多时候，我和团队必须也只能"摸着石头过河"。我们学习和使用的理论往往源于欧美范式,以逻辑自洽和现象解释为主。"理论是灰色的,而实践之树常青",实践总是容纳着看起来自相矛盾的现象或者说悖论。这就要求当代旅游学者必须也只能根据实践自身的归纳逻辑而非理论的演绎逻辑,在回答问题的过程中经由专业训练的概念化来建构理论。

相较于自然科学领域的物理学和社会科学领域的经济学,旅游还处于学科发育的早期阶段,现在谈论大一统的形式化理论和知识外溢可能还为时尚早。只有坚持与实践同行,才能发现值得研究的真问题。只有坚持与业者对话,在服务实践的过程中积累经验,才能为大学问和大理论奠定基石。我们绝不能像中世纪的哲学家那样,"只是为了彼此而写作,而非为当时的普通百姓写作。僧侣之间讨论的问题,也许唯有僧侣才真正感兴趣。哪怕你能阅读拉丁语,中世纪哲学也完全有可能不是以你为读者的"(杰里米·斯坦格鲁姆、詹姆斯·加维,2014)。也许我们可以多去看看早期希腊哲学家的著述和传记,"(他们的)广泛兴趣,与经院派哲学家的狭窄兴趣,这二者的对比令人震惊"。伯特兰·罗素指出:"德谟克利特死后,哲学失去了很多富有活力的、独立的、儿童般的热情。(经院哲学)对神学细节的这种关注,比如托马斯·阿奎那的《神学大全》中关于天使的358个问题及其答案,是以牺牲更广泛的哲学考察为代价的"(杰里米·斯坦格鲁姆、詹姆斯·加维,2014)。当代旅游研究和发展理论必须建立在国情和实践的地基上,而不是建立在天上的月光和水中的倒影上。正如我们从毛泽东《改造我们的学习》一文中所学到的,真正的理论在世界上只有一种,就是从客观实际抽出来又在客观实际中得到了证明的理论。空洞的理论是没有用的,不正确的,应该被抛弃的。

三、刘欢的《心中的太阳》与古尔德的"NOMA 原则"

多年以前，刘欢唱过一首《心中的太阳》："天上有个太阳/水中有个月亮/我不知道我不知道我不知道/哪个更圆哪个更亮……山上有棵小树/山下有棵大树/我不知道我不知道我不知道/哪个更大哪个更高。"没有一个人可以穷尽一切真理，也没有一个学科可以解释所有的现象。怎么办？沿着一个热爱的方向前行，穷尽一切可能的知识、理论、方法和工具，由浅入深地多维度思考，终会有所成就。在此过程中，切忌东张西望和心神不宁。等到有所思、有所悟了，需要克服的就是执念，千万不能以为自己的理论是对的，别人的都是错误的，也不能以为只有科学才是理解和认识旅游现象的唯一路径。或者说，我们需要科学，但是不能走向"科学的傲慢"。

正如科学家，也是科学史作家斯蒂芬·杰·古尔德提出的"NOMA 原则"，即科学和宗教享有"非重叠的权力领域"（non-overlapping magisteria，NOMA），或者说，非重叠的教导职权（teaching authorities），科学试图记录并说明自然界的事实特性，而宗教所处理的则是关乎我们生命之意义与恰当品行的精神问题和伦理问题。自然的事实根本不能指示正确的道德行为或精神意义（斯蒂芬·杰·古尔德，2020），包括爱因斯坦这样伟大的科学家也承认：科学并不是一堆定律，或者不相关事实的目录，而是人类心灵的创造，有着自由发明的观念和概念。物理理论试图形成一幅实在图景，并且建立它与感官印象世界的联系（杰里米·斯坦格鲁姆、詹姆斯·加维，2014）。在宗教缺失的情境下，哲学、历史、伦理、政治、经济、管理、法律等人文科学和音乐、舞蹈、美术等艺术学科也在行使与科学非重叠的教导职权，并与科学分享包括旅游在内的非重叠的权力领域。

如果科学家承认其事业有着不可避免的人类特性，如果人文领域的科学研究者承认尽管科学工作带有所有的人类缺点，但是仍然具有为人类真知宝库添砖加瓦的力量，那么我们或许可以打开二分法的枷锁，握手言和（杰里米·斯坦格鲁姆、詹姆斯·加维，2014）。如果我们承认旅游是非定居者的旅行和暂时居留而引起的一种现象及关系的总和，承认旅游是人们由于休闲、事务和其他目的而到惯常环境之外的地方旅行，其连续停留时间不超过一年的活动，那么就必须承认旅游具有自然科学和社会科学的双重属性，在科研实践过程中，往往还需要人文学科做支撑。我们还须承认，"科学并非正确信仰的购物清单，而是一种发现世界的方法，它重视经验性的观察、度量、预测、可测试性，重视全部真实观点的绝对可修正性"（阿尔伯特·爱因斯坦、利奥波德·英费尔德，2019）。如果没有尼科洛·马基雅维利在内的这样看上去不那么令人舒服的思想家的努力，那么很多人文社会科学是无法建立起来的。在他之前，人们通常认为：有道德的政治领袖必定时时遵守道德规范，其行为必定时时体现正义和仁慈的美德。马基雅维利在1532年出版的《君主论》中明确反对这种观点，他指出：政治领袖，或君主，不必介意激起对恶德的毁谤，没有那些恶德便很难拯救城邦。他以这种方式，将道德问题与领导力分开，向建立为独立学科的政治学迈出了第一步。如果以政治、经济、社会和文化的视角审视旅游活动，我们不得不正视科学的局限，那些看上去自洽的逻辑、精致的模型和严格的推演，很多时候并不比经验描述和思想实验更接近真实，更不用说解决问题的功效了。

历史上的旅游教育是职业导向的，旅游研究是与旅游实践同行的，瑞士洛桑酒店管理学院之所以是行业翘楚，不是因为有多少名家大师发表了多少篇论文、拿过多少基金项目，而是一以贯之地坚持与实践同行，培养酒店行业用得上、留得下的人才。早期的旅游研究主题多是服务标准与流程、食材精选与出品制作、收益管理技术、跨文化交际、消费者行为与游客满意等业界关心的话题，过去20年的经济型酒店、在线旅行商、国有旅游企业改革，以及大众旅游、智慧旅游、绿色旅游、避暑旅游、冰雪旅游、研学旅行、旅游经济预警、疫情影响、市场复苏与纾困政策等主题，同样是政府和业界在不同阶段所关注的。这些实践导向的问题很难获得科学基金的立项资助，所形成的研究成果很难发表在核心期刊上，给出的答案可能也没有期刊论文那么逻辑严谨，甚至也不是那么有文采，但是能够解决旅游实践中所面临的现实问题，同样具有现实意义和理论价值，同样需要旅游学者倾尽所有的才情和努力而为之奋斗终身。

过去的20年，是大众旅游飞速发展的20年，是旅游消费、市场需求和产业动能持续变化并向旅游教育、学术研究和理论建设不断提问的20年，也是旅游研究在概念、模型、样本和表达方式上持续科学化和精致化的20年。为每年涌现数万篇论文、上千部论著和研究报告而自豪的同时，我们也必须时刻提醒自己不要陷入"科学主义的泥淖"。远方还有社会科学和人文学科，近处还有连绵不绝的中间学科和老百姓赖以生存的经验，甚至直觉。无论自然状态有多少科学的问题，旅游权利的确立、诗与远方的向往、道德与意义的追问都属于不同的人文领域，包括艺术、哲学和神学，而没有必要也没有可能由科学的发展和技术的发明所裁定。事实上，科学从来都不是认识世界的唯一方式，论文和论著也不是传播知识、更不是表达情感的不二之选。华兹华斯的"眼泪所能表达的深沉思绪"、艾青的"为什么我的眼里常含泪水，因为我对这土地爱得深沉……"，可能比地质、国土、生态等领域学术期刊上的论文更能够传递打动人心的真理。如果说现代科学在17世纪婴儿期处处显示出对文艺复兴人文学者的对抗，还是可以理解的话，那么今天的科学家则不应将其成功归因于某种永恒不变的"科学方法"，进而在人文社科领域保持特权和优越。作为研究领域的旅游学科和就业领域的旅游产业，没有必要、更不可能让教员和学生都向物理学所代表的经典科学看齐。事实上，不用说学生，就算是一千多所旅游院校的教员和专业机构的研究人员都不可能成为严格意义上的科学家。很多时候，我们得放下精英的"人设"，告诉自己只是一名普通的教员或者科研工作者，如同工人做工、农民种地，尽心尽力地履行自己作为语者、论者和学者的职责。① 在此过程中，倾个人的才情和努力，培育大众旅游意识，守护国民旅游权利，足矣。如果可以做更进一步的要求，我希望青年学者的文字可以科学为骨、人文为颜，风华绝代而历久弥坚，如李白那样"绣口一吐就半个盛唐"。陈凯歌电影作品《妖猫传》里的杨玉环，读完"云想衣裳花想容"的《清平调》后亲自去见李白，李白却不领情说不是写给她的。玉环不恼，只是侧首说"把靴子穿上吧"，又回过头说"李白，大唐有你，才是真的了不起"。

哲学和科学源于学者的好奇心和惊奇，旅游学术研究也应如是。在疫情期间我反复强调这个观点，"是旅游者定义旅游业，而不是旅游业定义旅游者"②，旅游活动、旅游业与旅游学的关系也当如是观。旅游学，还没到经典物理学的阶段，讨论自成一体的理论甚至知识的溢出，时机尚不成熟，条件尚不具备。现在需要的是兼容并蓄、百家争鸣，是问题导向、服务实践，是理论筑基、渐进突破。在旅游研究的进程中，我们需要记住卡尔·马克思墓碑上的铭文："哲学家们只是用不同的方式解释世界，而问题在于改变世界。"青年学者们，走出象牙塔，走出摆满了种

---

① 20世纪末，我曾对自己的教员与学者身份认同产生过怀疑，经过数年思考后写下了《语者·论者·学者》一文，作为开篇收入第一部学术随笔集《语路》。(戴斌，2012)

② 见中国旅游研究院微信公众号文章《过去未去 未来已来——2022年劳动节假日旅游市场特别评论》。

种装置的实验室，走进丰富多彩的旅游场景，走进生动活泼的产业实践吧！青年学者们，到游客最需要的地方去，到业者最需要的地方去，把论文写到祖国的大地上，把成果应用到旅游业现代化和高质量发展的伟大实践中！

《旅游导刊》特稿

北京·2023年4月4日

致终将远去的我们和已经到场的你们

尊敬的田卫民教授,老师们,同学们:

接到会议邀请,我即转发至中国旅游研究院学术共同体的大群:祝贺云南大学旅游教育三十年,向为云南大学、为国家旅游教育做出杰出贡献的田卫民教授致敬!随后众多中青年学者排队以各自的方式表达敬意,很是令人感动。田教授是我国旅游教育、科研和行政管理的代表人物,如果旅游学界也有自己的"凌烟阁"的话,我想他应是第一批挂像者吧。事实上,中青年学者对田教授的致敬,也是对云南大学旅游学科的认可,更是对改革开放以来一代又一代旅游学人的注目礼。

他们奠定旅游学科的坚实基础,拓展了旅游教育的广阔空间。无论是南开大学、西北大学、杭州大学和北京第二外国语学院"老四所",还是中山大学、陕西师范大学、华侨大学、东北财经大学和云南大学等首批旅游管理博士点高校,都是因为有了这批开拓者而有今天从中职到高职、从本科到硕士,再到博士的旅游管理学科体系、学术体系和话语体系。与地理学、历史学、经济学、管理学等老牌学科相比,如果没有申葆嘉教授、朱玉槐教授、陈传康教授、张广瑞教授、谢彦君教授、杜江教授、张辉教授、田卫民教授、保继刚教授、张凌云教授等旅游学人筚路蓝缕的努力和功不唐捐的坚守,旅游教育和理论研究不可能有今天的局面。有必要向年轻人讲清楚,很多事情不是一开始就有的,很多平台也不是在图书馆看看文献、写写论文就能建起来的,很多今天用之不觉的概念、方法和工具更不可能是从天上掉下来的。至今都记得2018年中国旅游科学年会期间，田教授和我说：一个人不想着为机构和平台做贡献，甚至有所牺牲，只想着个人的功名利禄，学问是做不大的。没有"三十功名尘与土，八千里路云和月"的起伏屈伸，冤死风波亭的岳武穆就不可能写出优秀传统文化基因的《满江红》。这也是古人所谓"立德、立功、立言"，功在言先的内在逻辑。

他们一直与旅游实践同行，倾其毕生所学服务产业、报效国家。 1979 年 7 月，改革开放总设计师发表"黄山谈话"，拉开了现代旅游业发展的时代帷幕。与入境旅游市场、旅行社和宾馆饭店市场化改革同时起步的还有旅游教育和理论研究。那个年代的专家学者多从外语、地理、经济等传统学科转来，如同"两弹一星"的功勋科学家、赤脚医生和民办教师，他们想的不是个人的功名，而是国家旅游发展的需要。为了培养高素质的专业人才，亲自动手翻译资料和编写教材，带着学生去一线调查案例；为了摸清国家和地方旅游资源的家底，双脚走遍了祖国的山山水水，双手触摸了各地的历史人文，交出一份又一份高质量的旅游发展规划；为了帮助旅行社、旅游饭店和旅游景区从业人员提高综合素质和管理水平，沉到基层、下到一线，为行业送去一堂又一堂高水平的专业培训课程。因为更多的时间、精力和学术资源都投身教学实践和科研实践，有些人并没有发表高引论文，也没有留下著作，失去了评院士的机会，甚至以副教授的学衔离开这个世界。我没有听到什么抱怨和后悔，他们终其一生实现了知识分子的铮铮誓言：国家有需要，自当以身许国。

他们有传统士大夫的家国天下的情怀，也有"相逢意气为君饮"的侠义精神。 至今犹记，2013 年中国旅游研究院首批旅游管理博士后入站，需要找一家高校的博士后流动站合作。为此，我们来到了云南大学请求协助，在行政团队介绍合作单位的各种权利、责任、条件和流程时，田教授直接打断：不要说了，戴院长大老远从京城赶来，他怎么要求，我们就怎么办，马上签字。那一刻，我对自己说，将来田大哥有需要我和研究院做的，一个电话即可。就像今天的会议，只需要告诉需要我来即可，不需要告诉我为什么，更不需要告诉我有什么待遇。至今犹记，每届中国旅游科学年会，田教授都会坚持到最后，还要求他的博士生也听到最后，如果先走，回去不报销路费。"人家劳心费力搭这么高的台子，让我们见了部长、校长和大牌教授，你讲个话、合个影、握个手，就离去各处拜码头混江湖，不合适嘛！"当时研究院还处于成长的初期，如此义气加持，夫复何求。很多次内部会议，我都会和同事分享这些学林史话：下雨天给别人撑伞，晴天才会有人同行。很多老一代学人身上都有此侠义精神者，总是让负重前行者勇敢，让为人抱薪者温暖。

一代人有一代人的使命，一代人也有一代人的宿命，没有人可以向苍天再借五百年。无论愿意还是不愿意，终有一天，我们都会离场的，会隐入历史的深处，化作熠熠生辉的星光，温暖每一双仰视夜空的眼睛。而今，年龄渐长，故交零落矣：微斯人，吾谁与归？

令人欣慰的是，赵书虹教授来了，张朝枝教授、张进福教授、谢朝武教授、谢仲文教授，还有很多到场和没有到场的各地旅游院校75后、80后、85后新生代，带着旅游教育薪火相传的责任，带着眼中的光、心里的热，你们来了。

你们来到了一个大众旅游全面发展的新时代，这个时代需要高校培育更多热爱生活、认同行业的专业人才。今天，旅游已经成为城乡居民的日常生活方式，市场进一步下沉，消费更加活跃，没有任何力量可以阻挡人们对诗与远方的向往。今天，旅游者广泛进入了城乡居民的日常生活空间，个性化和多样性的需求引领旅游经济步入创新驱动、繁荣发展的新阶段。今天，需要你们在创新性传承和创造性转化的基础上，重归以教学为中心的旅游教育传统，全心全意地培育国家需要、行业认可的学生。无论我们对高校赋予多少功能，人才培养都是教育的第一功能、核心功能和基础功能。希望在不远的将来，旅游院校毕业的学生抢着去业界，业界抢着来找待毕业的学生。希望因为你们，学生更加快乐并发自内心地热爱专业，愿意从事旅游工作。无论如何，他们会比你们，更比我们这代人有更多的自由，可能选择在图书馆里写论文、申基金、做教授，可能去业界选择一份心仪的工作，以高品质的服务为游客创造更多的快乐、以高效率的管理为企业创造更高的效益。当然也可能离开旅游业，去其他任何领域从事他们愿意从事的工作。无论如何，他们都应当、也可以因为四年的专业学习，拥有了阳光而非抑郁的、开放而非内卷的、自由而非逼仄的人生。

你们来到了一个文化和旅游更深程度、更广范围、更高程度融合发展的新时代，这个时代需要旅游学者系统学习习近平文化思想，结合旅游实践做好核心课程的思政建设。习近平总书记指出："文化是一个国家、一个民族的灵魂。""文化自信是更基础、更广泛、更深厚的自信，是一个国家、一个民族发展中最基本、最深沉、最持久的力量。"长期以来，旅游业被视为经济属性强、市场化程度高，旅游学科建设更倾向于自然科学和工程科学的研究范式，学术资源的投入—产出评价也多以高被引论文发表和专著出版为导向。在入境旅游时期和大众旅游发展的初级阶段，强调经济属性和市场化有助于吸纳资源和要素、扩大产业规模、提高旅游业在国民经济和社会发展体系的战略摆位。现在看来，旅游业也有事业属性，特别是在提升国民素质、国家文化软实力和国际影响力方面，都发挥了不可替代的作用。随着改革开放以来四十多年的产业发展和学术成果积淀，我国旅游理论和实践在很多方面已经走到了世界的前沿，引进、借鉴和吸收已经难以满足现实的需要。新时代的旅游学科建设要做好马克思主义基本原理同中国具体实际相结合、同中华优秀传统文化相结合的这篇大文章，稳步推进以人民为中心的当代旅游发展理论体系建设。相对于传统的论文发表和专著出版，文化和旅游融合发展的理论建设、思想形成和学术声誉的积淀，需要一个更加漫长的过程。唯有经过艰辛的实践总结和理论探索，并身体力行之，课程思政才可能入脑入心，并化作旅游人才成长过程中取之不尽、用之不竭的精神动能。

你们来到了一个旅游业高质量发展的新时代，这个时代的科技、文化、生产、生活、资讯和社会交往，每天都是新世界模样。 从前慢，读书、写作、教书、育人都很慢，一生只够在某个小小的领域取得边际的进展。事实上，不是我们想慢，而是不具有快速获得知识和自由选择的条件啊。一代又一代人的艰苦奋斗，甚至流血牺牲，不是为了后人重复前人的经历。着实羡慕今天的你们啊，每一天、每一时、每一秒都可以有如此丰富的信息，这般多元的方向，可以自由地选择。愈是如此，愈加需要坚定的文化自信和学术自觉，否则东边日出则东向，西边落雪又西行，这可怎么行？"我不知道风是在哪一个方向吹——我是在梦中，在梦的轻波里依洄"，作为诗歌，倒是极美的意境，但是语者、论者和学者，非发愿明晰的方向并长期坚持不可。在学术的舞台上，无论谁离场和登台，只要有理想、责任、坚守的光芒照耀，我们就一直都在。

在将来的将来，你们也会离场的。希望那时的你们别忘了回首，看一看曾经蓬头垢面却又洁净如水的我们，说一说你们奋斗的历程和看到的未来。

云南大学旅游教育三十周年纪念演讲

昆明·2023 年 12 月 16 日

假日评论

05 JIARI PINGLUN

春节旅游市场高开　全年旅游经济稳增

2023年春节是新冠肺炎"乙类乙管"政策实施后第一个公众假期，疫情积压的探亲访友、旅游过年、民俗体验、避寒和冰雪等出游需求集中释放，出游规模、消费结构、服务质量和市场主体获得感等指标如和煦的阳光洒满旅游的大地，奠定了全年旅游经济"高开稳增，持续回暖"的市场基础，"开门红"成为各地总结报告的关键词。2020年以来最好的春节过去了，万物重生的春天到来了！

一、元旦和春节假日市场数据充分表明旅游业已经全面转入出游意愿、消费预期和产业信心全面增长的新阶段

春节前夕，习近平总书记通过视频连线亲切看望慰问基层干部群众，在中共中央、国务院主办的春节团拜会上，向全国各族人民致以新春的美好祝福，城乡居民在浓浓的家国情怀和欢乐祥和的氛围中开启了春节之旅。据文化和旅游部官网消息，2023年春节假日七天，全国国内旅游出游3.08亿人次，同比增长23.1%，恢复至2019年春节假日同期的88.6%。实现国内旅游收入3758.43亿元，同比增加30.0%，恢复至2019年春节假日同期的73.1%。从春节假期七天的出游人次和旅游消费的日环比数据来看，前三天稳步增长，第三天达到峰值，之后小幅回落，节后错峰出行，已经是正常年份春节假日旅游市场的正常节奏。

假日期间，游客平均出游距离206.9千米，同比增长57.0%，恢复到正常年份的76%；目的地平均游憩半径11.2千米，同比增长34.4%，

较元旦假期有了明显增长，恢复到正常年份的75%。各地接待游客中，省外游客占比29.3%，外市游客占比36.9%。数据表明，**中远程市场开始领跑假日旅游经济**。加上大量返乡探亲旅游者的本地休闲消费，拉升了旅游收入高于出游人数7个百分点的增幅，有力推动了春节假日旅游市场规模、消费结构、质量和效益向疫情之前常态化的全面回调。

三年以来，出境旅游首次进入假日旅游市场的监测范围和公众视野。文化和旅游部于节前发出通知，泰国、印度尼西亚、菲律宾、匈牙利、肯尼亚等二十个国家成为首批恢复出境旅游业务的海外目的地国家。尽管旅行社和在线旅行商还需要一定时间的作业准备期，但是中外航空、移民、领事、签证和旅游部门的积极互动，还是让部分国家和地区享受了第一波红利。澳门特别行政区平均每天5万名入境游客，近六成来自内地。香港特别行政区派出高级别的旅游业界代表团访澳，释放了欢迎内地游客访港的积极信号。泰国、印度尼西亚、菲律宾政府高官在机场迎接中国游客，以及中国游客的乐享休闲、购物和美食的消息在网上刷屏，世界主流媒体和旅游业界也给予了积极回应和正面评价。在新的一年里，会有更多的游客走出国门在这颗蓝色星球的每一块土地上自由地行走，也会有更多的入境游客来体验美好中国。**从今天开始，我们谈及节假日、季度和全年旅游市场，将不再仅限于国内了，而是像正常年份那样包括国内、入境和出境三大市场**。

值得关注的是，**旅游市场主体获得感在春节期间明显回升，并上调全年预期和投资信心**。中国旅游研究院专项调查显示，2023年春节假日期间**18.2%**的旅游企业营收恢复到2019年同期**八成**以上，恢复到**六到八成**的企业占比**49.1%**，恢复到**四到六成**的有**28.3%**，仅有4.4%的企业恢复不足四成。面对快速复苏的春节假日旅游市场，21.2%的旅游企业表示接待能力跟不上。

二、疫情防控和促进消费政策全面拉升城乡旅游消费预期，强力释放了产业复苏信心

2022年12月7日国务院联防联控机制发布疫情防控"二十条"，很快又公布了具有标志意义的"新十条"，极大激发了城乡居民的出游热情和各地方政府各类市场主体的发展信心。1月19日，联防联控机制宣布各省已经度过了发热门诊高峰、急诊高峰和重症患者高峰，基本消除了城乡居民谨慎保守的出游心理。加上返乡探亲、文化休闲、避寒滑雪等基础需求，全国旅游市场呈现"总体回暖，热点更热"的可喜局面。黄山市旅游总接待量和旅游总收入较2019年均有14%以上的增长，素来"宠游客"的重庆、西安市民错峰居家而让出热点景区的接待空间，长沙、三亚等地频现神评论"全国人民都来这里过年了吗"，拥有8000多张床位的吉林市北大湖滑雪度假区和长白山万达国际度假区多日"满房"。自由远行的日子里，文化与旅游深度融合开始呈现主题性和场景化的迹象。舞蹈家朱洁静领舞的《碇步桥》春晚播出后，泰顺县仕水碇步桥游人如织，并带动周边的廊桥都成了网红打卡点，全县旅游接待人数同比增长50%。旅游消费的活跃也极大拓展了旅游演艺的市场空间，扩大了公共文化参与和文化消费的受众基础，博物馆里过大年、看展式社交、逛街购书买唱片已经成为主客共享的现代生活方式。

从空间格局看，区域旅游呈现"南北"大于"东西"的态势。东北、京张、新疆等地的冰雪旅游，海南、云南、珠三角的避寒旅游，长三角、成渝和长江中游的城市旅游，成为春节假日旅游流向的锚定者。上海、广州、成都、重庆、武汉、郑州等大城市的都市休闲和文化参与，成为假日旅游消费愈发重要的组成部分。据中国旅游研究院专项监测数据，2023年春节假期出游人数领先的省份为广东、江苏、四川、山东、浙江、河南、湖北、湖南、河北、安徽和重庆，旅游接待人数领先的省份为四川、河南、广东、安徽、湖南、山东、江苏、湖北、河北和广西。值得关注的还有新时代的"城—乡"旅游格局，由于过去三年回亲探亲需求的集中释放，2023年春节假日旅游市场在下沉的同时也出现了消费升级的迹象。加上这两年兴起的"反向旅游""平替旅游"，不少三四线城市、中心城镇凸显了传统民俗、非遗文化和时尚休闲的混搭气息，"寻找过去的年味"与"昭示未来的生活"共同支撑了乡村社会转型的多种可能。

新时代旅游工作的重心要转移到城市中来，这是旅游经济的客观规律所决定的，因为城市拥有决定性的客源市场、交通集散、公共服务和商业接待体系，是相对于旅游系统相当长时间把重心放在中远程目的地资源开发和景区建设而言的。与此同时，我们也不能因此而忽略广大农村和经济欠发达地区不仅是乡村旅游目的地，也是农村旅游客源地。全面实现小康社会的中国，追求共同富裕和人的全面发展的中国，农村居民的旅游权利是政府必须关注的，农村居民的旅游消费是市场主体不能忽视的。中国旅游研究院专项调查显示：春节假期农村居民出游比例达25.6%，全国出游游客中农村居民占比40.7%。数据表明，探亲访友仍然是农村居民出游的主要动机，但是从农村到中心城镇和县城的购物休闲，从小城市向中心城市和大城市的休闲娱乐，以及自驾出行的中远程观光游览已经进入了广大农村居民的日常生活选项，向上流动和中心集聚为旅游经济带来了市场下沉和消费升级的全新可能。

三、旅游者定义旅游业的时代，旅游业必须回应价值链重构和供应链变革的挑战，以增量投资和市场创新激活存量资源，加快建设现代旅游业体系

旅游景区以免费、降价和优惠策略而成为各地"抢游客"的首发阵容和主阵地，带动地方游客快速增长的同时，政策的可持续也备受关注。

中国旅游研究院专项调查显示，41.5%的游客在本地、40.3%的游客在异地享受了包括免费、降价和补贴优惠。从这个春节假期旅游市场数据看，免费、降价和优惠确实释放了地方发展旅游的信心，扩大了旅游意愿。同时也要关注两个问题，一是景区免费后所在城市的旅游综合收入和游客满意度是否因此而提高？旅游形象是否因此而改变？二是缺乏第二次消费场景和服务项目的旅游景区，免费、降价和优惠是否影响了企业的持续经营能力。如果是的话，政策制定和实施者是否有相关的救济措施，比如是否给予足够的补贴？从这个春节现有的数据和信息来看，尚不能给出明确的答案。旅游景区价格下调政策宜聚焦于国有重点景区，特别是市民公园、文博场馆、考古遗址和郊野公园，并且要有相应的财政政策和机制创新。民营景区、主题公园和度假区，其价格体系更应接受市场规律的调整。

市场属性更强的主题公园和旅游度假区以特色创意、科技创新为广大游客带来了久违的欢乐，也收获了较高的营业收入和社会声誉。 作为新年俗的旅游，也是疫情过后生活正常化最显著的标志和心理治愈的最佳选择之一。相对传统景区的风景和人文，主题公园和度假区更加注重现代生活方式的引领和消费场景的创造。有着大型烟花秀的上海迪士尼、海昌海洋世界、松江欢乐谷等，开启了别具特色的环球中国年引领潮生活的北京环球度假区，有着八大动物家族和五大动物机甲的广州和珠海长隆，有萌兔大拜年与花滑国潮秀的郑州银基度假区，有逃学企鹅的哈尔滨极地世界，已经成为网红打卡地。值得关注的是，除了景区度假区，旅游的空间早已延展到公共文化场馆、历史文化街区、商业休闲中心，从戏剧场到菜市场，人们重新发现旅行的美好。他们观影赏戏看展，他们围炉煮茶分享，他们在游客和市民的身份之间快速切换，全面融入目的地生活，全方位体验美好中国。

航空、铁路、公路和水路交通为中远程旅游市场的复苏提供了基础保障，地铁、公交、网约车、出租车和共享单车等小交通体系有效拓展了游客在目的地的游憩半径和消费场景。受入出境市场复苏的影响，多家航空公司和空港口岸加开国际航线和国内航班。在团队观光时代，游客通过旅游巴士去连接旅游饭店、景区、餐馆和购物店。大众旅游全面发展的今天，旅游组织方式越来越趋于散客化，旅游活动更加具有休闲体验属性，一切面向市民出行的交通方式都成为游客出行的新选择。正如过去三年我们一直强调的，在游客定义旅游业的时代，旅游价值链、供应链和产业链都面临变革、重构与创新的现实课题。适应这一变化者会继续作为主力军推进旅游业的现代化进程，对旧时光恋恋不舍者终将退出历史舞台而为新进入者替代。

作为异地生活方式的旅游，新年俗的旅游，其商业、餐饮、零售和物流配送结合得越来越紧密。 商家促销进一步拉升了旅游消费景气，海口国际免税城开展高级钟表展、中免手袋节等系列活动，乌鲁木齐西大门保税直购中心举办了全民迎新消费节，汇集了法国、俄罗斯、意大利、蒙古国等30多个国家和地区的千余种跨境进口产品，为市民和游客营造了欢乐时尚的购物氛围。"反向旅游""平替旅游"为温冷点城市带来了"宅度假"客流的同时，也对网约车和外卖骑手提出数量规模和服务能力的新要求。受返乡过年和过年歇业的影响，部分三四线城市的商业、餐饮网点、网约车司机和快递小哥在春节期间处于满负荷运营的状态，对游客满意度形成了一定的压力。随着散客化的时代到来，需求侧的团队旅游+供给侧的旅行社、旅游景区、星级酒店的思维范式和管理模式已经远远不能满足实践的要求了，旅游目的地建设、旅游接待体系完善和旅游治理现代化，都将以大众旅游的人民性为导向，着力构建主客共享美好生活新空间。

四、为实现旅游业更大程度的复苏和更高质量的发展，需要中央和地方的综合性政策支持，需要文化和旅游系统的专业指导，更需要旅游投资机构和市场主体的创业创新

创下疫情以来新高的春节假日旅游市场，为 2023 年的旅游经济奠定了"高开稳走"的新局，但是经历三年的亏损失血而熬到今天的市场主体，不可能一个春节假期就满血复活，而是需要更长时间的休养生息。**保持旅游市场稳步增长、提升游客满意度和消费预期、释放更多的投资信心，仍然是财政、金融、社会保障和旅游产业政策的重要目标和关键指标**。不能让企业"未复活，先失血"，要千方百计稳住投资者和企业家信心，适当延长暂退旅行社质量保证金政策期限，扩大留抵退税覆盖旅游行业范围和企业类型，帮助企业解决流动资金困难。用好 2022 版职业分类大典的引导作用，发挥职业教育、专业培训、技术评级等人才激励的政策作用，促进员工回流返岗。有序恢复海外目的地的出境旅游业务，制订并实施"美好中国"入境旅游振兴计划，培育"美食＋旅游""非遗＋旅游""音乐＋旅游""艺术＋旅游"等新业态，拉动旅游增量需求，盘活存量资源。

部分居民对中远程出游特别是团队旅游，谨慎心理仍未完全消失，一定程度上还存在着观望心理。中央和地方政府要及时发布权威数据和专业信息，有效引导居民合理流动和有序出游，指导旅行社、旅游景区和度假区、酒店、民宿等旅游空间和文化场所做好防控预案，营造一个放心出游、舒心消费的市场环境。旅游投资和公共文化政策要进一步下沉，让县城、中心城镇和重点旅游乡村分享旅游发展的时代机遇。让更多的城里人下乡，也要让富裕起来的农村人进城，这是共同富裕的要求，也是旅游业高质量发展的市场基础。

在扩大消费和繁荣市场的同时，也要防止旅游目的地和市场主体为

了尽快挽回损失而"抢跑"，以损害旅游者权益和降低游客满意度为代价追求短期的繁荣。2020年、2021年疫情平稳时多地都曾出现过"购物团""低价团"，导致"劣币驱逐良币"的现象。2023年春节期间，旅游市场仍然存在"低价团"引发强迫购物和诱导消费、监管不到位引起的餐饮和购物场所的消费纠纷、游客在景区高空坠落等安全事故，以及专业性不够导致的酒店、民宿、航班分销"超售"引发的负面舆情。虽然消费需求和供给动能已经发生了根本性变化，但是文化和旅游系统、旅游行业总是有一部分人梦想回到过去，回到"人山人海吃红利，圈山圈水收门票"的旧时光。究其原因，有人不愿创新、不敢创新，也有人不善于学习、没有能力创新。旅游行政主管部门在抓好市场促进和行业监管的同时，也要打好旅游业高质量发展的战略基础。加强**大众旅游**人民性为中心的当代旅游发展理论建设和高质量发展政策创新，以**绿色旅游**为导向加强对地方旅游发展实践的专业指导和示范推广，以**智慧旅游**的场景建设和内容创造为导向加强对投资机构和市场主体的方向引领，以**文明旅游**、研学旅行、美好中国新战略务实推进**文化和旅游深度融合**。

2023年春节假日旅游市场数据解读及全年展望
2023年1月27日

转折之际　重构之时

实施新冠疫情防控"乙类乙管"后，经济社会发展和人民生活很快转入了常态，旅游复苏的转折点也比预期来得更早一些。春节过后，全国疫情总体继续保持平稳态势，卫健、交通、文化和旅游节前密集发布的政策都指向一个共同的目标，繁荣市场、保障供给，努力营造一个安全、有序和高品质的旅游市场环境。外交部宣布自4月29日起，所有来华人员可以登机前48小时抗原检测代替核酸检测，航空公司不再查验登机前核酸检测证明，这意味着此前所有与新冠疫情相关的入境障碍全部消除。多年以后回顾历史，2023年劳动节假日之于旅游业的转折意义可能看得更加清晰：共和国已经实现了第一个百年梦想，意气风发地走在全面建设社会主义现代化国家的大道上，每个人都为了美好生活而努力工作，在难得的五天假期里阖家出游、自驾远行。我们会因为四面八方来天安门看升旗的小学生齐行队礼、游客与市民在南昌八一广场高唱国歌而热泪盈眶，也会因为在景区和街区与绿青蛙的不期而遇、与熊猫界的"社牛"担当——"西直门三太子"的相视一笑，在朋友圈里晒出小而确切的幸福，也会秒变段子手去吐槽高速公路的拥堵和景区的人从众。这个假期有太多的开心时光，也有那么一点小遗憾，刚刚好，一切都是正常生活该有的样子。

一、旅游战疫取得了决定性胜利，旅游经济迎来了从市场复苏到高质量发展的战略转折

2023年劳动节假日旅游市场继续春节以来"高开稳走、加速回暖"的态势，按可比口径，出游人次和旅游收入首次超过2019年同期数据，**旅游业迎来了从市场复苏到高质量发展的战略转折点**。据文化和旅游部官网消息，假日旅游市场总体呈现"前高、中热、尾翘，安全、平稳、有序"的特征，游客满意度、企业获得感、行业信心和国际认可度均创新高，无重大涉旅安全事故和负面舆情。**劳动节假日全五天，全国国内旅游出游2.74亿人次，同比增长70.83%，按可比口径恢复至疫前同期的119.09%；实现国内旅游收入1480.56亿元，同比增长128.90%，按可比口径恢复至疫前同期的100.66%。**游客满意度达82.1，较去年同期提升2.1，再创新高。入出境市场也在稳步有序复苏中，海内外涉旅舆情均以正面为主。

这个假期，游客走得更远了。劳动节假日期间，游客平均出游半径180.82千米，同比增长81.59%；目的地平均游憩半径15.98千米，同比增长167.16%。跨省游客比例达24.50%，较2022年同期提高15.5个百分点；83.47%的游客出游距离在100千米以上，占比较2022年同期提高9.73个百分点。国内机票"量价齐升"，去哪儿网机票预订数据和百度地图经纬度数据显示，2023年劳动节期间全国Top50热门航线平均飞行直线距离与2019年相比增加了93.2千米。从北京、上海出发的前十大航班目的地，平均距离在1700千米左右。北京—天津之间的往返高铁票节前就已经售罄，上海发往全国车站的车票首次全部售空。相对于飞机和高铁出行，更多游客选择了"给我一条公路，自驾远行"。根据交通运输部数据，4月29日交通流量突破历史峰值，国道和省道日均断面交通量同比2022年增长31%~40%。跨省游、长线游和出境游的比

例创下过去五年劳动节假日旅游市场新高，中国旅游研究院专项监测显示，广东、江苏、山东、河南、四川、安徽、湖北、湖南、浙江和陕西游客出游人数居前，合计出游人数占全国出游总数的57.98%；广东、江苏、山东、四川、河南、浙江、安徽、湖北、湖南和陕西接待游客人数居前，合计接待游客人数占全国接待游客总数的61.44%；副省级以下城市中，成都、广州、西安、武汉、深圳、杭州、长沙、郑州、南京和苏州游客接待人数领先，接待游客人数占全国游客总人数的16.37%。相对而言，西北、东北等地游客人数不足，海南热度不高，远离主要客源地、偏远地区的传统旅游目的地客流明显不饱和。儋州、金昌、黑河、玉树、怒江、嘉峪关、伊春、鹤岗、双鸭山和大同等地游客相对偏少，排名居后的50个城市接待游客人数合计仅占全国各地接待游客总人数的1.29%。

这个假期，游客停得更久了。专项调查显示，假日期间一日游游客占比较2022年同期下降6个百分点，停留2天以上的游客占比则提升了9.55个百分点。江苏无锡的乡村游订单超过2019年同期的37%，其中停留3天以上的订单占比较2019年提升了123%。随着散客化和智慧旅游的发展，游客在目的地城市的出行更加依赖公共交通系统。公交车、地铁、出租车、共享汽车、共享单车等目的地交通方式的多样化和基础设施的完善性，让游客在目的地可以像当地人一样自由活动。从旅游消费结构上看，餐饮、购物、通信和文化参与等活动，更多发生在景区度假区之外的商业环境和日常生活场景，并和本地居民的常态消费形成了叠加效应。事实上，能让游客长时间停留并重复访问的，从来都是可以共享的美好生活及其背后便捷的交通体系、完善的基础设施和公共服务、现代化的商业环境和高品质的服务。这个假期再次证明了主客共享的大众旅游新阶段已经到来，旅游工作的重心进一步转移到城市后，必然要求旅游目的地规划、建设、运营和推广重心要从美丽风景到生活场景。

这个假期，游客玩得更有文化了。近年来艺术、科技与旅游的融合，有力推动了假日旅游市场的内容创造和场景营造，创造了更多有借鉴意义和推广价值的文化和旅游深度融合场景。中国旅游研究院在节前发布的《杭州城市书房》《二分明月忆扬州》《长恨歌》《桐庐山水艺术季》等10项"艺术与旅游融合经典案例"，引起旅游市场的广泛关注。专项调查显示，72.53%的游客参与了两项以上文化活动，同比提高6.63个百分点。北京延庆等地的草莓音乐节、山东烟台的迷笛音乐节、常州太湖湾音乐节、乌镇之春艺术展、最闽南·泉州本地生活嘉年华、云南摸你黑狂欢节，让这个假期不仅有人间烟火气的烤串，更有传统民俗与新潮艺术相结合的时尚，还有音乐、戏曲、舞蹈和氤氲的书香。迪士尼、环球影城、欢乐谷、海昌海洋公园、长隆、银基、方特等主题公园和度假区融入了更多的科技元素和文化内涵，培育了文化和旅游深度融合的新场景。哈尔滨极地公园数千名小学生入园参与企鹅、白鲸、北极狼等海洋动物的研学课程，让我们看见了书生意气的研学，也看见了家国天下的旅行。"世界那么大，我要去看看"的游客遇见了"让世界看见/我们看见的世界"的艺术，"读万卷书，行万里路"的阳光便洒满了万千行者的旅途。这是看展式社交、国风汉服、围炉煮茶、音乐雅集的底层逻辑，也是中国式旅游该有的样子。

二、边吐槽边出游、紧张而有序的劳动节假期结束了，社会的提问和业者的反思还在继续

假期能再多些吗？ 面对热点景区的"人从众""车车车""攻城""堵骆驼"，网络舆情开始从花式吐槽转向对现行公共假日制度的理性探讨，比如调休的必要性、增加假期的可能性，以及带薪休假的落实。应当说，全年适当增加1~3天公众假期是有民意基础，也是具备经济社会发展条件的，建议全国人大及时启动《全国年节及纪念日放假办法》修订的专项调研工作。国家发展和改革委员会、文化和旅游部等有关部委，认真倾听各方意见，在科学评估、政府仿真和压力测试的基础上，有效推进《国民旅游休闲发展纲要（2022—2030）》有关"优化全国年节和法定节假日时间分布格局"的任务落实工作。从根本上讲，节假日集中出游的解决之道在于落实带薪休假，让人民群众真正做到不仅"我的行程我做主"，而且"我的时间也要我做主"。这件事呼吁了多年，是拿出切实办法并列入考核督办事项的时候了。

景区免费有多远？ 景区是一个包含多种类型的相对宽泛的概念，价格主管部门并不会向迪士尼、欢乐谷、银基、长隆、海昌海洋公园这样的主题公园提出免费游览的要求，游客也没有免费乘坐交通游览工具、免费享受商品和服务的诉求。从国家发展和改革委员会、文化和旅游部等部委发布的文件来看，降低门票价格的政策指向一直都是利用全民所有的自然资源和文化遗产发展起来的国有景区。鼓励有条件的国有重点景区门票下调价格，"让老百姓玩得起"，是既定的宏观政策和微观监管的价值取向，也是未来景区的发展方向。具有城市公园性质且地方财政能力强、治理水平高的景区如杭州西湖、桂林象鼻山，景区免费模式的经济社会效益已经实现或者正在显化。山东省和黄山市正在就景区门票减免做政策评估，应该会越来越机制化并趋于完善，让更多的本地居民和外来游客分享旅游发展的成果。如何兼顾游客、居民、社区和城市发展的利益诉求，需要景区和价格管理部门更多的智慧和耐心，但是大的方向不会改变。无论如何，不能把美丽风景都圈起来收门票，更不能为了收门票而将沿线的风景用幕墙遮挡起来。

"不合理低价游"、强迫消费、价格欺诈等市场顽疾能根治吗？ 节假日是集中出游的高峰期，在短期供给不变的情况下，旅游目的地商品和服务价格客观上存在上涨的压力。应当说，广大游客对节假日期间餐饮和住宿经营者适度调整价格是有预期的，也是可以理解的。游客的诉求和监管的要求是价格调整机制要合规，商品和服务价格要公开透明特别是明码标价，中小微型企业和个体工商户要诚信经营，违规违法的企业和个人必须承担违法受罚、轻罪入刑、重罪重判的代价。市场监管、价格管理、社会治安等部门对游客和居民的消费权益要给予同等力度的保护，不能因为权益受损的消费主体是游客，就全部移交给文化和旅游部门处理。根据"三定"规定，文化和旅游部门对非旅行社组织的游客在社会环境中的权益受损是无力施以行政救济的。按照属地管理原则，各地要重点关注景区度假区之外的餐饮服务，以及重点地区旅行社组织的购物、娱乐和自费项目等环节。权威媒体和政府平台可以公益广告的形式加强对居民和游客的宣传引导，对明显的不合理低价游要有基本的辨别力，旅游服务"没有免费的午餐"。一旦消费权益受损、人身自由受到限制、生命安全受到威胁，要及时拨打12345、110等热线电话，寻求必要的行政和司法救济。

　　网红还能红多久？ 随着淄博、洛阳、西安、大理等网红城市的兴起，越来越多的旅游目的地开始关注流量在旅游经济中的角色与作用，希望通过专题策划、节事活动、文艺演出打造爆款项目，甚至文化和旅游局长短视频出圈方面也越来越"卷"。与此同时，也有媒体和专业人士在追问："网红还能红多久？"纵观国内外旅游发展和旅游目的地演化的历史，我们可以得出一个基本的结论：**旅游需要网红，但网红不是旅游的全部**。任何时候，城市和景区形象都是自塑和他塑共同作用的结果。便捷的交通体系，完善的基础设施、公共服务和商业环境，高品质的生活方式都是旅游目的地发展的底层逻辑。优秀的内容本身就是流量，就是渠道，加上基于目的地本底资源的创造性推广，网红才会长红而成经典。

反之，脱离了这个底层逻辑，再高明的策划也红不了多久。

相对于网红目的地和景区，部分传统旅游目的地，特别是本地消费支撑力相对较弱的旅游城市和远离客源地的山岳型旅游景区，既有流量不足的焦虑，也有创造创新的无力感。中国旅游研究院大数据监测显示，劳动节假日期间，西北、东北等地游客人数不足，儋州、琼中、黑河、保亭、玉树、嘉峪关、伊春、鹤岗、大同、双鸭山、长治、阿里、阿勒泰、武威、克拉玛依、迪庆、新余、酒泉、白银、晋城等地游客量都不大，全国接待游客人数排名后 50 个城市的游客接待总量，仅相当于排名首位的重庆市游客人数的 51.42%。曾经摘下一个又一个金字招牌、多次刷新游客接待量历史纪录的旅游景区，开始在市场转折和产业转型之间徘徊。有的传统注定会消逝，成为旅游历史长河中翻腾的浪花；有的则会成为经典，成为江河湖海的底床，构筑旅游业创新发展的基石。没有人会永远站在舞台的中央，等着掌声响起来。如果还是守着远方的风景，不了解消费需求的变迁和旅游市场的变化，哪怕有再多的金字招牌附身，也挡不住繁华总被雨打风吹去，徒生"一江春水向东流"的忧伤罢。

三、旅游战疫和市场复苏的转折点过后，重入正常轨道的旅游业开始回答产业重构的时代之问

重构旅游发展理念。经过 20 世纪后二十年创汇导向的入境旅游阶段，21 世纪前二十年消费促进的大众旅游全面发展的阶段，也经过了金融危机、"非典"、新冠疫情一轮又一轮外部冲击的旅游业，需要在复盘检视的基础上认真思考并重构旅游发展为什么、依靠谁和做什么等发展理论，并以此重塑旅游发展新格局。我们必须正视旅游业的经济和社会的双重属性，由经济入，从文化出，将发展聚焦于人民的旅游权利上来。让人民群众有时间去旅游、有地方去旅游，在旅游的过程中游得起、游

得满意，应当、也必须是旅游系统、旅游行业和所有涉旅工作的本质规定和内在要求。为此，我们要以游客满意度为导向，扩大开放、推进供给侧结构性改革，以更加高效的市场方式和行政手段，推进文化和旅游深度融合，推进旅游与农业、工业、服务业、科技、教育、艺术、创意广泛融合，把旅游业真正培育成国民经济的战略性支柱产业和人民群众更加满意的现代服务业。

重构旅游资源要素。到目前为止，山山水水的自然资源、遗迹遗产的人文资源依然是吸引游客到访的关键因素，但是面向未来的创新创造和时尚活力的生活方式更能吸引新一代游客的到访。这是一个旅游者定义旅游业，而非旅游业定义旅游者的时代，当游客以"我的行程我做主"的姿态，以自驾、自助、自由行的方式广泛进入目的地商业环境和生活场景的时候，旅游资源必然会走出自然资源和人文资源的标准化叙事体系，吸纳戏剧场到菜市场的全部在地化生活资源。新资源包括一切有形的天文、地理、城市和乡村，包括一切经济活动所涉及的投资、生产、贸易、流通、消费空间，也包括一切物质和非物质形态的中华优秀传统文化、承载红色基因的革命文化，以及彰显民族复兴和人民幸福的社会主义先进文化。由是观之，地标建筑、音乐厅、美术馆和戏剧场等文化空间，购物中心、餐厅、酒吧、咖啡店等商业街区，以及代表乡村文化振兴的"村晚""村BA"，都可能成为全新的旅游吸引物和旅游资源。

重构旅游客源地市场体系。在需求相对固定的入境旅游时期和消费稳定增长的大众旅游初级阶段，旅游业者只需要开发资源和保障供给即可。今天，国内游客是大众旅游的消费主体，他们中有退休干部、中等收入群体，也有普通的工薪阶层。值得关注的是，农村居民不再只是被动的旅游接待者，开始以旅游者的身份，稳步而坚定地登上大众旅游全面发展的时代舞台。随着更多"小镇旅行家"和"新生代旅行者"的加入，旅游需求不再固定，旅游市场更不是平面的，需求开始分类，消费开始分层。有人会选择网红城市作为自己的旅游目的地，有人会因为音乐会而飞往陌生的城市，也有人继续选择反向、平替或者特种兵旅游。100元的景区门票、200元的酒店住宿费，可能只是一部分游客忽略不计的预算，也可能是另一部分游客的价格天花板。市场越来越大，市场也越来越小。从这个意义上说，你可以进入任何一个赛道，但是你不可能讨好所有人。

重构旅游目的地空间格局。相对于广大乡村地区，城市拥有规模经济、密度经济所带来的内生性高频消费需求，以及完善的基础设施、公共服务和商业接待体系。正是从这个意义上讲，旅游目的地是生活环境的总和，商业环境是旅游目的地竞争的关键。如果我们对此没有清醒的认识，就无法理解为什么部分非热门旅游城市、非网红打卡街区和传统景区的假期游客接待量不及预期，而网红目的地则因为"网红到底能红多久"的追问而焦虑。理解了这一点，就会理解和认同"新时代旅游工作的重心必须，也只能转移到城市中来"的战略研判。考虑到国情和各地经济社会发展水平的差异，我们还要着眼"城市群—超大型城市—大型城市—中型城市—县城—中心城镇"的分级分类体系，以城市视角加强对旅游目的地空间格局及其演化特征的深入研究。代表最美国土的国家公园、代表文化脉络的国家文化公园，以及京津冀、粤港澳、长三角、中原城市群等区域发展战略，正在重构传统以东中西划分的国土空间格局，也在重构旅游目的地发展的空间格局。

重构现代旅游业发展方式。产业化是"用机器生产机器"的迂回生产过程，是以分工和专业化为前提，以效率提升和市场扩容为目标的。不管我们愿意还是不愿意承认，基于自然馈赠和历史遗承的景区为供应商，以批发—零售的旅行社为渠道商的传统旅游业发展方式，遵循的还是类种植和渔猎的第一产业逻辑。无论我们看见还是没有看见，以主题公园、度假区、商业街区、民宿集约发展区为空间依托，以科技、艺术、人文、资本和创业团队为支撑的现代旅游业时代，已经到来。这个时代遵循分工和专业化的逻辑，并导入了数字化生产方式。因为创业创新的存在，产业边界、市场主体和竞争格局，一切的一切，都在消散与重构之中。

　　一年前的今天，正是旅游战疫最为艰难的时刻，我们为历史留下的文字是，"若干年以后，中国旅游史该如何记载2022年劳动节的五天假期呢？答案或为：看似乏善可陈，却又诸变待发"。一年后的今天，旅游战疫终于迎来了决定性胜利，是市场转折之际，也是产业重构之时。

2023年劳动节假日旅游市场特别评论

北京·2023年5月3日

文旅融合的深度与避暑康养的广度

2022年端午节，旅游业正处于市场复苏和纾困解难的关键时刻，假日市场评论的主题是《在粽叶飘香的初夏，我看见了旅游的春天》。彼时，无论是有组织的业界研讨还是网络自发的花式吐槽，"躺平"和"摆烂"的危险日渐加剧。**让负重前行者不孤单，让为人抱薪者不冻毙，是我们过去三年，也是未来每一年的理论建设和数据生产需要坚守的价值与意义之所在**。透过每个节假日的市场数据，我们看见了渐行渐远的风景和越来越近的文化，看见了传统的业者的创新与新型业态的入场，当然也看见了相对谨慎的消费和有待提升的获得感，看见了市场复苏需要有为政府更需要有效市场。2023年的端午节假期，我们看到的是家国情怀正在引领文化和旅游走向更深程度的融合，旅游业进入了不可逆转的全面复苏新通道，以及避暑、康养、研学领域持续扩容的市场空间和创新机遇。与此同时，我们也高度关注旅行社、在线旅行服务平台、导游、领队、酒店、民宿、景区、度假区、旅游休闲街区等市场主体和从业人员的经营状况，以更大力度的市场扩容和政策创新，稳步提升投资机构和市场主体的获得感。

一、家国情怀引领文化和旅游走向更深程度的融合

端午是传统文化氛围深厚的节日，也是我国首个入选世界非遗的传统节日。过去三天，文化和旅游系统贯彻习近平总书记关于文化和旅游工作的重要讲话精神，落实党的二十大战略部署，推动文化和旅游深度

融合，推进旅游业高质量发展。各地围绕家国情怀主题，组织了丰富多彩的文化活动，为人民群众创作了一批优秀文艺作品和优质旅游产品，让古籍里的古曲、博物馆的文物、大地上的遗产和传承千载的传统民俗走进了当代生活，获得了良好的社会效益，也为假日旅游增添了新动能。北京、湖北、四川、内蒙古、山西、天津等地举办千余项"粽"享端午文化盛宴的惠民文化活动。江西萍乡邀请孩子们走进孔庙博物馆的国学讲堂，齐声吟唱《离骚》名句。河北廊坊举办"我们的节日·端午"主题活动。广电总台在"屈原故里"宜昌秭归举办的"碧水长歌颂端阳"，推出屈原故里端午文化节系列精彩活动。

城乡居民的日常生活空间，特别是那些源于人民精神享受和文化参与需要的原生态文化和体育项目，更是极大激发了广大游客的参与热情。这些自下而上、由内而外的文化活动，而非人为的造节造势，通过互联网的自发传播而形成了"破圈"效应，并吸引游客到访，成为文化和旅游深度融合的全新模式。贵州的"村超""村BA"，广东、湖北、湖南、福建、浙江等地的龙舟赛/龙舟扒，广西山歌节，是文化活动和体育赛事，也是旅游吸引物。划龙舟成为端午节最有影响力的IP，广东各种狂飙式龙舟扒、广西端午节划龙船、四川"速度与激情"龙舟赛，还有新疆旱地龙舟，都在短视频自媒体平台收获了持续增长的流量。**这些民间自发的、反映群众文化生活新需求的活动、项目和场景，与博物馆、美术馆、图书馆、戏剧场、电影院等传统文化空间共同构成了文化和旅游深度融合的新场景，为旅游业高质量发展注入了新动能。**

由中国美术学院毕业生创意出镜的"挑货郎"与"卖花娘"，与西湖的文化底蕴、周边环境和节日氛围毫无违和感，相比之前的国潮秀，更多了一份走入寻常生活的丝滑与优雅。这种看似不经意的场景及对文化本体而非人物载体的强调，更易让游客产生风拂夏荷、雨滴台阶般的治愈感，也为景区导流和城市形象塑造提供了静水深流的新路径。作为文化高地的一线城市在节日期间推出的面向青少年群体的文艺作品和艺术展览，如北京话剧九人的《四张机》、天津安里甘艺术中心的音乐会、上海昊美术馆的《你和我，保持凝视》、厦门爱歌室内合唱团《崇拜》，同样吸引了众多的本地居民和外来游客。

文化塑造了旅游的未来，丰富了旅游的场景和内涵，旅游也为传统文化的创新性传承和创造性转化提供了全新的场景和无限的可能，广大游客参与文化休闲的过程中更是体现出浓浓的家国情怀，生动讲述了新时代的中国故事。有的景区如杭州西湖本身就是文化遗产，是主客共享的美好生活新空间，加上互联网短视频的加持，优秀的创意很容易收获流量，城市也获得了留量，形成了传统文化与旅游空间的良性互动模式。

二、旅游业进入不可逆转的全面复苏新通道

如果说"五一"国际劳动节是国内旅游市场全面复苏，转入常态化发展的战略转折点，那么**端午节则是入出境市场复苏的里程碑，标志着国内、入境和出境三大市场进入了不可逆转的全面复苏新通道**。据国家移民局的数据，端午节假期三天，入出境人数恢复到了2019年的六成以上。受港澳基础市场和东南亚、日韩等周边国家旅游推广和促进政策的影响，加上民航、邮轮、酒店、餐饮、大交通和目的地资源商等供应链的稳步恢复，以及签证和口岸通关政策的便利化，端午节假期入出境旅游达到了2020年以来的峰值，西亚、北非和欧洲等中远程市场也迎来新年以来小高潮，国内旅游则延续了2023年春节以来加速回暖的趋势。据文化和旅游部官网消息，**端午节假日三天，全国国内旅游出游1.06亿人次，同比增长32.3%，按可比口径恢复至疫前同期的112.8%；实现国内旅游收入373.10亿元，同比增长44.5%，按可比口径恢复至疫前同期的

94.9%。

受假期时长和高温天气影响，近程出游和本地休闲仍然是基础市场，远程市场较劳动节假期有所收缩。中国旅游研究院节假日文化休闲和旅游消费专项调查显示（如无特别说明，本文数据来源同此）：**假日期间，游客平均出游半径 164.87 千米，同比增长 52.8%；目的地平均游憩半径 12.94 千米，同比增长 71.0%**。同样由于出游时间、消费预算和高温天气的影响，居民出游人数和接待游客人数位居前列的省份包括广东、山东、河南、江苏、四川、河北、湖北、湖南、安徽和浙江，其出游人数和接待游客人数合计分别接近全国总量的六成。随着全面小康社会的建成、和美乡村的建设，广大农村居民解决了"三不愁、两保障"，开始关注包括文化和旅游在内的精神享受。假日期间，全国农村居民出游率 4.8%，出游人数占假期国内游客出游人次的 22.4%。近年来连续监测的数据表明，农村居民日渐增长的景区观光和城镇休闲需求已经成为旅游市场扩容和产业创新不可忽视的新动能。对于投资机构和旅行商来说，下沉市场，大有可为。

值得关注的是，越来越多的市场主体关注到广大游客对城市和乡村生活方式深度体验的需求，研发推广了更多的单项产品和优质服务，极大丰富了假日旅游市场供给，也彰显了旅游供给侧结构性改革和融合创新的无限可能。专项调查显示，假日期间访问文博场馆、历史文化街区，参与各类非遗项目，参加音乐节、演唱会等文化活动的游客占比高达 87.9%。定点监测的全国 7255 个旅游休闲街区（含商圈），单个街区日均客流 8588 人次，游客平均停留时间 115.56 分钟。参与夜间文化活动和旅游消费的游客比例达 22.3%，较 2022 年同期提高 7.9 个百分点。

各地加大文化活动和旅游产品供给力度，通过现场督导、检查排查、智慧监测等手段最大限度保障市场秩序和游客权益，居民和游客度过了一个安全、有序、繁荣、高品质的端午节假期。专项调查显示，"景区、酒店和旅行社准备工作较为充足""志愿者服务很暖心""预约、检查、排队总体比较便捷"和"价格合理"位列游客满意选项的前四位，选择占比分别为20.0%、15.7%、15.3%和14.5%。海外主流媒体对我国端午节的报道主要聚焦于划龙舟、吃粽子等中国传统文化，对旅游市场的报道和评论较少，假期旅游相关报道以正面和中性为主。**游客满意度达82.7，处"满意"水平，较2022年同期提升3.5。**

三、避暑旅游需求拉动与产业创新

经过近十年的培育，避暑旅游已经完成了概念导入期，正在步入政策促进和商业实践的新阶段。避暑旅游正当时，"哪儿凉快哪儿待着去"已经成为广大游客、投资机构和市场主体的新共识。2023年端午节，北京等主要客源城市迎来了罕见高温天气，进一步提高了人民群众的异地避暑旅游需求。

——**培育了一批资源价值彰显、市场广泛认可的避暑旅游目的地。**江西庐山、安徽黄山、浙江莫干山、北京延庆、吉林长白山、湖北神农架和利川、四川九寨沟、贵州安顺和六盘水等地的山岳避暑，河北北戴河，山东青岛、烟台和威海，辽宁大连，福建厦门，浙江舟山等地的海滨避暑，青海西宁和青海湖、云南昆明和腾冲、新疆阿勒泰等地的高原避暑，以及内蒙古的呼伦贝尔、乌兰察布和阿尔山等地的草原避暑，为广大游客提供了类型多元层次丰富的避暑选择。

——**建设了一批相互支撑的避暑项目、破圈而出的休闲产品。**北戴河的阿那亚、蔚蓝海岸，威海的海上公园，焦作云台山等海滨、湖泊、山岳、森林避暑旅游地的数据，不少已经达到甚至超出了最大承载量。大连金石滩的海洋科普夏令营、郑州银基旅游度假区的"畅泡冷泉"、浙江宁海的露营旅游节,以及乡伴的树蛙部落、日光域的"露营+"等项目,均收获良好的市场口碑和经济效益。端午节假日期间,全国重点监测的 313 家 5A 级景区中,长白山景区、恭王府、东方明珠广播电视塔、荔波县樟江景区、北极村、八达岭长城风景名胜区、本溪水洞景区、巴音布鲁克大草原、布尔津县喀纳斯景区、七彩丹霞景区和龙门石窟等景区接待游客增速居前,多与避暑旅游有关。

——形成了一批品牌支撑度高、资源整合能力强的避暑旅游专业运营商。6 月 16 日,春秋旅游发布 7~8 月旅游包机计划,空前规模的 289 架旅游包机将数万名游客送往青海果洛、内蒙古满洲里、湖南张家界等地。岭南集团的广之旅面向"分龄玩"的暑期亲子和研学市场,联合周边的旅游景区度假区推出了避暑旅游线路。

四、康养度假开始进入市场培育期

从旅游动机上看,端午节假日期间的康养度假的游客比例为 12.6%,同比升高了 3.8 个百分点。数据表明,**康养度假正在从概念导入期稳步进入市场培育期。人民有权利追求美好旅游休闲新生活的权利,更有保障生命安全和身心健康的权利,这是康养度假市场培育和产业发展的最深层支撑和最可靠的动能**。从现实来看,时间自由且预算充裕的退休职工、拥有寒暑假的大中小学教师、更愿意用足带薪休假权的年轻职员,共同构成了康养度假的市场基础。正是由于这部分客群的存在,端午节假日旅游市场才出现了错峰出游、前展后延、重居轻游的新趋势。

康养度假发展新业态的同时,也对旅游治理体系和治理能力现代化提出了新要求。传统的观光休闲,旅游人次和旅游消费的统计相对容易,主要是团队旅游、"机票+酒店"和旅游景区消费,日益兴起的康养度假则是自驾出行、自有或月租房产、自助生活、自主休闲为主,出行前在目的地的汽车加油、装备购置、旅行保险，旅途中的高速公路、餐饮消费，以及目的地旅居期间的生活用品购置、文化娱乐、医疗护理、康复疗养和医保支付等服务项目，很难进入目的地供给侧视角下的统计范畴。如果不能从需求侧视角，以大数据技术重构当代旅游统计体系，就很难做好产业规划、项目建设和市场推广工作，也不容易形成旅游发展的社会共识和政府合力。

从概念导入到商业实践的过程中，要合理利用山岳、湖泊、海洋、海岛、森林、草原等自然资源，以及历史文化名城、富有文化底蕴的古村古镇，更要系统研究和科学把握旅游市场规律，特别是康养度假旅游者的空间流向和消费特征。经验表明，人口超过1000万、GDP超过1万亿的特大城市的主城区周边200千米左右的山岳、湖泊和海滨更容易形成旅居型康养度假地，二、三线城市的市场辐射半径则会明显收缩。**希望旅游规划部门和决策机构更加理性地看待刚进入概念导入期的康养度假市场，推动旅游业健康、可持续、高质量发展。**

2023年端午节假日旅游市场评论
北京·2023年6月24日

旅游经济新格局与产业政策新导向

2023年以来，在以习近平同志为核心的党中央坚强领导下，我国国民经济持续恢复、总体回升向好，人民群众旅游需求旺盛，旅游经济进入了全面复苏新阶段。中央政治局会议对于推动文化旅游等服务消费的表述体现了中央对扩大内需的重视，旅游新需求新业态的发展也反映了深化供给侧结构性改革，推动高质量发展的时代要求。

一、景气上升、市场下沉与战略调整

受居民出行和接触性消费政策宽松、宏观经济稳中向好、中央和地方多措并举促进消费等多重利好因素影响，2023年上半年的旅游经济进入了"高开稳走、供需两旺、加速回暖"的全面复苏新通道。劳动节假日五天，国内旅游出游人次和旅游收入均超过2019年同期，平均出游距离超过了180千米。**节假日、月度和季度的市场指标、城市热度、游客满意度的环比和同比数据均已经表明，旅游经济迎来了战略转折点，进入了不可逆转的复苏向上新通道。**根据文化和旅游部官网数据，2023年上半年国内旅游出游23.84亿人次，同比增长63.9%；国内旅游收入2.30万亿元，同比增长95.9%。无论是居民出游意愿、企业家信心，还是旅游经济运行综合景气指数，均已达到过去三年以来的最高水平（见图1）。考虑到已经到来的"暑期档"和国庆、中秋节假期的旺盛需求，以及供给侧和政策面的积极影响，我们有理由对2023年下半年旅游经济持更加乐观的预期。**中国旅游研究院预测，全年国内旅游人数55亿人次、国内旅游收入超过 5 万亿元，分别恢复到 2019 年的九成和八成以上。

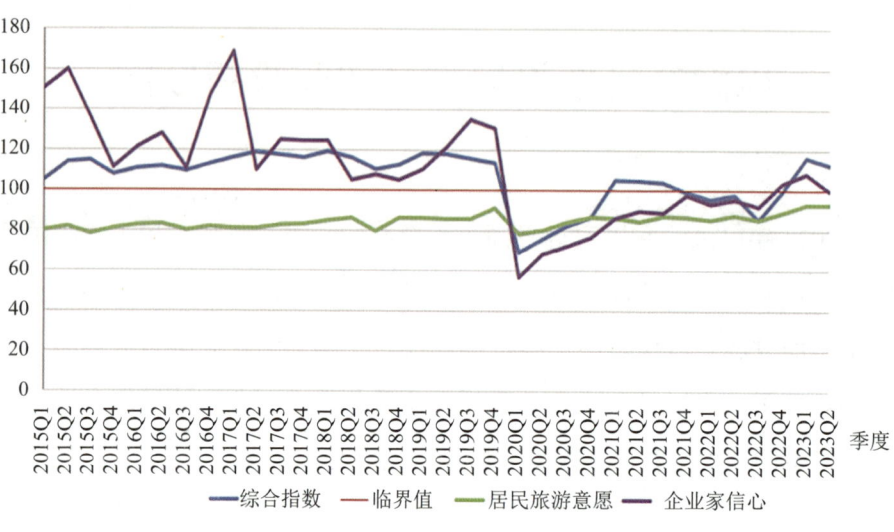

图 1 2015Q1—2023Q2 旅游经济景气指数

2023 年上半年全国游客综合满意度指数 80.08，处于"满意"区间，环比上升 0.32（0.4%），与 2019 年上半年水平（80.15）基本相当（见图 2）。经验表明，当期游客满意度稳定了，下期居民出游意愿和消费预期就稳住了，投资机构和市场主体的信心就会相应得到提升。

受研学、避暑、度假和康养需求快速上升的影响，2023 年暑期受到政产学各界的高度关注。经常看到有网友在敦煌、那拉提、老君山等热门景区和热点新闻下面评论："难道只有我一个人在上班吗？"根据中国旅游研究院（文化和旅游部数据中心）的预测，这个暑期确是过去五年来最热的暑期，预计 6 月、7 月、8 月三个月国内旅游人数达 18.54 亿人次，占全年国内旅游出游人数的 28.11%；实现国内旅游收入 1.2 万亿元，约占全年国内旅游收入的 27.46%。其中，大中小学生放假最为集中的 7~8 月，国内旅游人数预计为 13.31 亿人次，占全年国内旅游出游人数的 20.18%；实现国内旅游收入 0.86 万亿元，约占全年国内旅游收入的 19.71%。

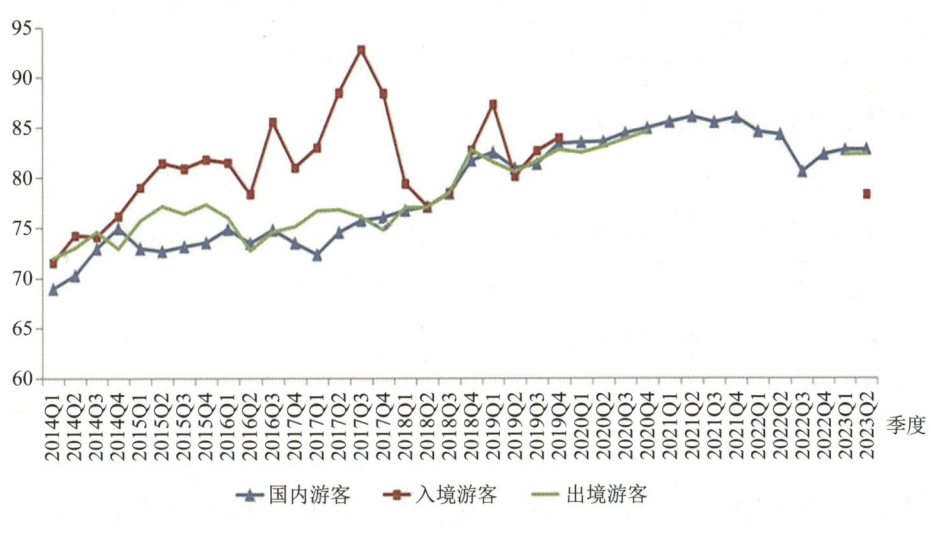

图 2　2014Q1—2023Q2 全国游客满意度指数

从数据看，旅游收入增长速度慢于出游人次，但是不能因此而轻易得出"消费降级"的结论。旅游消费过去更多表现为中远程长线游的拉动效应，如今主要体现在周末休闲、近程度假、乡村旅游和自驾出行，加上不到两成的跨省和出境旅游，旅游消费呈现出多元、立体和复杂的特征，简单用升级或降级来刻画都是片面的。从技术面来看，一方面是旅游市场复苏按前低后高、先近程后远程的节奏展开；另一方面，越来越多经济型预算的旅游者，如"小镇青年""特种兵旅游者""反向旅游者"在扩大消费基础的同时，也拉低了全样本出游者的人均消费。2023 年端午节，农村居民出游占全国国内出游总量的 22%，是过去五年的最高比例。原来不旅游的人出来旅游了，原来投亲靠友的现在住经济型酒店了，对他们来说，消费不是降级而是升级了。我们要关注的是原来住五星级酒店的现在是不是住经济型酒店了，原来买环球和迪士尼速通卡的游客现在是不是买普通门票了。值得关注的是，消费能力前十个百分点的游客消费稳中有升，加上旅游景区降价、免费和旅游消费促进等因素，更接近客观的旅游经济形势是"**市场下沉、消费分层、总体升级，旅游供需不平衡不充分，特别是优质旅游产品供给不足**"。

从公开信息看，近期旅游消费的政策供给将主要指向**稳住消费预期、提振消费信心、优化消费结构、扩大消费规模和提升发展质量**。为此，中央将在财政、金融、发展、土地等宏观调控政策，供给侧结构性改革和需求侧预期性管理的基础上，通过高规格的文件、会议和机制创新，提振旅游消费信心，调动社会资本投资旅游领域和市场主体创业创新的积极性。更加重视中旅、华侨城、首旅、岭南、杭商旅、开元、携程、春秋等中国旅游集团20强的创新示范作用，更加重视中小微企业的数字化转型，进而夯实旅游业高质量发展的微观基础。随着中国式现代化进程的展开和大众旅游全面发展时代的到来，新时代旅游业的总体定位和发展战略可能会做必要的调整。旅游是国民经济战略性支柱产业，是融实体经济与数字经济为一体的现代服务业，也是满足人民美好生活需要的幸福事业。坚持发展人民为中心的大众旅游、现代化导向的智慧旅游、未来可持续的绿色旅游、彰显文化自信的文明旅游，坚持以文塑旅、以旅彰文，推进文化和旅游深度融合，将旅游业建设成为人文经济的优先领域和高质量发展的示范产业。

二、城市积聚、街区引流与业态融合

从历史进程看，改革开放四十五年来，中国旅游走过了一条"先入境旅游，后国内旅游，再出境旅游"的非常规发展模式。今天，国内旅游已经成为越发稳固的基础消费市场，入境旅游则需要全新的战略计划加以振兴。从空间布局上看，则是"先观光风景，后休闲场景；先古村名镇，再城市街区；先西部，再东部，后中部"的演化逻辑。随着大众旅游的全面发展和休闲度假需求的兴起，旅游工作的重点开始逐渐转移到城市中来，空间布局上也开始向东部沿海发达地区转移。新时代的旅游空间布局将在**追求景区度假区质的有效提升和量的合理增长的同时，更加重视旅游休闲城市和街区的建设，更加重视国家公园、国家文化公园为依托的国家旅游线路的培育，以及贵州旅游产业化、青海国际生态旅游目的地、桂林等世界级旅游城市建设。**

中国旅游研究院（文化和旅游部数据中心）根据省域游客量、人口及有效游憩面积等指标进行聚类，将各省区市的旅游市场热度由高至低划分为领先发展区、蓄势待发区和相对滞后区。其中，蓄势待发区包括河南、安徽、重庆、四川、云南、湖南、福建、海南、湖北、河北、辽宁、陕西、贵州、江西、广西、吉林、山西和宁夏18个省区市，国内游客接待量占全国比重为60.05%，省均接待量占比3.34%。这一区域常住人口规模大、经济增长潜力大、城市化空间广阔，是全国旅游消费增长的动能所在，也是当前和今后一个时期财政、金融、发改、土地、环保和消费政策的重点发力区。通过中等热度区域的文化休闲和旅游消费潜力释放，稳步构建新时代"中部崛起、东引西升"旅游发展空间新格局。

从城市尺度看，推动旅游消费从高热点城市向周边区域线性扩散和扇面辐射，稳步构建"中心辐射、外围承接"的旅游消费新格局。西安、上海、广州、深圳、郑州等传统高热度城市出现频率较高且热度稳定，而淄博、汕头、西宁等新兴热门城市出现频率低且持续时间短。这意味着传统高热度城市热度稳定，但是新兴热点城市热度难以维持。每个月热度排名前50的城市合计仅84个，占343个样本城市的24.49%，其中每月都能进入热度前50的城市共有26个，结构非常稳定。这些城市集中分布在以北京、上海、成都为顶点的三角形区域，以及粤港澳大湾区城市群。受高热度城市客源地、集散地和目的地等多重因素的叠加影响，其周边城市热度也会呈现有规律的起伏，旅游产业政策重在引导目的地营销机构和旅行商将游客从高热度城市的主城区，引向近郊区、远郊区和周边省市。鼓励有条件的市场主体探索"旅行社引流、航空/高铁送客、度假区消费"的旅游经济新模式，进而扩大远程客源投送能力。

从街区尺度看，落实主客共享发展理念，实施商旅融合计划，推动主城区和主街区客流向辅街、后街扩散，有效扩大城市旅游消费。中国旅游研究院（文化和旅游部数据中心）长期对城市旅游者的游憩轨迹进行网格化跟踪研究，数据表明，游客轨迹的落点网格高度集中于当地的主要商圈、街区和城市休闲区。南京市前五名对应的街区或商圈依次为：新街口商圈、南京夫子庙—秦淮风光带、草场门商圈、钟山风景名胜区和南京幕燕滨江风貌区。通过网格内基站负载分析发现，游客在特定街区和商圈主要跟主街的基站发生联系，但是辅街或后街的基站负载水平较低。这意味着哪怕是在中心城市的主城区，游客轨迹和旅游消费也是不均衡的。新时期的消费政策要通过人工智能、大数据、5G 通信等现代科技应用，结合商业网点和交通规划布局，有效引导城市客源从主街向后街、从主商圈向次商圈、从中央休闲区向社区文化空间的扩散。

三、项目建设、场景重构与投资引导

经此一疫，旅游业回不到"人山人海吃红利，圈山圈水收门票"的传统模式了，自然资源和历史文化资源已经出现边际效应递减迹象，科技、文化、艺术、教育、创业创新正在成为旅游业发展的全新动能。随着产业资本的跨界入场和传统市场主体的数字化转型，旅游经济正在稳步进入"品质需求引导供给创新，创新供给创造需求升级"的良性循环。

旅游产业政策将**更加注重贯彻创新、协调、绿色、开放、共享的新发展理念，坚持以文塑旅、以旅彰文，推进文化和旅游深度融合，构建质的有效提升和量的合理增长新发展格局。**

大众旅游进入全面发展新阶段，个性化、品质化和多样性消费特征更加明显，消费场景更加多元。游客要美丽风景，也要美好生活，旅游目的地已经成为"近悦远来、主客共享"美好生活新空间。自驾游、房车、冰雪、避暑、避寒、夜间、康养、研学、度假、体育、美食、看展、音乐节、演唱会等新型旅游需求已经从概念导入期走向市场实践期。旅游消费已经从目的地概念走向目的地、客源地并重，行前、行中和游后贯通的新格局。**推动更多基础设施和公共服务进入旅游业，鼓励旅行服务商、旅游供给商、目的地小交通模式创新，将是促进旅游消费，推动旅游业高质量发展的政策导向。**

创造更多人文、科技、研学等新型旅游体验场景。旅游消费促进不能简单地盯着免门票、降价格、发补贴，要更加关注青少年研学旅行、中老年旅居康养、农村居民观光休闲等出游市场，推出符合其消费偏好和支付能力的产品。要系统梳理国家公园、国家文化公园的地质地貌、动植物资源和历史文脉，统筹政府、社会和市场力量，让收藏在博物馆里的文物、陈列在广阔大地上的遗产、书写在古籍里的文字都活起来。更加注重优秀传统文化的创新性传承和创造性转化，依托民族复兴和人民幸福的中国梦，为游客提供优秀的文艺作品、优质的旅游产品，以及更有未来感的品质休闲空间。加大国内旅游宣传推广力度，让中国人民在美丽国土上自由行走，领略山河壮美，领悟文化之美。关注科技、教育和经济社会发展的前沿趋势，引导青年旅游以更加宽广的国际视野关注当下生活与人类文明的未来。为此，新时代的旅游产业政策应着力**推动旅游与国民经济各行业、社会发展各事业的多元业态耦合。**旅行服务、住宿、娱乐等传统行业更加细化，特色民宿、主题酒店、青年旅馆、露营等在住宿业中占有越来越大的比重。文商旅、农文旅等旅游休闲综合体长期是投资热点，康养旅游、工业旅游、体育旅游等新业态也得到较好发展。以先进科技为支撑的沉浸式演出、光影秀、无人机表演、智慧影剧院等已成为市场新宠。围绕文化和旅游行业核心需求产生了一大批生产服务企业、装备制造商、技术方案供应商等外围企业。

四、散客需求、多元供给与治理能力现代化

自由行和自助游的发展，让越来越多的游客进入居民生产生活空间和休闲场景。旅游目的地越来越具有"近悦远来、主客共享"的高品质生活空间属性，围绕吃、住、行、游、购、娱的个性化、品质化和多样性，旅游市场已经形成了足以支撑业态创新的美食旅游、房车旅游、特色民宿等新需求。餐饮消费在旅游消费中占比居高不下，长期保持在20%以上，90%的旅游者到目的地后都会去品尝当地的特色饮食，对于成都、长沙等网红旅游城市来说，特色美食更是其重要的吸引力。对美食的追求甚至延伸至菜市场，一些地方的菜市场由于其好看、好逛、好玩特别是具有"烟火气"，成为旅游者体验当地生活方式的重要选择。

理论研究、数据分析和市场观察越来越指向这样一个事实：**游客体验不仅依赖于传统的旅行服务商，更与本地生活服务商、基础设施、商业环境、公共服务等息息相关**。基于团队和观光的传统旅游发展模式，以及与此相适应的行业监管方式正在面临根本性变革的压力，旅游部门不能只抓旅行社、导游、星级酒店、A级景区和度假区，而要着眼于**游客满意度高不高、市场主体竞争力强不强、旅游发展动能新不新**，全面推进组织变革、技术创新、干部和人才队伍建设，构建大众旅游全面发展新阶段的旅游业高质量发展新体系。当且仅当旅游供给、市场创新、

行业监管与人民的美好生活密切相关，旅游经济才能保证可持续的繁荣发展。

尽管国家发展入境旅游的决心从未动摇，信心从未消散，但入境旅游在旅游经济体系和全球旅游市场格局中的地位相对下降，仍是不争的事实。建立中央层面的旅游协调议事机制，加大外宣和旅游推广工作力度。出台入境旅游振兴计划，重点改进入境外国人旅游体验的短板。各地各部门应与此相向而行，重点旅游城市要在旅游形象更新、对外推广、市场促销下功夫，提升城市知名度和美誉度，下大力气提升旅游消费环境。简化指纹签证政策，有序恢复和扩大落地签、免签政策，加大航班航线恢复力度，加大支付、酒店及景区度假区的入境便利化服务。立足入境游客文化体验、旅游偏好、餐饮习惯等现实需求，优化入境旅游产品及线路。加强导游特别是外语导游，尤其是小语种导游的培养和政策支持力度。

2023 年上半年旅游经济形势与暑期消费展望

北京·2023 年 7 月 28 日

预期的增长和理性的繁荣

2023年的中秋节和国庆节前后相连，形成了调休后的8天超长假期，加上杭州亚运会和政策效应的叠加影响，形成了有统计记录以来热度最高的假日旅游市场。据文化和旅游部官网消息，中秋、国庆节假日八天，国内旅游出游人数8.26亿人次，按可比口径同比增长71.3%，按可比口径较2019年增长4.1%；实现国内旅游收入7534.3亿元，按可比口径同比增长129.5%，按可比口径较2019年增长1.5%，实现了预期的增长。从游客平均出游距离、目的地平均游憩半径、旅游消费结构、自驾游比重，以及游客满意度等微观结构性指标来看，过去的三年确实过去了，旅行旅游和接触性消费正常化政策的边际效应趋于递减，旅游经济开始步入市场内生和创新驱动的新常态，在科技、创意、投资和企业家信心的共同作用下，旅游经济将稳步转入理性繁荣的新阶段。

一、需求高涨、产业创新和政策促进的叠加效应助推假日旅游市场再创历史新高

当中秋节遇上国庆节，加上各级政府的政策促进，城市居民出游热情空前高涨，"人人是游客，处处是风景""厚植家国情怀、尽享人间烟火、感念国泰民安"成为中秋、国庆节假日旅游市场的生动写照。习近平总书记在国庆招待会上发表重要讲话，引起了广大群众的热烈反响。30万游客和市民齐聚天安门广场庆祝新中国74周年华诞，天津市和平区金街的"献礼祖国特别演出"，安里甘艺术中心与北洋合唱团合作的"我们

的歌",神州各地深情演绎的《歌唱祖国》《绣红旗》为游客和市民带来了温暖和力量,也为各大旅游目的地注入了活力、时尚和动感的新形象。城乡居民持续高涨的出游意愿和消费热情、丰富多彩的旅游供给、国务院办公厅印发的《关于释放旅游消费潜力推动旅游业高质量发展的若干措施》和各地政府的消费促进政策,让2023年的最后一个公众假日成为有史以来热度最高的节假日旅游市场。

城市人口规模、经济社会发展水平和航空、高铁、高速公路网络仍然是影响旅游经济的底层逻辑,随着常态化旅行和接触性消费政策的实施,游客出游距离和目的地休闲半径明显增长。**假日期间,国内游客出游半径189.5千米,按可比口径较2022年假日同期增长59.6%;游客在目的地的平均游憩半径17.9千米,按可比口径较2022年假日同期增长86.0%。**大数据监测显示,**广东、山东、江苏、河南、四川、河北、浙江、湖北、安徽和湖南游客产出量居前,广东、山东、江苏、四川、河南、河北、安徽、湖北、浙江和湖南接待游客人数相对领先,天津、北京、上海、内蒙古、甘肃、河北、安徽、江苏、宁夏和重庆等地外地游客占比较高。**杭州亚运会带热温州、湖州、宁波、绍兴等周边城市旅游客流。中远程旅游交通场站和热门景区多次出现拥堵,南京夫子庙、西安兵马俑、泰山、龙门石窟、都江堰等景区相继发出最佳和最大承载量预警,上海、长沙等城市主要街区再现"人链式"疏解客流。有人调侃"本想错峰出行,结果预判了他人的预判""进景区前是人山人海,进去后是人海人山",更多人则是对生活恢复常态后的从容,"这才是国泰民安和人间烟火该有的样子吧"。

2023年以来,文化和旅游部分三批恢复138个ADS国家和地区的团队旅游和"机票+酒店"业务,加上国际航线航班持续恢复和境外国家地区入境免签等政策利好,特别是港澳基础市场的快速恢复,入出境旅游市场同比2022年国庆节和2023年劳动节假日均有较大幅度增长，并带动了国际和港澳台旅游供应链的加快修复。从前三季度和中秋、国庆节假日出境旅游数据来看，中国香港、中国澳门、泰国、新加坡、日本、韩国等近程国家和地区是中国公民出境旅游主要目的地，也是入境旅游的主要客源地。值得关注的是，阿联酋、卡塔尔等海湾国家，以及沙特、乌兹别克斯坦、伊朗、阿塞拜疆、格鲁吉亚、斯里兰卡、肯尼亚等"一带一路"沿线国家的出境跟团游订单在这个假期涨幅明显。9月29日下午，"蓝梦之星"号自青岛邮轮母港启航，开启了青岛—济州—上海国际航线，标志我国入出境旅游的所有业务均已恢复正常运营。入出境旅游发展广泛涉及市场推广、资源开发、基础设施建设、政策协调和公共服务，越来越依靠部门合力和国家实力，市场化、职业化和专业化的团队，以及面向市场的产品研发和服务品质提升。

假日旅游也引起了海外主流媒体的高度关注和正面报道，亚洲和北美地区的涉旅关键词是增长、消费、文化。其中，澳大利亚、泰国、马来西亚、中东、韩国等对中国市场恢复预期较高的国家和地区，对假日旅游市场的数据、信息和政策表现出更加浓厚的兴趣。世界各国各地普遍欢迎中国游客的回归，为世界旅游市场复苏和旅游经济繁荣注入不可或缺的动能。中国游客的消费重点已经不是炫耀性购物，而是更加关注境外目的地的自然、历史、人文和生活体验。海外旅游局开始积极引导旅游业调整产品结构，进而推动所在国家和地区向高品质、高体验感的目的地转变。

二、旅游消费进一步向"三区一圈"集中，个性化和多样需求重构旅游产业新格局

假日数据再次凸显了城市在我国旅游经济体系的核心地位和基础作

用。国际化大都市和一二线城市释放了最大多数的旅游消费潜力，因城市而生长或者围绕都市布局的"三区一圈"即旅游景区、度假区、街区和商圈，成为客流最集中和消费最大化的旅游休闲新空间，也让城市漫游有了更多的现实可能。这个假期，北京、杭州、上海、西安、苏州等城市成为城市漫游热门城市，博物馆、景点、街区等积极推出特色印章，游客在行走和集章中深度体验当地文化，同时激活带动了交通、餐饮、商圈等旅游收入。根据中国旅游研究院（文化和旅游部数据中心）牵头的国家科技重大项目节假日客流监测数据，游客在节假日选择商业综合体、文博场馆和历史文化街区者占比高达20%以上，假期前半段城市旅游休闲街区热度明显高于远程景区热度，东中部地区城市旅游热度整体高于西部地区。日趋完善的城市绿道、风景道、社区公园、郊野公园、主题乐园、文博场馆，为城市假日旅游消费的多样性和个性化提供了更多近悦远来、主客共享的美好生活新空间。上海外滩和南京路、北京SKP、洛宝贝乐园光影小剧场、深圳福田区节日大道、芜湖古城、重庆中心城区公共交通客流创历史新高。

值得关注的是，自驾旅游与康养度假的结合，加上共享汽车、共享单车、共享电动车和社区—景区穿梭巴士等目的地小交通的完善，推动了一批依托海滨、湖泊、山岳、森林等自然资源的旅居结合型旅游目的地逐步成形。与欧美国家时空集中、静态休闲的度假模式相比，我国的国民度假还处于市场导入期，呈现时间集中、空间分散、游径扩张、消费活跃等市场特征。得益于基础设施、公共服务和商业环境的完善，**以目的地居停酒店、民宿和度假房产为"系泊港"的周边游更加活跃**，并带动了观光、餐饮、农副土特产销售和本地文化娱乐消费，加速了汽车后经济、社群经济、旅居结合、康养休闲等新业态的成长，形成了旅游投资和商业创新的市场机遇。自驾、航空、铁路、高速公路、邮轮游船客流带动机场、服务区、港口等枢纽商业繁荣，通道经济孕育交旅融合发展新机遇。白云机场融合科技手段，设置趣味性互动项目，丰富机场候机消费体验。盈通餐饮"驿佰味"餐厅在衢州、临安等服务区的40余家门店推出7折节日优惠菜，让过往游客在服务区就能享受实惠美食。

各地政府和企业界争相从文化和旅游融合中寻找假日经济消费增长点，"旅游＋文化""旅游＋体育"等形态不断推陈出新。假日期间，杭州亚运会热向各地传导，各地健身场馆免费、低收费政策力度加强，探亲游、本地游群体中，不少人选择"运动＋旅游"的休假模式。各地40余场音乐节和各类演唱会、音乐会，乐队和歌手走进大众，让"音乐＋旅游"得以由可能的概念导入现实的市场。南阳市委书记、市长着志愿者制服到绿皮车站接送参加迷笛音乐节的游客、热心市民开车送乐迷回酒店，不仅再添"花式宠游客"新案例，更体现了对个性化和多样性旅游需求的社会宽容和文化包容。携程旅行与时差岛联合出品的《边走边唱》第二季在年轻游客中产生共鸣，南京全城音乐节贯穿青奥文化线。第一届苹果音乐节京北启幕，带动了咖啡、版画、布艺书包等各类文创产品热销。长假期间，文化和旅游深度融合展现了更多的可能，消费场景更加丰富。

假日经济既有热门城市、头部景区、网红街区的"人从众"，也有反向旅游、平替旅游、治愈旅游的"45度躺平"；既有特种兵、集章、打卡旅游，也有欣赏近处美丽风景、体验日常美好生活的本地度假。不再跟随年轻群体到处打卡网红地，已是"中年人在假日最后的倔强"。靠近厦门且有土楼景区加持的精心民宿栖心谷，平日客单价为1000元左右，假日期间因为游客追捧而升到2000~2500元，出租率也从60%升至满房状态。中年人和中高收入群体在旅游目的地和消费项目选择上的自主性，将对后疫情时代旅游经济的格局重构产生深层而长期的影响。个性化和多样性的旅游需求不是某个年龄段或者是收入阶层的标志,而是大众旅游全面发展阶段的长期趋势。去哪儿网数据显示,包括邯郸、洛阳、柳州、淮安、伊春等在内的全国"小机场"城市酒店预订间夜量同比 2019 年增长超 6 倍,其中高星级酒店预订间夜量增幅明显,较 2019 年同期增长 8.8 倍。"小城市松弛游"受年轻人青睐,三五好友一起飞去陌生的小城享受当地价廉物美的酒店和餐饮,再去附近景点走走,既满足了旅游愿望,花销也不会太高。携程数据显示,淄博、延边、防城港、酒泉、南阳、广元、承德、伊春、曲阜、乌兰察布等国内小众旅游目的地预订量同比增长超 10 倍。假日旅游数据和市场信息再次表明,旅游者不仅是旅游业的定义者,也是资源价值和目的地形象的定义者。

三、旅行社、景区、酒店为代表的传统业态开始以美好生活创造者的姿态重归公众视野

过去三年,旅行和接触性消费的限制政策进一步加剧了传统旅行社、旅游景区和星级酒店在旅游经济体系的边缘化趋势。2023 年以来,宏观数据一再显示旅游市场高开高走、逐渐回暖的大势,微观数据则表明,归来的游客不再是传统的游客了,他们要风景,也要场景,更要景观之上的美好生活。随游客归来的还有更多跨界而来的投资者和运营商,他们有技术、有创意,还有追随创业者而来的投资。相比之下,那些看上去拥有垄断资源的山水人文景区,拥有资源批发和零售渠道双重优势的旅行社,拥有重资产、专业团队和市场品牌加持的星级酒店,似乎在时代的变革面前显得力不从心,在这个史上最热的中秋、国庆节假期并没有获得相应的市场份额和商业收益。尽管有旅游集团等头部企业的创业创新,但是区域之间、城乡之间和不同业态之间依然存在"发展不平衡,获得感不充分"的现象。那些远离客源地、非头部的山水林草和历史人文景区、城市商务型酒店、入境旅行社、旅游零售商，接待人次和旅游收入等核心指标差强人意，部分企业的主要经营指标甚至低于2022年同期。**如果不能引起政府和行业的重视并拿出切实的办法解决之，切实引导其适应市场变化，提高研发创新能力和市场竞争力，而是任由"热闹是他们的，我什么也没有"的情绪蔓延，传统市场主体和小微企业很可能会选择"躺平"，最终影响旅游业高质量发展的进程。**

令人欣慰的是，我们也在这个假期看到越来越多的旅游集团和专业运营开始适应旅游需求的多样性与个性化，以数字化转型、组织变革、产品研发、服务升级和商业模式创新重归公众视野，并在假日经济获得了可圈可点的成就。广之旅主推国风、民俗、月色、秋色、美食、采摘等1000多条旅游线路，假日期间共组织2000多个境内外旅游团。携程、去哪儿、马蜂窝等在线旅行商的亲子旅途、精致小团、品质包列、小众秘境等创新产品，也获得了市场和行业的双重认可。在散客、自助和自由行主导的大众旅游全面发展新时代，为推动旅游业高质量发展，我们关注旅行商每一份市场创新的努力，并为其取得的商业成就而喝彩。

中国旅游研究院（文化和旅游部数据中心）重点监测的326家5A级旅游景区接待游客人数，按可比口径同比增长88.7%。其中，**杭州西湖、夫子庙—秦淮风光带、钟山风景区、金鸡湖景区、横店影视城、东湖生态旅游风景区、大唐芙蓉园景区、大理古城、天下第一泉风景区和奥林匹克公园等景区游客人数较多**。智慧旅游沉浸式新产品新场景成为消费新热点，长安十二时辰主题街区、尼山圣境、上海天文馆等沉浸式游戏、古今交融的国风、文创、研学等丰富业态为游客们提供了多样化体验。9月28日开业的郑州海昌海洋世界，以全球首座奥特曼主题小镇和帝企鹅、北极熊、海象的"帝王象"组合；珠海长隆最近推出的"宇宙飞船"项目，创下了世界最大室内乐园、最大水族馆等七项世界纪录，开启了文旅 IP 重资产化的新阶段。更多的旅游景区度假区则通过内容创造和场景营造，持续提升产品内涵和服务品质。欢乐谷旗下 14 家主题乐园推出"国色生欢""Happy China"主题玩法，成功吸引大量亲子客群。郑州银基国际旅游度假区的星光大巡游、裸眼 3D 等高科技含量和高文化创意的新项目，融科普研学与亲子互动为一体，增强了游客体验感和满意度。红旗渠景区增加了商贸、酒店、研学、情景表演和特色餐饮服务，假日期间的非门票收入已经占到总收入的三成以上，为非中心城市的国有重点景区门票价格下调路径做出了有益探索。南浔古镇举办廊桥音乐市集、福州三坊七巷的"幸福新图景"，以数字技术和文化创意增强游客体验的品质感。令人欣喜的是，截至 9 月 30 日，黄山风景区的年接待量突破了 2019 年的历史最高点 350 万人次，以免减优、促消费、强品牌，跑出了经典旅游景区高质量发展的加速度。

假日期间，游客出游需求更显碎片化，住宿、交通、景区、体验型项目等旅游活动对于综合性 OTA 平台的依赖性越来越强，酒店和民宿为代表的传统旅游住宿业压力则不断凸显。岭南商旅集团旗下的花园酒店、中国大酒店推出中式美学水墨画展，举办现场音乐表演、中秋亮灯仪式、客房连优惠、中秋家宴、特色美食和嘉年华活动，让酒店成为节假日的城市会客厅和美好生活新空间，并取得了假期营收同比增长超 30%，超过 2019 年营收 20% 的优秀业绩，为变革时代的旅游创新了提供了酒店样本。首旅如家酒店集团是首个与抖音进行全日历房合作的旅游住宿企业，在假期前以旅行研究所名义发布旅游攻略，形成种草效应，平均房价、客房出租率、经营毛利全面超过 2019 年水平，成为"传统酒店＋数字化营销"的示范样本。华天酒店集团在假日期间为宾客提供现场自制的国潮点心"一口酥"，获得游客好评。部分民宿为满足游客"一站式"度假住宿需求，配备了庭院烧烤、家庭影院、露营等多功能设备，让民宿成为本地生活的最佳链接。

四、历时三个季度的政策促进，旅游经济正在从需求潜力释放走向供给创新驱动新阶段

随着政策效应的边际递减，旅游经济将稳步转入理性的增长和预期的繁荣。 随着供应链的稳步恢复，加上劳动节以来的市场供求逐渐趋于常态，多数目的地的酒店和民宿的价格相对平稳，每间夜高达数千上万元的度假酒店和精品民宿可能还有新闻价值，但不应是市场的常态。加上国有重点景区门票价格下调和免费政策效应，节假日的旅游价格会有一定幅度的上涨，但不会大起大落了。在主客共享的美好生活新空间，包括餐饮、购物和目的地小交通的价格也只是在可预期的范围内波动。假日期间，多数目的地的酒店和民宿价格相对平稳，餐饮、购物和目的地小交通的价格均在可预期范围内波动。受高市场预期的影响，民航系统计划执行总航班量近14万班，日均航班量比2019年同期增长约20%。与大幅增长的运力相比，预订量并未同比例增长，截至9月25日，中秋、国庆长假期间的机票预订量仅基本恢复至2019年同期水平。由于总体上的供过于求，节前部分航线的机票价格大幅下降，导致一定程度的市场波动和舆情集聚。希望旅游和民航、铁路、交通系统通过节后的复盘检视，在数据互通、需求预判、供求平衡方面加强跨行业的技术合作。

各级政府将透过数据科学把握旅游经济形势和阶段特征，以更加理性务实的态度推动旅游业高质量发展，让政府的归政府，市场的归市场。 连续监测的总量和结构性数据表明，我国仍然处于大众旅游向小康旅游的过渡阶段，观光休闲是基础市场，大基数、稳增长、低消费是国情，也是旅情。调查显示，这个假期仅有16.3%的受访者选择了跨省游，45.4%的受访者选择城市郊区旅游、市内游、小区和周边溜达，近

半数的游客通过周边休闲游的方式参与假日旅游活动,致使远离客源地的目的地市场客流相对平缓,传统旅行社接待人次也有限。产业政策和行政工作决不能脱离旅游经济基本面,那么多的省市都要培育"万亿产业""国际旅游城市""世界级旅游目的地",现实吗?希望各级政府将旅游工作重心逐渐从开大会、出政策、发牌子和一些"秀存在感"的活动,转移到务实解决基础设施和公共服务短板上来,如中西部地区旅游度假地的航空、高铁、高速公路等基础设施建设,接待设施升级和人才培养等产业升级,还有热门目的地、热点景区和文博场馆的预约难、入园难、停车难,以及经济欠发达地区旅游区和乡村旅游点的如厕难等影响游客体验感和满意度的现实问题。真正做到"游客有所盼,政府必有应",不断提升广大游客的获得感和满意度。"政策千万条,市场第一条",基础设施和公共服务完善了,到访的游客多了,投资机构、资源开发商、旅游运营商就会逐利而来,人才、技术、教育、培训、广告、法务等旅游生态体系也会随之培育起来的。说到底,投资、融资、展览、路演、销售、交易都是市场行为,让市场的归市场,政府的归政府,才是新时代旅游目的地建设该有的样子。

优秀文艺作品、公共文化项目和优质旅游产品构成了游客对目的地美好生活的全新想象。越来越多的地方政府和旅游业者认同"景观之上是生活""从风景到场景""近悦远来、主客共享"等当代旅游发展理念,并贯穿于旅游目的地建设、旅游项目投资和假日市场供给诸项工作中。我们欣喜地看到,文化和旅游深度融合不仅体现在优秀传统文化的创新性传承和创造性转化,也体现在民族复兴和人民幸福的社会主义先进文化培育了城乡文化旅游新场景。假日期间,郑州新郑首次推出4条文物考古研学游径,景德镇、佛山、常州、邯郸、镇江、南阳等地共举办了41场音乐节和数十场演唱会,更有《红楼梦》《俑立千年》等舞台艺术、

《志愿军》等影视作品，为广大游客和市民提供了丰富多彩的精神享受和文化选择。浙江借助亚运会推出"看亚运　游浙里"十大亚运文旅精品线路、北京延庆举办首届宇宙岛音乐节，让游客沉浸式体验中国航天文化、感受新时代建设新成就。在主客共享美好生活新空间的视角下，旅游与文化、体育、科技、商业、农业等领域越来越难以分离，旅游投资机构和运营商终将成为美好生活服务商。

致谢：

本文数据均来源于中国旅游研究院（文化和旅游部数据中心）2023年中秋、国庆节假日旅游数据专班，以及科技创新2030重大项目示范城市的研究成果。感谢唐晓云博士、马仪亮博士、何琼峰博士、吴羽涵同志、胡宁婷同志和中国电信、科大讯飞、兰州大学等专业团队，感谢张掖市、天水市、芜湖市人民政府及相关景区的大力配合，感谢岭南、广之旅、华侨城、欢乐谷、湖北文旅、春秋、华天、正佳、建业、红旗渠、北京世园公园等旅游集团和相关企业的数据支持。

2023年中秋、国庆假日旅游市场特别评论

北京·2023年10月6日

想要的春节长假来了，团圆旅游两相宜

落实人民的休息、休假和旅游权利，需要稳步增加法定节假日和带薪休假天数，也要在倾听民意的基础上，持续改进和优化节假日安排，才能更好地满足人民对美好生活的向往。尤其是承载了阖家团圆、人间烟火、诗与远方的春节，放几天假？怎么放？除夕能不能和家人在一起？节后要不要补假？怎么补？都是万众瞩目、万家期待的热点话题。即将到来的甲辰龙年春节将迎来9天的"超级黄金周"，团圆旅游两相宜，正是大家想要的春节长假该有的样子。

国务院办公厅10月25日发布了《关于2024年部分节假日安排的通知》（以下简称《通知》），比往年来得更早一些。多年以来，节假日安排的发布日期基本是前一年的11月底或12月初，比如2023年的节假日安排是2022年12月8日发布的，2021年的节假日安排是2020年11月25日发布的。**2023年之所以提前一个月发布，也是为了及时有效地回应社会各界的期待，真正做到了民有所呼、政有所应。**

令人欣喜的是，与往年的文件相比，今年增加了一句话"鼓励各单位结合带薪年休假等制度落实，安排职工在除夕休息"。带薪休假是职工的法定权利，是人民美好生活的重要组成部分，但是由于各方面的原因，这项制度并没有得到广泛而完全的落实。2022年7月，经国务院同意，国家发展和改革委员会、文化和旅游部联合印发了《国民旅游休闲发展纲要（2022—2030年）》，明确提出要优化法定节假日时间分布格局，推动旅游休闲的快速发展，进一步普及带薪休假，将假期的权力交给个人安排，促使旅游休闲活动的平衡发展。《通知》鼓励各单位在大家最需要的时候进行统一休假安排，是国务院务实推进带薪年休假的制度创新。意味着职工在2月9日除夕当天可以休假，加上周末2天（2月10、11日）、顺延的春节假期3天（2月12、13、14日），再加上前后周末借用的2天（2月15、16日）和周六1天（2月17日），事实上形成了长达9天的"超级黄金周"。加上元旦3天、清明节3天、劳动节5天、端午节3天、中秋节3天和国庆节7天，应当说是现实最优的年节和纪念日放假安排了。从前期调研反馈来看，机关和企事业单位对这样的放假安排是积极响应的，广大职工是热烈欢迎的，部分职工还计划通过"拼假"来延长春节假期。无论是从短期的春节放假安排，还是中长期的带薪休假制度安排，《通知》的制度创新意义都是十分明显的。

通观2024年春节和其他六个年节和纪念日的放假安排，也最大限度地减少了对职工正常工作和休息节奏的干扰。自1999年国庆节通过"前挪后移"而形成为期7天的"黄金周"以来，职工一方面盼望假期，可以和家人一起去旅游休闲，也可以拉动消费，有利于身心健康和社会和谐；另一方面也发愁假期，景区景点、高速公路和铁路拥堵，热门旅游目的地物价升高、买票难、停车难、上厕所难，屡屡成为广大游客吐槽的对象。特别是集中休假8天，再连上7天班，更是很多人直呼"受不了"。值得关注的是，2024年的假日安排没有再出现节前节后连续上班7天的情况，最大限度地保障了人民群众正常的工作节奏。从目前情况看，这也是一个各方面都可以接受的方案，考虑到错峰出游、二次出游的因素，**这样的放假安排也将最大限度地保证假日旅游市场安全、平稳、有序和高质量运行。**

可以预期，甲辰龙年春节将是一个欢乐祥和的春节，也是一个旅游最活跃和消费热度最高的春节。历史上看，春节是返乡过年、阖家团圆的传统节日，往返程加上团聚拜年，留给职工外出旅游的时间并不多。

也因为这个原因，春节假日的旅游出游人次不及国庆节，按可比口径也低于劳动节。从旅游花费看，由于餐饮、购物、礼品等消费预算偏高，对旅游经济的带动作用更加明显。2024年长达9天的春节节假日，加上除夕当天放假，既能够充分满足家人团聚、探亲访友和本地休闲，也为外出旅游留出了更加充裕的时间。外出旅游的人多了，消费起来了，旅游经济将迎来新年"开门红"。预期稳住了，信心提振了，就可以带动投资和就业，为经济增长和社会发展做出更大的贡献。

  1999年以来，国家一直在持续优化节假日安排，包括增加传统年节的放假天数和持续优化节假日安排。全国性年节及纪念日放假天数是中央事权，由全国人大立法确定。根据《全国年节及纪念日放假办法》，全国人民放假的节日有元旦、春节、清明节、劳动节、端午节、中秋节、国庆节，共放假11天，加上5~15天的职工带薪休假，以及婚假、产假、探亲假，还有少数民族地区的法定假日，总体而言是与现阶段的中国国情相适应的，能够基本满足人民群众探亲、休假、旅游的需求。随着经济社会发展和生活水平的提高，人民期待更多法定假日的同时，也希望政府出台更为合理的放假安排，以保障人民群众正常的工作节奏。每年"两会"期间，都有人大代表、政协委员和专家学者提出相关建议并引起热议。春节既是传统年节，也是旅游休闲的高峰期，绝大多数职工希望能够多放两天假，年三十（除夕）和春节（正月初一）好好陪伴家人，再有较长的时间可以外出旅游。这次中央政府鼓励各单位安排职工除夕休息，是一个很好的开端，**相信随着各方面条件的完善，国家将进一步优化年节和纪念日放假安排，持续提升人民群众满意度和获得感。**

评2024年部分年节和纪念日放假安排
北京·2023年10月25日

06 MEITI ZONGHENG

推进旅游业振兴发展

全国政协十四届一次会议首场"委员通道"集中采访活动在人民大会堂新闻发布厅举行。全国政协委员、我院戴斌院长亮相委员通道,并回答记者提问。

新华社记者:

戴斌委员您好,新年伊始,我们看到越来越多的人从"心动"到"行动",开始走出家门甚至国门去旅游。您作为旅游业的专家,可否谈一谈,当前我国旅游业发展呈现出怎样的特征?如何看待我国旅游业发展前景?

戴斌:

谢谢你的提问。旅游承载着人们对美好生活的向往。今年春节过后,一组数据刷屏了:**全国国内旅游出游 3.08 亿人次,旅游收入 3758 亿元,旅游业再次迎来了"开门红"。**

我们看到,在大江南北、长城内外,在神州大地上,处处可见出游的人们,或阖家相聚、或好友同行,饱览祖国山河壮美,感受灿烂文化魅力。我们还看到,20 多个出境游首发团在泰国、菲律宾、印度尼西亚等国家受到了包括飞机水门礼和高官迎接的热情接待。前不久中国同马尔代夫互免签证生效,**目前,我国已经同 150 个国家缔结互免签证协定,中国护照的含金量越来越高,人们"说走就走"的目的地越来越多。**

从 1999 年"国庆黄金周"以来,我国旅游消费持续增长,新时代 10 年更是加快进入大众旅游全面发展新阶段。2019 年超过 60 亿人次的国内旅游和 1.55 亿人次的出境旅游,旅游已经进入城乡居民的日常生活。全面贯彻党的二十大部署,坚持以文塑旅、以旅彰文,推进文化和旅游深度融合。随着"十四五"规划的深入实施,随着疫情防控政策措施的调整优化,必将开创我国旅游业振兴发展新局面。

相较于宏观分析,一位"小镇旅行家"更让我直接感受到旅游业振兴发展的潜力。这位来自广东省兴宁市名叫黄展飞的小伙子,在 20 岁那年,用节省下的生活费在旅游平台购买了生平第一张机票,独自从深圳飞往昆明。大学期间,他靠婚礼摄影赚旅费,用寒暑假行走青甘大环线、骑行环青海湖,游历城市、村镇,仰望群山、星河。**读万卷书,行万里路,更好地丰富自己、提升自己,成为许多年轻人的追求。**

如今购买生平第一张机票的主力群体,平均年龄已经下沉到 20~25 岁,游客来自城乡各地,覆盖了 1827 个县级城市。这也意味着越来越多的城乡居民有意愿也有能力,去远方欣赏不一样的风景,体验高品质的美好生活。

随着"00 后"入场,以及"适老化"加速,旅游消费在我国越来越具个性化和多样性。我们看到,红色旅游蓬勃兴旺,乡村旅游方兴未艾,文化和旅游融合发展,人们在领略自然之美中感悟文化之美、陶冶心灵之美。康养游、近郊游、研学游等旅游消费新业态快速拓展。

旅游业是一扇窗口,直观展现出一国物质文明与精神文明协调发展的水平。我们不仅拥有丰富的自然类和人文类旅游资源,还拥有先进完善的基础设施和绿色智慧的旅行服务。

相信越来越多的人会走出家门,从黄山到黄河,欣赏山河壮丽的中国;从诗经到红楼梦,读懂风雅多姿的中国;从大兴机场到港珠澳大桥,见证民族复兴的中国;从广场舞到自驾游,感受人民幸福的中国。亚运会即将在中国举行,欢迎世界各国友人与我们一起,领略活力四射的中国。

  我有一个旅游梦，不同地域、不同肤色、不同文明的人在这颗蓝色的星球上相互往来，在旅行中欣赏美丽风景，体验美好生活，为打造人类命运共同体注入信心和活力。

"委员通道"集中采访

北京·2023 年 3 月 4 日

擘画文旅融合新蓝图　部署旅游复苏新任务

　　1月5日，2023年全国文化和旅游厅局长会议在京召开。本次会议是党的二十大之后文化和旅游系统召开的第一次全国性会议，也是进一步优化疫情防控政策"新十条"和"乙类乙管"实施后召开的全行业高度关注的一次会议。文化和旅游深度融合的理论创新成果、旅游市场复苏和旅游业高质量发展的政策创新和任务部署，引发全系统和全行业的高度关注。

　　党的二十大报告提出，**"坚持以文塑旅、以旅彰文，推进文化和旅游深度融合发展"**，较以往增加了"深度"二字，提出了新的更高要求。如何科学把握文化和旅游深度融合的理论内涵、价值取向、动能转化和实践进路，是文化和旅游系统、旅游行业必须要面对的现实课题。2018年以来，文化和旅游系统在习近平新时代中国特色社会主义思想指导下，从大众旅游的人民性出发，提出"文化建设和旅游发展都是为了满足人民美好生活的需要"。本次会议在系统总结过去5年的理论成果和实践经验的基础上，进一步明确了当前和今后一个时期文化和旅游深度融合的工作方针：**坚持优势互补、相得益彰，让"诗"和"远方"在共创美好生活中"融"得自然、"合"得协调**。文化事业、文化产业和旅游业在共创美好生活的旗帜下，正面回答了"为什么融"和"如何融"的战略问题。坚持文旅相长，找准二者的相容性、契合处、联结点，形成兼具文化和旅游特色的新产品、新服务、新业态，而不再拘泥学术层面的表里之分和体用之争。这些体现了新时代特点的理论创新成果，必将成为文化和旅游深度融合的理念共识和旅游复苏的精神力量。

在过去 5 年的理论建设和实践探索过程中，文化和旅游系统充分认识到"市场主体是融合发展的创新实践主体，培育融合发展的市场主体要尊重市场规律"，既要强调"宜融则融、能融尽融"，又要看到不宜融、不能融则暂时不融。经由改革开放以来的 40 多年发展，旅游已经成为经济属性强的战略性支柱产业和市场化程度高的现代服务业，公共文化、非物质文化遗产、艺术创演、文化外交等文化事业，包括文化贸易、数字文化、文化企业在内的文化产业，则具有更多的意识形态属性，市场化程度和职业化水平还有待强化。本次会议要求，**在推动文旅深度融合发展过程中，必须实事求是，尊重遵循各自发展规律，多在"深""实"上下功夫，科学有序推进**。无论是旅游企业，还是文化机构，都必须让自身成为具有战略引领力和产品创新力的市场主体，才能够在深度融合的过程中产生"1+1 ＞ 2"的化学反应。

经过 5 年的实践探索，特别是面对疫情发生 3 年来的旅游市场收缩，我们进一步认识到"景观之上是生活""从风景到场景，旅游目的地是生活环境的总和""从戏剧场到菜市场，重新发现旅行的美好"等一系列新论断的现实意义和实践价值。坚持以文塑旅，就是要**以社会主义核心价值观引领旅游业的创新发展，让民族复兴人民幸福的中国梦成为旅游业高质量发展的新动能**。在实践中引入科技、文化、教育支撑的时尚元素和创意团队，让优秀文艺作品和优质旅游产品相互借鉴、相互支撑，提升旅游品位，让旅游成为难忘精神之旅、文化之旅。坚持以旅彰文，不能只是一句口号，而是通过绿色旅游和文明旅游，推动中华优秀传统文化"活"起来、革命文化传下去、社会主义先进文化弘扬开。从世界文化发展规律来看，艺术的高度往往需要以市场的厚度为支撑。稳步复苏的旅游需求，加速回暖的旅游市场，数十亿人次的国内旅游者、上亿人次的出境旅游，完全可以在带动文化传播和推动文化繁荣战略进程中扮演更加关键的角色，发挥更加积极的作用。

党和国家机构改革以来，文化和旅游融合发展已经积累了很多好的做法与经验。过去3年，文化和旅游系统在统筹疫情防控和复工复产方面发布实施了许多行之有效的产业政策和行政举措。会议要求在认真总结经验、抓好工作落实的基础上谋划推出一批示范性政策举措。建设一批富有文化底蕴的世界级旅游景区和度假区，打造一批文化特色鲜明的国家级旅游休闲城市和街区。推动旅游演艺、文化遗产旅游、沉浸式体验等已有融合业态转型升级，培育新型融合业态。建设30个左右国家文化产业和旅游产业融合发展示范区。要研究制定深化文化和旅游领域项目管理的政策文件，推进全国文化和旅游投融资项目库建设。加快建立文化和旅游产业投资基金。

文化和旅游深度融合还体现在人类命运共同体理念指引下的对外文化交流和旅游合作领域。会议提出，要统筹好文化传播和旅游推广，推动150多个国家和地区的文化处（组）、45个海外中国文化中心、20个旅游办事处在组织、机制和具体工作中深度融合、协调发展，在文化传播中附加旅游推广，在旅游推广中注入文化元素。重点办好中外文化旅游年、海外中国旅游文化周，办好中国国际旅游交易会，推进边境旅游试验区、跨境旅游示范区建设，将"美丽中国"升级为"美好中国"，成为国际旅游市场推广主形象。

从2023年元旦假日旅游市场数据来看，全国国内旅游出游5271.34万人次，同比增长0.44%；实现国内旅游收入265.17亿元，同比增长4.0%。更多的先行指标表明，出游意愿、消费预期、产业景气、企业家信心等一切与旅游有关的指标，正向着积极的方向回调，加上会议擘画的文旅融合新蓝图和部署的旅游复苏新任务，我们有更加充分的理由将对 2023 年旅游经济的预期由谨慎乐观上调为乐观。

《中国旅游报》特别评论文章

北京·2023 年 1 月 6 日

构建更加开放的文化和旅游融合发展新格局

一、深刻理解文化和旅游深度融合发展的重大意义

文化和旅游深度融合发展是为了更好地满足人民的美好生活新期待。党的十九大报告明确我国社会主要矛盾是人民日益增长的美好生活需要和不平衡不充分的发展之间的矛盾,党的二十大报告强调,把实现人民对美好生活的向往作为现代化建设的根本导向。文化和旅游都是人民美好生活的有机组成部分,也是不断增长、变化和融合的新需求。我国已经进入了大众旅游全面发展的新阶段,旅游已经成为小康社会城乡居民美好生活的刚性需求。无论是本地休闲,还是外出旅游,人们越来越注重对于文化体验的追求。节假日旅游市场数据表明,广大游客在行程中走得更远、留得更久、玩得更有文化。长安十二时辰、杭州城市书房、武汉知音号、南京喜事、洛阳国风新潮,越来越多的旅游目的地和网红打卡地证明了推进文化和旅游深度融合发展不仅在理论上是必要的,在现实中也是可行的。

文化和旅游深度融合发展是国家战略的重要组成部分。文旅融合自古有之,原文化部和国家旅游局也推动出台了一些政策文件和促进措施。2018年2月,党的十九届三中全会通过《中共中央关于深化党和国家机构改革的决定》和《深化党和国家机构改革方案》,决定组建文化和旅游部,明确其主要目的是"为增强和彰显文化自信,坚持中国特色社会主义文化发展道路,统筹文化事业、文化产业发展和旅游资源开发,提高国家文化软实力和中华文化影响力",这意味着文化和旅游融合发展进入中央视野和国家战略体系。党的十九届四中全会提出"完善文化和旅游融合发展体制机制",十九届五中全会提出"推动文化和旅游融合发展,建设一批富有文化底蕴的世界级旅游景区和度假区,打造一批文化特色鲜明的国家级旅游休闲城市和街区,发展红色旅游和乡村旅游"。《中华人民共和国国民经济和社会发展第十四个五年规划和2035年远景目标纲要》《"十四五"旅游业发展规划》,对文化和旅游融合发展做出了全面部署,提升了战略摆位。党的二十大报告提出,"坚持以文塑旅、以旅彰文,推进文化和旅游深度融合发展",这既是中央对2018年以来文化和旅游融合发展实践的总结,更是中央站在文化自信自强的战略高度,对新时代文化和旅游融合发展提出的更高要求。

文化和旅游深度融合发展是中国式现代化的有机组成。中国式现代化是党的二十大提出的事关经济社会发展全局的理论创新和战略部署,也是新时代文化和旅游深度融合发展的时代背景。文化和旅游深度融合发展,不仅要依托快速发展的市场,和扩内需、促消费及乡村振兴等国家战略相结合,致力于促进物质方面的共同富裕,还要促进人民精神富有和人的全面发展。推进人民群众广泛参与文化和旅游活动,享受优秀文艺作品和优质的旅游产品,培育主客共享的美好生活新空间新场景新项目,是文化和旅游深度融合发展的题中之义,也是必然要求。我们还要努力保障广大农村居民的文化和旅游权利。农村居民对于旅游休闲同样有着迫切的需求,不仅包括去外地的旅游,也包括本地的日常休闲。农村居民的旅游休闲水平是全体人民精神共同富裕的重要体现,保障农村居民的旅游休闲权利理应纳入文化和旅游深度融合发展的重要内容。

二、系统把握文化和旅游深度融合发展的实践要求

2018年以来,文化和旅游融合发展快速推进,在理念融合、职能融

合、产品融合、市场融合、业态融合、对外交流融合等方面都取得了明显进展，在提升文化效能和提高旅游品质方面也有重要突破，朝着国家战略赋予的历史使命迈出了重要步伐。与此同时，也要关注文化和旅游融合发展进程中客观存在的范围偏窄、内容偏浅、高度不够等问题。

一是机构融合了，思想认识还有待于进一步提高。文化和旅游部组建之后，各地也进行了相应的机构改革，总体上建立了集文化和旅游于一身的行政管理体系。文化事业思维和旅游产业思维如何进一步融合互鉴，需要在知识储备、业务技能等方面进一步更新。

二是产品和项目融合了，产业和事业还需要扩大互鉴。目前来看，文化和旅游在产业方面的融合明显走在事业前面。产业融合是文化和旅游深度融合的重要领域，但不是文化和旅游融合的关键指标，更不是文化和旅游融合的全部。文化和旅游都既具有产业属性，又具有事业属性。近年来，涌现出大量文化和旅游融合的新产品新产业新商业模式，初步形成了一批文化和旅游融合主体。相对而言，文化事业和旅游产业的融合步伐要慢一些。

三是形式融合了，内容和品质还需要进一步提升。各地开展了图书馆进酒店、非遗进景区等行动，很多文化场所、机构中也增加了旅游服务，旅游产品和旅游线路也丰富了文化内容，出现了众多深受市场欢迎、既叫好又卖座的产品，如绍兴的研学旅行、贵州的丹寨小镇、黄山的黎阳in巷、芜湖的"匠心传承"非遗之旅等。也要看到很多文化和旅游项目的融合还停留在形式上，模仿雷同者众多，甚至存在"为融而融"的现象，距习近平总书记要求的"让旅游成为人们感悟中华文化、增强文化自信的过程""让人们在领略自然之美中感悟文化之美、陶冶心灵之美"还有较大差距。

四是需求融合了，供给链、价值链和创新链还需要深度耦合。旅游者越来越深入城乡居民日常生活空间，体验当地居民的生活方式，"看展式社交"已经成为旅游新时尚。值得关注的是，文化供给和旅游供给的融合水平还比较低。文化和旅游深度融合涉及的供给主体并不限于文化和旅游部门，还大量涉及城市管理、工商等相关部门。如何整合资源，扩大面向外来旅游者和面向本地居民的高品质文化和旅游供给，是新型城镇化和乡村振兴的重要议题。

三、务实推进文化和旅游深度融合，加快旅游业高质量发展

以习近平新时代中国特色社会主义思想为指导，深入学习贯彻习近平总书记关于文化和旅游融合发展的重要论述，按照"以文塑旅、以旅彰文；宜融则融、能融尽融"的基本遵循，加强理论建设，凝聚思想共识，坚持问题导向，加强调查研究，统筹行政资源和社会力量，统筹推进文化和旅游深度融合发展、创新发展和高质量发展。

一是加强理论建设，凝聚文化系统、旅游行业和全社会推进文化和旅游深度融合的思想共识。文化和旅游融合发展是个新领域，对于很多基础问题、重大问题、关键问题的研究还不是很充分，还没有形成完善的理论体系。要促进两个领域的相互学习，文化和旅游发展各有规律，旅游要向文化学习事业怎么发展，文化要向旅游学习产业怎么发展。要加大调查研究力度，积极探索文化和旅游融合发展的规律，善于总结经验和进行理论抽象，形成一批可复制可推广的典型案例，实现理论和实践的相互促进。

二是推进机构、组织和人员的深度融合，提升文化和旅游领域治理体系和治理能力的现代化。进一步优化各单位的职能配置、机构设置、人员安排，优化组织体系和工作流程，使之更加符合文化和旅游深度融合发展的要求。文化和旅游融合怎么样？发展质量高不高？要多听游客

怎么说。要加强需求侧的游客满意度调查力度，把游客满意不满意、市场主体竞争力强不强、文化和旅游发展动能新不新，作为衡量文化和旅游领域发展质量的重要指标。为此，要加大文化和旅游复合型人才培养，加大文化统计、乡村创意等新型专门人才培育，夯实文化和旅游深度融合发展的人才队伍。

三是加快培育市场主体，发挥市场配置资源的基础性作用。 加快构建文化和旅游资源和供给数据库，分类分层对接旅游市场数据体系，特别是高频次的需求侧数据和产业链上下游的资源数据，进一步破解制度约束，鼓励跨界进入，培育壮大文化和旅游融合市场主体。充分发挥文化企业30强和旅游集团20强的示范作用，促进文化企业和旅游企业的交流合作，培育融文化和旅游生产经营为一体的新型企业。针对各类事业单位，对于它们能不能进行市场化经营及如何从市场化经营中受益等，要从制度上予以明确。

《中国旅游评论》特邀文章

2023年8月11日

我国乡村旅游可为世界旅游贡献更多中国智慧、中国方案

江西篁岭等 4 个乡村入选联合国世界旅游组织"最佳旅游乡村",我国"最佳旅游乡村"已经达到 8 个,位居世界第一,意味着我国乡村旅游建设和发展成就已获得世界认可,进入全球旅游业特别是乡村旅游发展先进行列,也说明我国乡村旅游可以为世界旅游发展贡献更多中国智慧、中国方案。

随着大众旅游快速发展,国内旅游正在进入"人人都是游客,处处都是风景"的新阶段。神州大地上,既有以山川河流为代表的自然资源,还有以世界文化遗产和国家重点文物保护单位、历史文化街区、非物质文化遗产等为代表的历史文化资源,它们都对旅游业发展起到了基础支撑的作用。

近年来,越来越多游客开始进入非传统的旅游空间,乡村旅游正在以优美的生态环境、丰富多彩的历史文化遗产和乡村居民的幸福生活,吸引着大量游客。特别是随着乡村民宿越建越美,很多人都愿意去往乡村、驻留乡村、体验乡村。

目前已经入选的 8 个"最佳旅游乡村",我去过一些。比如江西婺源的篁岭村,我去过两次,每次都为那里的自然风光、人文环境和高品质的乡村旅游服务所惊艳。特别是"晒秋"季节,篁岭就像是一幅传统的山水画卷,在我们面前徐徐展开。游客们到了这里,无不惊叹于我们国家的山河壮丽、乡村秀美,为我们能看到这样美丽的画卷而感到无比

自豪。

早些年,我国乡村旅游主要是为游客提供吃农家饭、住农家屋、采摘等初级体验。如今,乡村的美好生活、优美的自然环境和丰富多彩的历史文化吸引力越来越大,加上乡村民宿的加持,乡村旅游开始进入全新的发展阶段。联合国"最佳旅游乡村"评选,将进一步带动我国乡村旅游转型升级,为广大游客提供更多、更好的旅游空间,并推动乡村旅游高质量发展。

在乡村旅游的新发展阶段,希望各地的旅游规划、建设和管理部门要真正地理解、系统地把握游客的需求。现在的游客,既要美丽风景,也要美好生活。乡村,不只是一个传统生活的承载主体,也是一个融自然风光、历史文化和当代乡村居民美好生活为一体的主客共享生活新空间。

希望各地乡村旅游因地制宜、因时制宜,一村一策,推进特色化、高品质发展。比如,以江苏周庄为代表的民宿,就采取嵌入式的发展,让旅游业为更多农村居民所共享。我也了解到,目前还有一批乡村,成了民宿集聚地,比如北京延庆的石光长城,通过民宿建设来推动乡村旅游转型升级,把传统文化、非物质文化遗产等融入乡村旅游的新空间里,让广大游客能领略自然之美,感悟文化之美,进而提升总体的旅游体验品质。

发展乡村旅游,还需要重点关注三个方面的问题:**一是可持续发展的问题**。我们要发展绿色的乡村旅游,不能涸泽而渔,不能为了发展旅游而破坏生态、破坏文脉,应该在充分尊重自然、尊重文化的基础上,统筹乡村旅游的游客需求和广大农村居民的生产生活需求,要将对居民生活的干扰控制在最小范围。

二是利益分配问题。乡村旅游一定姓"乡",民宿要姓"民",广大农村居民必须能从发展旅游当中获得收益，提升生活水平。将农村居民的幸福生活和综合素质的提升，作为发展的目标，才够把乡村旅游可持续地发展下去。

三是乡村旅游要处理好传承与发展的关系。 乡村旅游发展过程中要自觉肩负起赓续中华文脉的使命，充分挖掘、传承、利用优秀传统文化和特色民俗。同时也要秉持开放包容的心态，立足本土，面向世界，有条件的地区可以探索引入外来的、世界先进的文化技术和商业模式。可以让更多的城里人以游客的方式来乡村做短期体验，也可以请更多艺术家、技术专家和企业家、经营者来到乡村创业、居住、生活。任何一个地理空间、文化空间，只有坚定文化自信、秉持开放包容、坚持守正创新，才能在历史潮流中不断向前发展。

新华关注·文旅《乡村旅游专家谈》

北京·2023 年 10 月 27 日

乡村旅游成为乡村振兴重要抓手

乡村旅游是发生在乡村地区的旅游活动，是相对于城市旅游的空间概念，在乡村地区参与的观光、休闲、康养、避暑、娱乐等活动，以及产生的所有消费行为，都属于乡村旅游的范畴。文化和旅游部数据显示，疫情发生前的2019年，我国乡村旅游接待人次达到30.9亿，占国内旅游人次的一半。

乡村旅游具有鲜明的空间差异感和生活体验性，有不同于城市的自然风光、各具特色的民俗风情、本地食材和传统烹调的农家菜肴、融入日常生活的民居宅院等。游客到访乡村，可以赏花、采摘、垂钓，参与农事、手工和非物质文化遗产活动，沉浸式体验乡村的美好生活。

随着乡村振兴工作向纵深推进，乡村旅游已成为促进乡村产业兴旺、生态宜居、乡风文明、治理有效、生活富裕的重要抓手和可行路径。截至目前，文化和旅游部分批公布了1399个全国乡村旅游重点村、198个全国乡村旅游重点镇（乡）。根据省级旅游行政主管部门的汇总统计，全国共有6万个行政村开展了乡村旅游经营活动。旅游业经济属性强、市场化程度高、产业影响力大。乡村旅游的快速发展，不仅促进了当地消费、就业和投资，还起到了文化交流、观念变迁等综合带动作用。2019年，全国109个乡村旅游监测点（村）接待游客2517万人次，旅游收入23.9亿元，村均收入2192.7万元，农民人均增收0.51万元。全国109个乡村旅游监测点村均旅游就业人数为349人，户均从业人员6.93人，其中受过初中以上教育的占92.4%。农民通过从事旅游行业，不仅开阔了眼界，综合素质也得到提高。例如，在桂林阳朔被称为"月亮妈妈"的农民导游徐秀珍通过做导游学会用英、法、德、日等多门外语与外国游客简单交流。与之类似的例子还有很多。

为满足游客对乡村旅游的品质需求，乡村旅游监测点加快了广播电视和互联网等文化基础设施的建设，并加大对图书馆、文化馆、非遗保护与传承等公共服务的投入。2019年，纳入重点监测的乡村旅游村有线电视入户率达86.2%，移动电话普及率达92.3%，乡村旅游经营场所免费Wi-Fi覆盖率达90.4%。为了更好满足游客对接待环境的品质需求，地方政府、村集体和乡村旅游经营户加大了对人居环境的投入，不仅提高了乡村旅游接待水平，而且加快了乡村的现代化进程，让绿水青山真正成了金山银山。例如，在乡村旅游发展的初始阶段，由于观念上的差异，村民对乡村旅游经营户把厕所建到客房感到不理解，之后通过村干部和返乡经营者的示范，看到那些具有现代卫浴功能的客房更受游客欢迎，出租率和满意度也明显上升，村民的观念也随之发生变化，改善乡村旅游接待环境的积极性和主动性被充分调动起来。2019年，全国乡村旅游监测点生活垃圾集中收集点的覆盖率达91.9%，接入生活污水处理设施的农户占比为63.1%，水冲厕所普及率达72.5%。

2023年中央一号文件提出要实施乡村休闲旅游精品工程，推动乡村旅游重点村一体化建设。当前和今后一个时期，我国乡村旅游高质量发展的重点任务主要有以下几方面，一是加强乡村旅游的市场培育、形象建构和宣传推广；二是完善乡村旅游接待设施，因地制宜，创新休闲、度假、康养、研学、冰雪、避暑旅游产品，提升乡村旅游的服务品质；三是吸引更优质的旅游要素，特别是资本、技术和专业人才向乡村集聚，提升乡村旅游现代化水平。

《经济日报》撰稿

北京·2023年4月12日

景区别都圈起来，有条件国有重点景区应免费

文旅局局长们再一次"卷"起来了：前有新疆伊犁文旅局局长雪地中飒爽策马，后有黑龙江塔河县文旅局局长零下20℃穿长裙代言。为拉动当地旅游业发展，赶上这一波旅游回春季，不少地区的文旅局局长近期纷纷走进直播间，使出浑身解数"拉客"。

针对文旅局局长出镜走红现象，业内人士怎么看？近日，全国政协委员、中国旅游研究院院长、文化和旅游部数据中心主任戴斌在接受《南方都市报》记者专访时谈到，文旅局局长出镜的确让更多人关注到当地，带动了当地旅游业的发展，但网红并非旅游的全部，也不是文旅局局长工作的全部。希望更多的文旅局局长回归"三定"职责，构建并推广旅游目的地形象、制订发展规划、开发旅游资源、做好旅游经济运行分析与预测、协调政府部门提供更加优质的公共旅游产品。

戴斌还向《南方都市报》记者透露，今年春节是过去三年以来旅游形势最好的春节，这奠定了全年旅游经济高开稳走、逐季回暖的主基调。他预计，2023年全年旅游人次和旅游消费大约能恢复到2019年的85%，完全恢复2019年水平预计要到2024年初。此外，今年入出境旅游市场有望恢复到2019年的四到五成水平。

他建议，为满足游客需求，可以免费开放部分景区，尤其是国有重点景区。"发展旅游是为了什么？是为了保障人民的旅游权利。我们不能把所有风景都圈起门来收费，要让广大游客有得游，游得起，玩得好。"

一、谈旅游市场：旅游企业供应链若不跟上变化的消费，"开门红"将难持续

《南方都市报》：今年春节假日我国出游规模等指标都有所上升，您如何看待今年春节旅游市场的开门红？

戴斌：今年春节有两组数据刷了屏：全国出游人数达到3.08亿人次，创造了3758亿元的旅游收入。与2019年相比，分别恢复到了88.6%和73.1%，这意味着今年春节是过去三年以来旅游形势最好的春节，"开门红"是关键词。这奠定了全年旅游经济高开稳走、逐季回暖的主基调，极大地提升了广大游客的出游预期和市场主体的发展信心。

我们也在关注一些结构性数据，比如旅游人次恢复到2019年的88.6%，但收入只恢复到2019年的73.1%，二者还有15个点的差距。另一个数据是60%以上的旅游企业恢复到2019年60%的水平，这意味着40%的旅游企业获得感没有那么强。

很多游客出游花费远低于以前，原因是什么？一是景区有免费、降价和其他优惠活动。二是游客消费更加谨慎，而旅游企业的产品、服务和供应链没有跟上变化的旅游消费，导致整个旅游经济出现供需两端的不平衡、不充分。如果没有意识到这种变化，对于很多的旅游目的地，特别是中西部的旅游目的地来说，"开门红"就很难延续下去。

今年旅游业的春天已经来了。我们很快会迎来"五一"国际劳动节假期，旅游企业和旅游目的地要好好研究市场，备战今年第二个假日旅游高峰。

《南方都市报》：疫情三年给旅游业最大的启示是什么？

戴斌：旅游者在定义旅游业，而不是旅游业在定义旅游者。过去，游览景区、住酒店、跟旅行社坐大巴吃团餐、购物回家，叫旅游。现在绝大多数游客并没有跟团游，而是选择自驾，跟家人和亲朋好友搭伴出

游。他们在互联网上找寻目的地信息，自己做攻略，自己订票出行，到当地可能还会去看传统景区，更可能要去看电影，去购物中心休闲，跟着"乘风破浪的姐姐"听个演唱会，跟着朱洁静领舞的《碇步桥》去打卡文化遗产，这都是现代的而非传统的旅游方式。

但是很多人并没有意识到这种变化，当旅游目的地成为主客共享的美好生活新空间时，当游客以散客自助自驾的方式进入旅游目的地时，旅游会迎来一个共享、共建的新时代。游客可以和当地人一样去喝早茶、去菜市场买菜，像杭州的古荡菜市场，就是对海内外游客开放的100个日常的生活景点之一。

靠景区门票拉动旅游经济的时代不会再来。如果想让开门红延续下去，一定要研究消费需求的变化。过去这些年，我们总希望用供给的提升来拉动旅游经济增长，但现在看来，是下沉的市场和升级消费在拉动旅游经济的增长。消费是理解旅游经济的一把钥匙。

《南方都市报》：目前公民境外游的恢复程度如何？

戴斌：疫情前，这颗蓝色的星球上，每个地方都有中国游客的影子，包括到南极看企鹅，到北极看北极熊。但这一次首批恢复旅游业务的目的地国家只有20个，目前整个出境旅游市场处于试点恢复阶段。只有更多的国家成为中国公民出境旅游业务和"机票+酒店"业务的目的地时，出境市场才可能完全恢复。

2月6日的首发团受到很多海外国家目的地政府欢迎，甚至副总理、部长的高规格接待，这是个好趋势。目前来看，更多是新闻价值和情绪价值，还没有体现为市场价值。

《南方都市报》：旅游市场何时能恢复到2019年的水平？

戴斌：从国内旅游市场来看，我们认为到2023年全年旅游人次和旅游消费能够恢复到2019年85%左右的水平。国内旅游市场完全恢复到

2019年的水平，可能要到明年的年初，也就是2024年的春天。入出境旅游市场可能要到2024年晚些时候才能够完全恢复，预计2023年入出境旅游市场只能恢复到2019年的四到五成左右的水平。

二、谈文旅局局长直播出圈：网红不是旅游的全部，破圈传播只是第一步

《南方都市报》：疫情三年期间为带动当地的旅游业发展，一些文旅局局长纷纷走到台前开启直播，最近文旅局局长开直播又火了，您如何看待这一现象？

戴斌：各地文旅局局长纷纷出镜，靠高颜值、扮演武侠、策马奔腾等方式推广当地的自然风光、历史文化，初衷是好的，是为了带动当地旅游的发展。也是一种勇气和智慧，毕竟现在是互联网时代，要让当地有名气、有名声，直播是一个非常重要的手段，毕竟旅游是以游客对目的地的知晓和到访为前提的。中国大陆地区31个省区市，近3000个县市区，很多地方在旅游市场的存在感很低，游客都不知道这个地方，怎么可能去游玩啊。从这个意义上讲，文旅局局长通过网红破圈而出的方式，让更多人关注到当地，是值得肯定的好事情。

我们也要注意到，旅游目的地需要网红，但是网红不是旅游目的地的全部；或者说旅游需要网红，但网红不是旅游的全部。对于文旅局局长来说，网红是工作的有益探索，但不是文旅局局长工作的全部。希望更多的文旅局局长聚焦"三定"规定的部门职责，稳步推进旅游目的地的形象塑造、维护与推广，研究市场需求，开发当地文化和旅游资源，制订旅游发展规划，协调各个部门提供优质的公共旅游产品，抓好旅游经济分析和游客满意度提升工作，推进旅游业高质量发展。

成为网红、让游客看到只是第一步，甚至是整个旅游目的地发展体系当中的一朵浪花，我们更多要看它底层的河床。一个地方能不能成为优秀的旅游目的地，要看它能否为游客提供更好的商业环境和公共服务。

《南方都市报》：2023年旅游业重整再出发，政府部门应如何设计相关政策促进旅游业的复苏和高质量发展？

戴斌：政策千万条，市场第一条。第一要千方百计稳住广大城乡居民的出游预期。中共中央政治局常务委员会2月16日召开会议，明确宣布新冠疫情防控取得重大决定性胜利。这意味着以后不会再有"出去就回不来了"或"走到半道就折回来"这种"开盲盒"似的旅游了。总体来看，大家的出游预期算是稳住了。

第二要坚决稳住游客的消费预期，旅游部门和目的地政府要坚持打击不合理低价游，坚持遏制强迫购物、强迫消费等行业顽疾，让广大游客有个安全稳定的消费预期。"天价海鲜""天价鱼"这样的事件对目的地形象和消费预期都是极大的伤害。

第三要努力提升旅游业信心。希望各地宣传旅游时不要只把自然风光和历史文化传说当成旅游资源的全部，旅游其实是一种异地的生活方式。广州给游客留下深刻印象的是什么？是小蛮腰，是珠江，是长隆，是早茶，是糖水，因为这些跟我们的生活息息相关。

今年旅游工作的重点是推广"美丽中国"的升级版——"美好中国"，对广东来说，则是要推广美好广东。什么是美好中国、美好广东、美好广州？美好体现在当地人民的美好生活中，也体现在文化与科技、旅游相融合的场景中。

三、谈野生景区与打卡旅游：别把所有风景区都圈起来收费，有条件的国有重点景区应免费开放

《南方都市报》：比起人工雕琢、同质化的旅游景区，一些人将视线

瞄准更加原生态的免费野生景区，但2022年四川龙漕沟等野生景区也发生多起意外事故，如何在保证安全的前提下，满足游客对于这种原生态自然景观的游玩需求？

戴斌： 景观之上是生活，生命安全高于景观。不能为了旅游把自己置入危险境地，也不能因为旅游破坏当地生态环境。一方面，我们不主张游客去未开发、未经必要的安全防护设施建设的景区。

另一方面，我们也要看到，现在很多美丽风景区都被圈起来收费了。国家发展旅游是为了什么？是为了保障人民的旅游权利，这一点任何时候都不要忘记。发展旅游要从共同富裕的角度去看，让更多人享受美丽风景、享受美好生活。不能把所有风景区都圈起门来收费，特别是国有重点景区等。我们一方面要堵，另一方面更要疏，让广大游客有得游，游得起，玩得好，才是我们的目标。

《南方都市报》： 景区免费开放后，还能从哪些方面获利？

戴斌： 第一景区的免费和降价要分类，像迪士尼、环球影城、长隆、海昌海洋公园、银基等景区的收费属于商业行为，但国有重点景区门票价格下调是政策导向，特别是城市公园和郊野公园，要逐步向本地居民和外来游客免费开放。

第二要因地制宜，培育景区二次消费的能力。大型的旅游景区门票免费后可以发展园区内的二次消费，也可以拉动所在城市和景区的二次消费。比如杭州西湖免费后，当地民众得到好处，外来游客去游玩也可以住酒店、吃饭、购物，这样就拉动了综合消费。像黄山、周庄等5A级景区是世界文化遗产，门票价格下调后可以培育新的二次、三次消费能力。

不过，对于广大中西部地区来说，还要注意到可持续性，考虑到财务和人员的成本。比如九寨沟一旦免费，当地的财政跟不上，成本谁来弥补？所以对这一部分景区的门票价格调整就需要更稳妥一些。

四、谈影视与旅游：《狂飙》带动广东江门拍摄地大火，网红景点"长红"比的是内功

《南方都市报》：国外有环球影城、迪士尼等主题乐园，中国也有很多不错的动画 IP，有可能培育发展成类似受欢迎的主题公园吗？

戴斌：我们的动画电影有故事性，有价值观，也有教育性，但是在消费性方面做得还不够。比如我们小时候看的《大闹天宫》《葫芦兄弟》等动画片都非常不错，但如果建一个葫芦娃的主题公园，能干什么？扮演葫芦娃、扮演蛇精吗？这里面就有一个场景营造、内容创造和价值变现的问题。怎么把艺术变成可触、可感、可消费的场景和对象？这方面，希望有更多的专业人士来研究策划。

首先，希望未来的中国动画影视能够分级。海外的动画分级是非常严格的，像零到三岁小孩看的动画片，一句台词不能超过多少个单词都有明确的规定，因为太长了孩子记不住。其次，要有耐心，别想着今天拍一部电视剧，明天就 IP 开发，后天就授权变现。一个好的动画 IP 的打造，可能需要一代甚至两代人的记忆沉淀。

《南方都市报》：《狂飙》爆火后，不少人慕名前往广东江门打卡体验。怎么看待一部影视剧带动一个地方的大火？

戴斌：高收视率和高票房价值的影视往往对电影电视拍摄地起到极大的形象提升作用，这是全球的规律。中国不是第一个，也不是最后一个。《狂飙》带动江门外景拍摄地甚至包括旧场街爆火，大家都愿意去打卡消费，这是好事情。

我们不要排斥它，像 2023 年春晚的舞蹈节目《碇步桥》也吸引了不少游客，春节期间泰顺县仕水碇步桥游客增长 58%。但同时要注意，当地要善待游客，不能因为火了，游客要拍照就收钱，这个观感就不好了，对吧？

我们也要看到，电影再火，票房价值再高，它也有生命周期。就像我们这代人看《庐山恋》《少林寺》，终生难忘，愿意跟着这些电影去打卡。但是到儿女和儿女的儿女这一辈呢？不一定了，他们有他们自己的佳片有约。一部电影的生命周期终会过去，旅游目的地则要长期发展下去，像长跑一样，比的不是爆发力，而是体力和耐力。什么是旅游的体力和耐力？是生活品质、商业环境、公共服务、交通基础设施的完善，这些都是打造一个旅游目的地的内功。我们要借影视的东风来推进旅游发展，更要通过系统的规划、建设和管理，推进旅游目的地的可持续发展。

《南方都市报》：如今，"打卡式旅游"已成为一种旅游新方式。一些游客为打卡而游，缺少深度体验，也很难真正理解一个地方的风土文化。你怎样看待这样的现象？

戴斌：旅游是一种异地生活方式，是件开心快乐的事。如果通过打个卡、拍个照，让我觉得跟电影、电视，甚至某种文化产生了一种关联，没什么不好的。

我印象最深的是木木美术馆，当时就做了很多这种打卡活动。还有北京杜威中心，以前做凡·高展、莫奈展，现在在做达·芬奇展，通过现代的影像技术让人有沉浸式的感觉。很多女孩子穿得很靓丽，很多男孩子帮着去拍照，这样的场景，看着就很开心。

艺术的高度取决于观众的厚度，没有观众基础，能行吗？从这个意义上讲，游客到一些景区，包括去文化地标性的景区打卡、拍照，也是挺好的，都是美好生活的组成部分。

《南方都市报》：如何抓住游客打卡的机会，留住游客，从而带动二次消费？

戴斌：流量是旅游消费的前提，不管是线上种草还是线下打卡，只要人来了，就是流量。但是如何留住游客，将流量转化成消费，还有很多工作要做。比如当地的旅游住宿、星级饭店、民宿能不能跟上？特色餐饮能不能跟上？基础设施和公共服务是不是完善？等等。

广州有非常深厚的历史，像古越国、舞阳城、黄花岗烈士纪念碑，还有中山纪念堂等，这些都是我们发展旅游的基础资源。同时我们也要看到，年轻人对广州的印象是什么？是珠江、小蛮腰、长隆、糖水、早茶，是东关、西关、南沙，是北京路和花市，是消失的名菜，是一些跟生活息息相关的元素。要把这些经典元素和网红打卡点关联到一起，既有家国天下，也有人间烟火，旅游发展才能真正地持续下去。

《南方都市报》采访

北京·2023年3月5日

中牟如何建成中国特色文旅的河南样本？

随着人们生活水平的不断提高，以"一地深度游""无景点出游"和"慢生活"等特点为主的度假游逐渐兴起。

位于郑州市和开封市中间的中牟县，经过近10年来的发展，短短8千米之间汇聚了8座主题公园，拥有了"中国主题公园第一县"新标签、"中国中牟 幻乐之城"的城市品牌新定位。

中牟县如何依托其主题公园产业集群，建设成具有中国特色文化旅游的河南样本？

11月10日，中国旅游研究院院长、文化和旅游部数据中心主任戴斌接受了顶端新闻记者的采访。

谈"只有河南·戏剧幻城"：它是中国风和世界范完美融合的一个样本

顶端新闻：我知道您下午的分享主题是"旅游度假区的中国风与世界范"，在看过"只有河南·戏剧幻城"后，这里算是度假区里的"中国风"和"世界范"代表吗？

戴斌：在我的心目中，"只有河南·戏剧幻城"是把中国的文化、传统、现代表达完美融合的一个样本。

无论是幻城剧场所展示的优秀传统文化，还是我们的《机车礼堂》《候车大厅》《下沉岁月》等表演，既是一种传承，又是一种创造创新，更是广大游客喜闻乐见的一种形式。**我觉得好的度假区一定要坚持文化**

自信，对我们优秀的传统文化不能够妄自菲薄。

如果我们所有的地方都演《白雪公主》，那我们还是不是中国文旅文化园区？如果我们到现在还是像我这一代人当时那样，只去看《渔夫的故事》《孙悟空》……那又如何与时俱进呢？

这样一个难题，不仅国家需要思考，也是各地文化企业、旅游企业需要共同思考的，而且要共同回答好的问题。

我们在"只有河南·戏剧幻城"这个地方，看到了对这样一个问题的完美解答。

客观来讲，它取得了社会效益和经济效益的双丰收，也是我一直在寻找的中国的主题乐园和度假区的"中国风""世界范"完美融合的一个样本。

谈中牟文旅融合发展：要通过政府和商业共同的创造性思维，让文明活起来

顶端新闻：河南有着深厚的文化基因，这几年"行走河南读懂中国"也在全国范围掀起了热潮。但中牟县却在一群古都的围绕中，走出了"现代主题公园集群"的路子，成为"中国主题公园第一县"（郑开大道八千米范围内，拥有方特、海昌、"只有河南·戏剧幻城"、电影小镇等八家主题公园，2023年客流量达到2000万人次）。你认为中牟"主题公园第一县"这条路，未来的前景和发展方向如何？

戴斌：一座好的城市，无论是郑州这样的大城市，还是中牟这样的中心县域城市，都应该让游客和居民既能欣赏到过去的遗产，又能展望城市的未来。

文化就像一条流淌的河流，不可能静止不变。

河南文化底蕴深厚，如殷墟、少林寺、洛阳古都、清明上河园等，

一系列的文化都是中华文化的符号。如果不了解河南，可能就无法读懂中国的文化。但这里面有一个怎么读的问题，毕竟不是每位游客、青少年都在课本上学习。

我们如何让收藏在博物馆里的文物、陈列在广阔大地上的遗产、书写在古籍里的文字都活起来，推动中华文明创造性转化和创新性发展，这需要我们的创造性思维，需要政府的公共力量和商业的力量共同创造。

建业与创意艺术家王潮歌共同创造了"只有河南·戏剧幻城""建业电影小镇"等优秀项目。

当然，我们也要考虑到一座城市不仅是生产生活的，还有生产、贸易和投资的需要，以及广大青少年成长的需要。因此，像银基、海昌、方特等以亲子为主题的乐园受到了关注。

我之所以一直关注郑州，是因为这座人口超过一千万的城市、GDP超过一万亿的城市、财政收入超过一千亿的城市，一定会创造出属于自己的文化。

每年我都会参加"世界旅游城市市长论坛"，有一次被问到对哪个节目印象最深刻。这个问题不好回答。我曾经看过虎美玲老师的豫剧表演、少林寺的武术表演及愚公移山等，这些都会让我感动。

我想分享一个让我印象最深刻的场景之一。我看过二七区青少年街舞团的表演，他们眼中闪耀着光芒，内心充满热情，每个动作都是为了自己的舞蹈，他们代表了郑州的未来。

在谈论文化时，我们应该关注优秀的传统文化、红色的革命文化及承载民族复兴和人民幸福的社会主义先进文化。同时，我们也要看到一千多万郑州人民不断创造的现代文明文化，中牟所创造的就是这样的现代文明文化。

我觉得中牟是一个主题公园非常集中的地方，是非常值得探讨的一

个样本，在我心目中它是最好的之一。

在一个县域里面承载 8 个知名的国际国内园区、度假区和主题公园，那本身就是非常了不起的。

从目前情况来看，说中牟是主题公园数量最多的县。从这个意义上讲，我愿意把中牟县作为我们中国旅游业发展，特别是文化和旅游融合发展的样本县域，也是我们重点关注、跟踪、研究的县域。

谈"文化"属性创新表达：展示创造者眼中的未来，又记住曾经蓬头垢面但又灿若星辰的青春

顶端新闻：刚才您也提到了河南文旅有着如安阳殷墟、开封清明上河园、嵩山少林寺等文化景区，但是中牟的主题公园集群的文化表达是比较现代化的，您认为中牟的"文化"属性应该怎样达成？我们当下在发展文旅产业时，应该如何继承与传承？

戴斌：我们过去对旅游的理解往往是与传统的资源息息相关。然而许多曾经的灿烂文化在当时就是人间烟火，随着时间的流逝成为如今文化的一部分。另外，我们在幻城剧场以一种戏剧化的方式得以"遇见"当年生活的美。因此，我们要在继承中创造性地传承传统的文化。

对于中牟来说，这是一片充满创造、创新和创意的热土。

过去的文化如何为我所用？这一代人将创造怎样的文化？一座好的城市，应该通过创造者，让我们在前行的路上，看到你们看到的未来。

因此，我希望年青一代能够做两件事：通过创造让我们看到你们所展望的未来；回顾过去，记住我们曾经的蓬头垢面但又灿若星辰的青春，我们也奋斗过的。

当然，我们不能只是关起门来基于传统文化创作一出戏或一部电影，而是要与观众进行互动，通过市场的力量来创造。

实际上，这些非遗项目如布老虎和泥泥狗、门神、摇摇拨浪鼓等，它们在最初的时候都是有实际功能的。随着时间的流逝，这些原本的功能可能逐渐被淡忘，我们如何让它们重新功能化？

如果我们只是复制过去，那是刻舟求剑。看到这里展现出的创新、创造和创业的活力，我真的感到很开心。

其实今天让我看到最开心的是几千名学生，至少5年的时间我没有看到一个园区有这么多朝气蓬勃的面孔，他们在看《天子驾六》《下沉岁月》等节目时，每个人都很投入。

甚至在幻城剧场的灯光打出来的时候，当演员去背诵诗词的时候，很多观众跟着一起去读、去背，我觉得这就是今天的旅游业发展的价值取向。

我们不仅要让广大游客领略自然之美，也要领悟文化之美，特别是让我们广大的青少年能在旅程中了解那些课本上学到的知识。

说建议：文旅深度融合，发展智慧旅游，提升公共服务

顶端新闻：中牟该如何与周边城市形成互补？

戴斌：从区域旅游发展来看，项目往往是要依托于本地中心城市的基础设施、公共服务和商业环境的。比如，如何住宿？体验项目如何满足不同年龄的需求？

对于中牟县下一步的发展来说，如何跟主城区互动是**第一个要解决的问题，这离不开基础设施建设**。从旅游的角度来说，叫"目的地小交通"，主要是指地铁、公交、共享汽车、共享单车等，更多是毛细血管类的交通。

第二是公共服务要完善。毕竟不是每一位游客都清楚当地的文化。比如，如果有外国人来游玩，要多一些解说服务来解决听不懂的问题。

第三是要对周边同类型项目进行有序地协调。8个园区之间，不是竞争的关系，要形成集群游客才更愿意来。

园区之间如何形成相互协调、动静结合、传统与现代产品不断迭代、你追我赶的局面？

顶端新闻： 中牟现在客流的停留时间基本是1~2天，8大主题公园还未形成合力。从"主题公园第一县"到"文旅度假目的地"还有一段路要走。在后续的产品业态补齐上，您有什么趋势性的建议吗？

戴斌： 从国家的旅游业发展来说，当前我们的主要任务就是坚持以文塑旅、以旅彰文，推动文化和旅游深度融合。很多项目和优秀传统文化相融合，结合得已经比较好了，但如何和现代的文化相融合？我希望郑州更时尚一些、更有色彩一些、更有活力一些，这对城市才是更有意义的。

从旅游业发展来说，我们重点是发展四种旅游，以人民为中心的大众旅游、以智慧旅游为导向的现代旅游、以可持续发展为导向的绿色旅游，还有践行全球文明倡议推动大国外交的文明旅游，从而推动旅游业高质量发展，这是我们阶段性的目标，也是我们的重点工作任务。

我希望中牟和郑州能够和国家战略相向而行。比如，在智慧旅游方面，如何帮助游客"自助旅游"？因为智慧旅游主要就是为自助散客旅游服务的。

从中牟县的治理体系和治理能力现代化来说，公共服务体系怎么建设？一个好的旅游目的地的形成，一定是公共部门和私营部门相向而行、相互协调发展的格局。

我希望下一次来能够看到中牟县、郑州市政府、河南省文化和旅游相关部门在如何培育营商环境、如何提高游客的满意度方面有新的经验让我分享。

谈模式：各地旅游度假发展模式应因地制宜

顶端新闻：您认为中牟目前的模式，算不算"中国版度假方案"？

戴斌：我觉得中国旅游度假方案是一个非常有益的探索，也是非常值得我们关注的案例，也希望中牟的度假区发展能够被更多的人所了解、分享。当然一个地方旅游度假区的发展，要因地制宜、因时制宜，这里面是不同的发展模式。

我特别问了一下，"只有河南·戏剧幻城"有70%是省外客源，这是非常了不起的。所以，对于中牟来说，最值得我们关注的是，这里既依托于当地市场，又能够吸引周边市场的发展模式。

希望大家一起来总结中牟的主题公园度假区的发展模式，为广大人民群众创造更加优秀的文艺作品和更加优质的旅游产品。

顶端新闻采访
北京·2023年11月13日

让青岛人成为青岛旅游的真正代言人

"'十四五'规划的深入实施,必将开创我国旅游业振兴发展新局面。"中国旅游研究院院长戴斌如是说。2023年全国两会,戴斌亮相"委员通道",就振兴旅游业回答记者提问,他所讲述的"小镇旅行家"的旅游故事,迅速成为爆款话题。

人民对美好生活的向往,是现代化建设的出发点和落脚点。当前,旅游业正在逐步复苏,人们对未知远方不倦的向往越发强烈。旅游何以打动人心?或许正是因为它让人们与内心相逢、与理想相遇,让城市发展有了最生动的可能。2023山东省旅游发展大会期间,记者专访了在青岛参会的中国旅游研究院院长戴斌。

戴斌认为,一座好的旅游城市,就是应该让人们既能看到文化的遗产,也能看到城市的未来。 他从对青岛、对山东的印象谈起,以前沿视野解析城市旅游业高质量发展脉络。

一、旅发大会提振文旅发展

在戴斌看来,2023山东省旅游发展大会的召开,首先提振了旅游的信心。各界嘉宾齐聚青岛,参与2023山东省旅游发展大会,在无形中展示着优质的旅游发展环境,游客可以放心出游,极大提振了信心。其次是发现了新的动能,大会期间举办的展览、会议,让大家发现科技、时尚、艺术、文化开始成为旅游发展的全新动力。最后是促成了商业上的合作,繁荣了当地的经济。

谈及对山东的感受，戴斌认为，山东旅游这几年发展非常快，"好客山东"的品牌已经深入人心，无论是好客山东贺年会，还是文化和旅游融合发展示范区、国家级旅游景区和度假区建设，都取得了长足的进展。

戴斌说，不管是在国内还是国际，一说"好客山东"，一说"Friendly Shandong"大家都知道，特别是大会承办城市青岛，随着奥帆赛的举办，帆船帆板等水上运动这类充满着时尚动感的旅游产品，开始成为旅游业发展的全新动能。"好客山东"品牌形象树立起来了，新的动能培育起来了，游客越来越满意了。

戴斌注意到，山东高规格发布了促进旅游业高质量发展的相关文件。"在青岛召开旅游发展大会，我们很激动，也很振奋，但如何让千千万万的旅游从业者、当地的社区居民能够感受得到这样一种发展的动力和热情，是我们下一步需要做的。也就是说，好的政策要传递到最基层，才能够形成旅游业高质量发展的社会共识。"戴斌说。

二、打造"近悦远来"的旅游城市

"青岛是一个历史文化比较悠久的城市，不管是八大关也好，栈桥也好，有非常多的历史文化建筑，也包括四方机车厂等。但这里同时也是一个充满时尚和现代化气息的城市，《流浪地球2》在青岛东方影都拍摄，这里还有海尔、海信等现代制造业企业。更重要的是，1000多万的青岛市民正在不断创造新的文化和新的生活方式。"戴斌说，他已经数不清是多少次来到青岛了，但这一次，他的印象是青岛更时尚了。

"像青岛这样经济发达，历史文化比较悠久，同时也昭示着现代化发展方向的城市，是我心目中好的旅游城市。一个好的旅游城市，就是应该让人们既能看到文化的遗产，也能看到城市的未来。"本次来青参加2023山东省旅游发展大会，戴斌亮相国际旅游休闲城市·青岛论坛做特别演讲。

戴斌坦言，自己对青岛旅游的发展充满信心，青岛有悠久的历史文化遗产，也有时尚和科技，还有经济增长带来的雄厚支撑和全新动能，更重要的是青岛是"好客山东"最典型的一个区域。

戴斌从一些方面提出了对青岛旅游发展的建议。**在城市形象的打造上，要讲述更多有温度的青岛故事，让青岛人成为青岛旅游的真正代言人。**相比于名家、大家、虚拟人，人的链接是最好的旅行，只有人才能够打动人。在支持政策上，青岛旅游市场的投资和经营主体的培育力度可以再大一些。说一千道一万，游客在青岛更多的是与旅行商、酒店服务员、出租车司机打交道，新兴的**市场主体和广大旅游从业者的素质很关键。**特别是发展入境旅游时，要在语言能力、服务水平提升等方面付出更多的努力。

三、关注不同旅游者的需求

游客满意度比较高的城市，往往是用日常生活的温暖来打动游客。"希望青岛能够打造成为一个文化和旅游融合发展、主客共享的美好生活幸福城市。"戴斌说。谈文化旅游高质量发展，有三个评价维度：一是从游客的角度，游客满意度如何，能否让游客开心；二是从企业的角度、从旅游人的角度，经营主体有没有活力；三是从地方的角度，发展动能新还是不新。

戴斌认为，**当前市场在下沉，要提高游客的满意度，就必须了解客需求。**"为什么我在全国两会期间会讲到'小镇旅行家'的故事，是因为目前大家买第一张机票的时间是在20岁到25岁，我当年买人生第一张机票的时候已经30多岁了。现在这个时间点降到了20岁，这个变化就足以说明市场在下沉。"戴斌说。

戴斌表示，大多数人的出游还是以观光旅游为主，平均消费还很低。在很多人追求极端个性化、高品质旅游方式的同时，还有很多人没有坐过飞机，没有出国旅游经历。"新时代'好客山东'的内涵，应该更多地面向大众旅游者，更深入地研究大众旅游者的新需求。"戴斌说。

戴斌认为，满足大多数人观光旅游需求的同时，也满足一部分消费者不断提升的旅游新期待同样重要。其中，要关注由年轻人引导的新需求，比如说对深度体验的需求、本地玩乐的需求——他们不希望与当地市民隔开，要打开市民和游客之间"无形的墙"。与此同时，要着力推动创业创新，积极提升营商环境，为更多优质旅游产品提供更好的土壤。

2023 山东省旅游发展大会《青岛日报》采访
青岛·2023 年 3 月 28 日

研学不能简单当成一门生意，高校应向公众更开放和包容

2023年的中国经济半年报显示，内需对经济增长的贡献稳步提升。而2023年上半年消费领域的最大亮点便是旅游市场的恢复性增长，在扩内需、促消费、拉动经济增长方面发挥重要作用。近期，国务院领导层召开了首场座谈会，其主题便是进一步释放旅游消费潜力、推动旅游业高质量发展。

全国政协委员、中国旅游研究院院长、文化和旅游部数据中心主任戴斌参加了此次座谈会，他在接受南都记者采访时透露，"这次座谈会，中央释放的一个信号就是要让文化活动、旅游消费成为经济增长的新动能。国家会进一步加强机场、码头、车站、景区等旅游公共基础设施的建设，进而为公共资本、产业资本和民营资本进入旅游市场提供利好的基础。传统的旅游企业要抓紧时间恢复供应，城市周边的度假产业、文化和旅游融合的项目，会得到国家和地方的支持"。

"只要消费者的预期稳住了，企业家的信心提振了，整个旅游经济发展就会进入健康可持续的轨道。"戴斌坦言。

但还需注意的是，当前旅游市场中依然存在着一票难求、黄牛扎堆、研学游乱象等问题，如何解决？在此次采访中，戴斌也就这些问题给出了相关建议。

比天气更热的是旅游，"追着演唱会去旅行"成新潮流

《南方都市报》：暑期游的热度，有没有恢复到疫情之前的水平？还是超出了疫情前的暑期热度？

戴斌：暑期的6月、7月、8月三个月，预计旅游人次达18.54亿人次，旅游消费达1.2万亿元，这个市场应该是四年以来最好的暑期旅游市场。我们认为已经达到了预期的目标，提升了消费信心，稳住了消费预期，为即将到来的国庆和中秋节八天长假，奠定了一个良好的市场基础，也起到了市场预热的作用。

但是和旺盛的人流相比，整个旅游消费量还没有完全回升，和出游人数的增长、增速相比，旅游的收入增幅还没有达到预期水平。这有几个原因，更多的首次旅游者加入行业消费竞争中，中心城镇及广大农村居民成了消费的主力军。2023年的端午节，22%的游客是农村居民。初次旅行的游客消费量不会很大。

另外，这个假期中，大家主要选择近程旅游。旅游出游距离尚未恢复到2019年的水平。2019年的节假日，人们的出游平均距离是270千米。从今年"五一"国际劳动节的数据来看，人们的出游平均距离只有180千米。

现在，各地方为了发展旅游，很多景区景点的门票免费，而且许多游客采取自驾出游的方式。自驾出游要消耗油费、公路交通费，但这部分费用尚没有完全统计。

综上来看，我们感觉到人均旅游花费的恢复速度还弱于整个出游市场的恢复速度。

《南方都市报》：2023年暑期游爆发式增长，从国内旅游市场来看，截至目前的暑期游有什么新气象？

戴斌：暑期到现在为止，我们感觉到比天气更热的是旅游。避暑、

康养、研学、度假四个新兴业态与自驾车散客自助游方式结合,北京周边的北戴河、张北草原,上海周边的舟山、苏州、杭州,广州周边的从化等大都市周边的度假区都得到了较好的发展。暑期可以说是供需两旺,是新需求、新产品、新项目不断涌现的暑期。

值得关注的是,夜间旅游、文旅融合也出现了很多新气象。不少年轻人跟着演唱会去旅游、看展式旅游,也成了人们新型的社交方式。

《南方都市报》:中央部委也十分关注旅游消费潜力释放,推动旅游业高质量发展。这对于旅游企业与市场来说,将带来哪些利好?旅游企业与市场应如何抓住这一机遇?

戴斌:第一,从中央政治局开会要求提振包括旅游在内的消费信心,到国务院领导召开会议,中央释放的一个信号就是国家要重视消费对整个国民经济发展的作用,让文化活动、旅游消费成为经济增长的新动能,这也有助于稳住消费预期、提振消费信心。大家不用再担心像疫情防控期间那样出去旅游回不来了,与接触性消费有关的障碍都已经完全清除掉了。

第二,通过释放相关的信号,国家会进一步加强旅游公共设施、旅游基础设施、公共服务,如机场、码头、车站、景区等各方面的建设,进而为公共资本、产业资本和民营资本进入旅游市场提供利好的基础。所以也希望传统的旅游企业,不管是旅行社还是酒店,都要抓紧时间恢复供应。对于一些准备进入旅游领域中的新型金融资本和产业资本,这也是个利好的消息。在城市周边的度假产业、文化和旅游融合的项目,会得到国家和地方的支持。所以从这个意义上讲,这也可以鼓励我们的投资信心,提振企业家的信心。只要消费者的预期稳住了,企业家的信心提振了,整个旅游经济发展就会进入健康可持续的轨道。

公众要有知情权，供票渠道应透明化

《南方都市报》：每年暑期旺季出游，但景区可预约门票数量却有限，一些热门景点几乎"一票难求"。景点一票难求的问题能解决吗？这一难题如何求解？

戴斌：在任何国家、任何时候，热门的景区都会存在阶段性供不应求的问题，法国的卢浮宫是这样，美国的大都会艺术博物馆也是这样。所以我们要开发更多的高品质旅游景区度假区。过去，人们到北京看故宫、看长城、看国博，但现在还可以去环球影城。尽管也很拥挤，但我们想象一下，如果没有环球影城，没有迪士尼，也没有长隆，那这些传统景区不是会更拥挤吗？所以从这个意义上讲，要开闸放水，提供更多高品质的旅游景区和度假区。

同时，要加大市场宣传，引导广大游客错峰出游。比如暑期更多是青少年研学旅行扎堆，那么对于广大的离退休人员来说，其时间约束不那么强，完全可以选择在其他时间点出游，不用跟青少年去争夺这个时间和空间。现在带薪休假也在逐渐落实，未来我们可以把带薪休假的时间给用好。

还需注意的是，故宫等景区的总量是不可能无限扩张的，因为它在核心区，本身有安静的要求。如果无限制扩大入园规模，其体验感也会大大下降。所以我们希望，像故宫这样的头部景区能够延长预订的时间。比如提前两个月三个月，这样我们就可以更好地预测哪天去，哪天不去。再有，给一些旅行社、渠道商、有组织的旅游者一定的票量，不完全靠零售，这些我们也在探索。

用科技的手段去沟通供求双方的信息，利用人工智能技术来对城市未来一段时间的客流进行预测预警也是一种可行方法。让大家在出行之前就知道哪个地方拥挤，哪个地方不拥挤。比如同样是博物馆、美术馆，我既可以看广州美术馆，也可以看广州图书馆。景区也存在一定的替代关系，不是绝对不可替代的。

《南方都市报》：对于景点预约困难的问题，有人认为这种预约反而将一部分人拦在了景点之外。您怎么看待这种观点？

戴斌：预约是旅游发展一个必然的趋势，也是提高旅游体验感、提高旅游业运行效率的必由之路。但是在这个过程中，我们也要注意到如何让大家有更好的体验感，把好事办好。比如说能不能对线下没有智能手机使用功能的人开通线下购票？这些都需要我们探索。

关于景区难预约、博物馆难预约的问题，需要从管理体制上做文章。比如景区要延长开放时间，白天人少，周末和晚上六点钟以后大家还有去参观的需求，那能不能够延长开放的时间？目前都在我们的探索当中。

《南方都市报》：近日，北京警方针对国家博物馆周边"黄牛"加价倒卖免费门票现象进行打击。依法刑事拘留6人、行政处罚3人。普通游客抢不到的景点门票，为何会到了"黄牛"手里？

戴斌：在供不应求的情况下，黄牛是一个市场现象，当然不是所有的市场现象都能容忍。我们要看黄牛倒票的缘由是什么？如果是和内部人员勾连，拿到免费票、参观票，再倒出去，这就不是一般的道德谴责问题了，这是涉及违法的问题，那通过法律来惩处就行了。

如何解决这个问题？首要是健全法治机制，让违规违法者承担应有的代价，从而震慑潜在的违规违法者。其次，让渠道透明化，公众要有知情权：一天到底有多少票？哪些人获得这些票？从哪些渠道可以获得这些票？以国博为例，有一批旅行社可以在国博开展研学旅行活动。这批研学旅行活动的人员是怎么产生的？这也应公开透明。

从根本上讲，增加优质的旅游产品，推动建设高品质的设施服务，比如增加文博场馆的供给量，满足人民群众不断增长的文化和旅游、高品质的文化参与和旅游消费的需求。

《南方都市报》：近日，文旅部下发《关于进一步提升暑期旅游景区开放管理水平的通知》，这一通知对加强旅游景区管理水平，有何指导意义？

戴斌：我觉得主要有两个方面的意义。一是增加市场上旅游景区的供给总量。经过这段时间的疫情和暑期北方的暴雨，很多景区是关闭的状态，或者没有按照之前的最大和最佳的承载量开放。所以指导意见要求，尽可能地向市场上提供更多的景区产品、增加景区的承载量。

二是要提供高品质的旅游景区。对于广大的旅游景区来说，不能动不动把美丽风景都圈起来收门票，要尽可能地向游客提供低价的甚至是免费的公共产品。旅游是民众的权利，当老百姓出去旅游的时候，我们要尽可能地满足广大人民群众的旅游权利。

对于广大的旅游企业、景区和度假区而言，要用好文化科技创意来为景区打造更多的适合消费的场景。所以要求景区要提高夜间旅游文化和旅游融合二次消费场景的打造。再有，要提高公共服务的水平，加强科技，用好科技的手段、数字化转型为广大游客提供更好的旅游体验。只有游客体验好了，他们才愿意消费，才会形成消费和投资相互促进的良性循环。

7月26日，农民工子女在北京游览故宫。当日，由中华全国总工会主办、中国职工国际旅行社总社承办的"感恩祖国·拥抱未来"2023年阳光少年工会夏令营在北京举行开营仪式。在历时12天的夏令营中，来自全国的700多名农民工子女将参与游故宫、爬长城、组装新能源车模型等丰富多彩的体验活动。新华社发

研学不能简单当一门生意来做，高校应该向社会更加开放和包容

《南方都市报》："千元'清北研学游'连校门都没进""研学讲师原来是购物团的导游""部分研学旅行'游而不学'"等先后成为网络热搜话题，目前研学市场为何乱象频出？

戴斌：研学现在处于起步阶段，政府监管部门也应该关注到。第一，对清华、北大这种开放性的、公立的院校来说，希望有更多的开放名额，有更加开放的姿态。高校是国家的高校，是民众的高校，应该向社会更加开放和包容。

第二，对于研学的内容，对于研学旅行指导师资格，教育部门、文化和旅游部门要联合对这些指导师进行必要的审核。和传统的导游不一样，研学旅行指导师的教育对象是广大的中小学生，不能只是简单地当成一门生意来做，而是要从培养国民素质的角度来推动旅游的发展。

《南方都市报》：研学旅行该如何发展？

戴斌：要推进"书生意气的研学，家国天下的旅行"的发展理念。要建设一批面向少年儿童的国家营地。国家营地是国民教育体系必要的组成部分，是以涵养少年儿童文化自信、增强国民科学素质和社会交往能力为导向的教育机构。

培育一批面向青少年健康成长和文明交流互鉴的研学城市。必须抓住城市客群的旅行需求和研学供给的内在优势，依托城市的经济社会发展成就，培育一批文化底蕴深厚、科技教育资源富集的研学旅行目的地城市。

推广一批面向不同年龄段和寓学于游的研学旅行国家线路。长城、大运河、长征、黄河、长江五大国家文化公园及其沿线城市和乡村，蕴含了优秀传统文化、红色革命文化，也是践行国民教育和终身学习理念

的旅游线路。推广边疆史地国家线路，中华民族共同体意识才会在每个人的心中扎下根来。国家公园、科学考察、田野调查等线路，对于构建中国特色的终身学习体系，具有独一无二的价值和极其重要的意义。

《南方都市报》采访
北京·2023 年 8 月 16 日

07 LIANJIE

链
接

市场繁荣与产业重构

2009年,国务院发文明确了新时代旅游业的战略定位和发展目标,即"国民经济的战略性支柱产业和人民群众更加满意的现代服务业"。经原国家旅游局批准,中国旅游研究院联合中国旅游协会在深圳召开了面向头部企业的中国旅游发展论坛,并首次发布了"中国旅游集团20强"名单。自此,旅游业有了自己的国家队!十五年来,无论是中央企业、地方国企,还是民营企业,以"20强"为代表的国家旅业第一方阵,贯彻落实习近平总书记关于旅游的重要论述和指示精神,不断加大投资力度,培育创新动能,提升市场竞争力和社会影响力,为推进文化和旅游深度融合,为推动旅游业高质量发展做出了无愧于国家、无愧于人民、更无愧于时代的历史贡献。过去三年,旅游业经历了最深度的萧条和最艰难的挑战,但是广大业者始终保持信心、踔厉奋发,在困难中探寻出路,在危机中寻找生机,不断创造出一个又一个旅游业的小阳春,有力提振了人们战胜疫情的信心。历史已经证明,并将继续证明:中国旅游集团20强为代表的市场主体永远都是政治上可以信任、发展上可以依靠、情感上可以亲近的商业力量。

在文化和旅游部的坚强领导下,在业界同仁的共同努力下,2023中国旅游集团化发展论坛即将胜利闭幕。我谨代表论坛主办方和全体参会代表,向俞发祥董事长和祥源集团的朋友们,向祥源希尔顿酒店的专业团队表示衷心的感谢!

下面,我就当前旅游经济形势和旅游集团发展战略谈几点意见,与业界同仁共商共勉。

一、坚定信心，迎接旅游经济繁荣发展的新阶段

旅游经济已经走出了为期三年的急剧衰退和深度萧条期，走过了历时一年的快速复苏，即将迎来繁荣发展的新阶段。2023年初，随着旅游接触型消费限制政策的放开和一系列促消费政策的落地见效，旅游经济走出"高开高走，加速回暖；动能积聚，供给创新"的复苏快节奏。越来越多的城乡居民走出家门，以泛在化旅游方式追求日常生活的美好。劳动节、暑期和中秋节、国庆节假日国内旅游出游人数、旅游收入、游客平均出游距离、平均停留时长等主要观测指标均已全面超过2019年同期水平。数据表明旅游经济已经渡过本轮非常规周期的急剧衰退和深度萧条阶段，经过为期一年的快速复苏，即将迎来繁荣发展的新阶段。从2024年开始，我们发布旅游市场数据和主要经济指标，将只做与今天的同比，"恢复到2019年的某某水平"将成为历史名词。历史一再证明，并将继续证明：没有任何力量可以阻挡人民对美好旅游生活的向往，过去三年没有，将来也不会有。

旅游已经不可逆转地进入了城乡居民的日常生活，并成为全面建成小康社会以后人民群众的刚性需求。过去三年，人们愿意欣赏身边的美丽风景，更愿意体验日常的美好生活。具体表现为城市漫游、自驾露营、近郊休闲和乡村度假，从而有效增加了出游频率。值得关注的是，过去出行的主力是北上广深等一线城市和强二线城市居民，现在越来越多的低线城市和乡村居民加入了旅游活动，成为旅游消费新动力。对节假日旅游市场连续监测的数据表明，国民出游频次在升高，市场在下沉。旅游消费加速进入人民群众日常生活的同时，游客也在加速进入城乡居民的日常生活场景。2019年，我在澳门的世界旅游经济论坛首次提出"从

戏剧场到菜市场,重新发现生活的美好"。今天,无论是传统的城市旅游目的地,还是反向、平替、小众的旅游目的地,越来越多的游客会到访博物馆、美术馆和戏剧场,更多的年轻客群开始用自己的方式拥抱菜市场,小红书的"菜市场漫游指南"、豆瓣"菜市场爱好者"已经成为新的互联网流量入口。锦州石桥子早市因为"亚洲最大的早市"而出圈,"杭州是美食荒漠"的论调则为地道小吃云集大马弄早市所推翻,苏州双塔菜市场更是以"菜市场+排档""菜市场+艺术家""菜市场+做饭体验"而颠覆了菜市场的传统定义。一个"人人都是游客、处处都是场景"的时代已经到来,并将为旅游经济的繁荣发展和旅游企业的研发创新提供不断扩大的市场空间。

旅游已经成为城市更新和乡村振兴不可或缺的市场力量,在可以预见的未来,国家必将进一步提升旅游业的战略摆位。2023年国庆节假日前夕,国务院办公厅印发了《关于释放旅游消费潜力推动旅游业高质量发展的若干措施》。11月,文化和旅游部发布《国内旅游提升计划(2023—2025年)》,加上外交、公安、发改、财政、金融、交通、体育、商务等部门密集出台的相关文件,进一步彰显新时代国家旅游发展的战略地位。各地政府通过召开高规格的旅游发展大会、部署打造万亿产业、密集出台政策文件,以及消费促进和招商引资的行政举措,有效稳住了消费预期,有力提振了消费信心。随着国家公园、国家文化公园、世界级旅游景区和度假区、国家级旅游城市和街区、乡村旅游、红色旅游、研学旅游等国家层面旅游战略的推进,以及上海建设入境旅游第一口岸城市、桂林建设世界旅游城市、青海建设国际生态旅游目的地等目的地发展战略的推进,旅游基础设施和公共服务体系必须得到进一步完善,旅游治理体系和治理能力现代化水平也将得到相应提升。不断提升的旅游战略摆位、日益完善的基础设施和公共服务、有效提升的治理体系和治理能力，正是旅游创业创新不可或缺的底层逻辑。

随着文化和旅游在更深程度、更广范围、更高层次的融合发展，随着人工智能、先进制造、数字化为代表的新质生产力的广泛应用，旅游业新一轮创业创新的高潮已经伴随着日益增长的跨界进入者，不可逆转地到来了。在旅游者定义旅游业，而不是旅游业定义旅游者的今天，旅游业绝对不可能，也完全没有必要回到过去了。这三年，意味着"人山人海吃红利、圈山圈水收门票"的大众旅游初级阶段已经过去，稳定需求、标准流程、规模生产的古典业态正在成为历史，而分众需求、多元供给和即时生产的新兴业态，正在成为多样性需求和个性化体验的大众旅游全面发展新时代的弄潮儿。这一年里，归来的旅游者不再是过去的旅游者，归来的旅游人也不再是过去的旅游人。我们看到越来越多95后、00后们年轻的面孔，我们也看到越来越多的科技、艺术、时尚和快消领域的创业创新者，他们跨界而来，他们从未来而来，他们是古典旅游的解构者，也是现代旅游的重构者。因为他们的到来，必将让每一位旅游人心中创新的火焰熊熊燃烧，创造一个更有活力的旅游新时代。

让那些说我们这也不行、那也不行的悲观论者在飞奔向前的时代面前哀叹吧，让那些跟不上发展的保守者在创新前行者面前发抖吧。在新一年里，以中国旅游集团20强为代表的国家队将以最稳定的预期、最坚定的信心，继续引领旅游业奋勇向前。

二、科学研判，重构理性增长的旅游集团新战略

重构发展导向，为了人民的美好旅游生活而奋斗。伟大的公司和优秀的企业家一定有历史意识和使命感。只有与国家战略相向而行，充分保障人民的旅游权利，推动旅游消费的持续增长，旅游集团才有做大做强的市场空间。有些业界朋友会怀念20世纪80年代和90年代，总觉得

那是旅游业空前绝后的黄金期。可是我们想过没有，那时有国、中、青为代表的旅行社，有建国、锦江、金陵、花园等五星级酒店，有黄山、漓江、秦始皇陵及兵马俑坑等著名景区，有丝绸、古玩和字画可以卖给外国游客，却没有各位企业家领导的大型集团，更没有春秋、携程、去哪儿、开元、海昌、复星、长隆这样充满创造性和竞争力的一线企业。主要原因是市场基础不够雄厚，市场空间不够广阔。20世纪末，随着大众旅游的兴起，国内旅游成为旅游经济增长和创业创新最坚实的市场基础，今天在座的各大集团都是这个发展进程的见证者，也是引领者。旅游业经济属性强、市场化程度高，并不意味着旅游集团可以只关注市场占有率、资本回报率、经营利润率等商业指标。全面建成小康社会，迈向社会主义现代化强国新征程的今天，让人民群众有得游、游得起、游得舒心、玩得放心，在行程中领略自然之美、领悟文化之美，不断提升人民群众的旅游获得感和满意度，是国家战略之所系，也是旅游集团职责之所系。

重构发展动能，强化科技应用和文化创造。新需求需要新供给，新供给需要新动能。过去谈旅游投资和发展战略，往往与山水湖田林草沙等自然资源、古村古镇古迹等历史资源有关。一个需求稳定增长、供给短缺的时代，一定是资源为王、创建挂牌的时代。今天，旅游业已经全面融入社会生活的方方面面，旅游者的需求也进入了多样性和个性化的新阶段，需要旅游企业用高效的商业能力满足今天的消费，也要以卓越的创新能力引领明天的需求。2010年前后，随着互联网企业为代表的科技力量大量进入，创业照耀旅游的星空，旅游业第一次感受到科技带来的青春气息和万钧力量。这种气息和力量在去哪儿的"人生第一张机票""小机场城市"、马蜂窝的"周末请上车""玩法宝典"，以及昨天发布的旅游创业创新案例中依然在生长。与此同时，我们也看到有的企业不幸活成了当初要打倒的样子，总想依靠政府资源守住既有的市场地位，而无视 ChatGPT 等人工智能正在从根本上改变人们的生产生活和旅游方式。希望更多人认识到**数字化已经不是旅游企业的创新动能，而是生存要件。我们要做的不是转不转，而是如何转的问题**。与科技联袂而来的**还有文化**，包括优秀传统文化、红色革命文化、社会主义先进文化和正在创造的现代文明，正在重构文化新空间和旅游新场景。从城市更新到乡村振兴，现代化进程创造出来的每一份主客共享的美好生活新空间，都应当、也可以成为旅游业创新发展的新动能。

重构发展空间，从资源导向到客源导向。城市人口规模、经济社会发展水平、旅游资源条件和航空、高铁、高速公路网络一直是影响旅游经济的底层逻辑。在 2023 年 1~10 月国内旅游客流中，近程省内旅游客流占比高达 74.6%。事实上，不仅是过去三年，长期以来的客源流动都是以本地和近程为主。周末 100 千米、节假日 200 千米一直都是多数客源地消费外溢的分界线。从这个意义讲，主打京津"这么近、那么美，周末到河北"的宣传语就不仅是对游客心理的知悉，也是对旅游市场规律的洞察。无论是城市群内部还是城市群之间的旅游流动，城市始终是客源地和目的地重构的核心载体和旅游业高质量发展的关键。从"得资源者得天下"到"得客源者得天下"，意味着一个新的时代开始了。企业家要投入更多的精力研究旅游需求和消费方式的变化，更加关注下沉市场和低线城市的发展机遇，以更多"小而美"的创业项目和创新业态融入当地经济社会发展体系。**旅游集团要在服务城乡居民"旅游初体验"的消费升级过程中，不断拓展旅游产业创新和旅游集团发展新空间。**

重构产业生态，追求竞争优势而不是垄断地位。每当经济周期出现阶段转化，特别是长周期的繁荣阶段，都会涌现一批伟大的公司。之所以伟大，是因为他们面向 C 端的技术研发和商业创新让国民大众共享经济发展的成果,并以现代商业文明引领生活方式的演化。**希望新时代的旅游住宿、旅游景区和度假区、旅游零售、旅游演艺等领域一流企业,将更多的精力放在消费端的产品质量和服务效率,而不是政府关系和媒体关注上。希望新时代的旅游集团将发展战略定位于长期的竞争优势,而不是短期的垄断地位上**,不能总是用"闭环"的逻辑,想从目的地到中小企业再到旅游者,把天下能挣钱的生意都做了。如果出现"大树底下不长草"的局面,甚至谋求企业不该谋求的权力,那么人民不会接受,政策也不会允许,一定会聚集相克相生的力量而致"一鲸落,万物生"。希望新时代的旅游企业家能够坚持长期主义和利他思维,以勤劳、智慧和汗水做阳光下的生意,才能成为国家放心、人民满意、可持续发展的世界级旅游集团。

三、主动作为,创建融合、创新、开放、共享的旅游经济繁荣发展新格局

贯彻落实习近平文化思想,从项目投资、场景营造、产品研发、品质升级等多个维度推动文化和旅游在更深程度、更广范围、更高层次上融合发展。习近平总书记指出:"文化自信是更基础、更广泛、更深厚的自信,是一个国家、一个民族发展中最基本、最深沉、最持久的力量。"习近平总书记强调:"坚持以文塑旅、以旅彰文,推进文化和旅游深度融合发展。"在习近平文化思想的指引下,各类旅游集团和市场主体要以国之大者为己任,进一步彰显市场主体在遂行国家旅游战略的新使命、新担当和新作为。在城市更新和乡村振兴的过程中,旅游企业要主动与中华优秀传统文化相融合,既要创新性传承,也要创造性转化,努力让收藏在博物馆里的文物、陈列在广阔大地上的遗产、书写在古籍里的文字都活起来。要自觉与承载红色基因的革命文化相融合,让更多人在旅程

中涵养家国天下的情怀。要着力与社会主义先进文化相融合，共创中华民族的现代文明。

用好新质生产力，发展人文经济，创建面向未来的现代旅游业新体系。习近平总书记主持中央政治局第三十四次集体学习时强调，加快培育一批专精特新企业和制造业单项冠军。目前，国家认定的专精特新企业7万余家，"小巨人"企业9000余家。建设人民群众更加满意的现代旅游业，不仅需要旅游集团20强这样的头部企业，也需要专精特新和"小巨人"企业，包括正在从概念导入走向市场实践的"Solo Company（个体公司）"。现在很多地方招商引资都希望引进大集团、大公司，并列出了财政、税收、金融、土地、人才等方面的优惠清单。每次召开旅游发展大会，也会希望在座的企业家到场，举行高规格的座谈会和盛大的意向投资签约仪式。事实上，投资是商业的而非行政的，决策是理性的而非情绪的，哪里有游客，哪里有法治，哪里就有投资。希望企业家在决策进入某地区、某领域和某赛道时，更要关注有没有产业链上下游，有没有配套的中小微型企业，有没有高素质的人力资源。希望强大起来的旅游集团主动开放自身的技术体系和产业链为小微企业赋能，真正做到创业创新者需要什么就给什么，而不是自己多余什么才给什么，这才是大企业该有的样子吧。人永远都是旅游业最宝贵的资源，起步的时候给予创业创新者应有的帮助，旅游业才会进入健康可持续发展的良性轨道。如果大企业试图借规模和平台优势将每一根韭菜都收割干净，那么旅游业终将陷入"独木难成林"的危机，大企业也将为自己的强大所反噬。

自觉践行全球文明倡议，建设世界旅游共同体。习近平总书记从全球文明发展的视野提出了"构建人类命运共同体"理念。为应对长期挑战，推进疫后旅游复苏和经济增长，需要全球旅游业团结起来，在人类命运共同体理念的指引下，践行全球文明倡议，共同推动公共和私营部门形成新时代旅游发展的思想共识、政策合力和动能创新，加快构建世界旅游共同体，让不同地域、不同肤色、不同文明的人在这颗蓝色的星球上自由行走，繁荣世界文明百花园。在释放旅游消费潜力、促进旅游业高质量发展、推进文明交流互鉴的政策体系中，入境旅游是不可或缺的组成部分。在签证、移民和航空等一系列政策利好的影响下，入境旅游即将迎来加速复苏新阶段，各大旅游集团特别是旅行服务商要借力新型国家旅游品牌"Nihao，China！你好，中国！"，加快入境旅游供应链恢复和产品创新。也要用好出境旅游的消费潜力和投资优势，创造更多企业主导、市场运作、世界认可的新型交流机制和合作平台。

最后，我代表中国旅游研究院再次向2023年中国旅游集团20强入围者表示热烈祝贺！按总部所在地区排序，他们是：**中国旅游集团、华侨城集团、首旅集团、中青旅控股、海昌集团、锦江国际集团、携程集团、春秋集团、复星旅游文化集团、华住集团、同程旅行集团、浙旅投集团、杭州商旅运河集团、开元旅业集团、祥源控股集团、山东文旅集团、湖北文化旅游集团、岭南集团、四川省旅游投资集团、明宇实业集团。**

致敬，国家旅业第一方阵！

创造历史者，终将为历史所铭记！

为建设世界级旅游集团，推动旅游业高质量发展，前进！

2023年中国旅游集团化发展论坛闭幕演讲

上海·2023年12月12日

08 DUIHUA SHILU

澎湃新闻《两会一线》戴斌委员对话实录

3月8日,澎拜新闻与戴斌院长、小镇旅行家黄展飞通过视频连线的方式,就如何振兴入境游、研学热等话题进行了交流。

王瑞: 各位网友,大家好!我是澎湃新闻记者王瑞,这里是澎湃新闻2023年全国两会期间特别推出的在线访谈节目《两会一线》。

2023年旅游业的春天可以说是终于回来了,跨境游全面启动,中国游客的回归也为全球旅游业带来了新的活力,同时各地文旅局局长直播带货、拍短视频出圈,为家乡代言,网友们都纷纷叫好。我想对于打工人来说,一年到头最开心的就是把时间和金钱花在了旅游上,这不仅是日常生活最好的缓冲和释放,也是我们离诗和远方最近的时候。

在2023年全国两会的首场委员通道上,全国政协委员、中国旅游研究院院长戴斌就分享了中国护照含金量越来越高了和小镇旅游家的故事,所以在今天的节目我们就请到了戴委员和小镇旅行家黄展飞,让我们一起来聊一聊有关于旅游的那些事。戴委员,您好!

戴斌: 你好,大家好!

王瑞: 展飞你好!

黄展飞: 你好,大家好!

王瑞: 网友们非常关心展飞展翅高飞的故事,其实事情简单来说就是这样的,展飞来自广东,他还在上大学的时候就自己存钱买了人生的第一张机票,本来是想第一次出去玩一玩,试试水,没想到从此爱上了旅游,一发不可收拾,我们都说是一路展翅,几乎走遍了全中国。

戴委员，首先我想把第一个问题抛给您。您每天面对的都是一些大数据，为什么会被展飞这个故事触动到，甚至还要把它带到全国两会上？

戴斌： 通道委员发完言以后很多媒体都在寻找叫黄展飞的这个小伙，我也是在屏幕上第一次见。很多人也在问，为什么想分享这个故事。确实如你所说，我的主要工作一是从事理论研究，二是大数据生产。我经常在夜深人静的时候对着屏幕想自己的工作意义是什么？为什么要如此重视这份工作？我希望自己的工作变得更有意义，希望能帮助更多人找到快乐，发现旅游或者旅行的意义。

有一天我参加去哪儿网办的一个活动，叫"人生第一张机票"，认识了一批来自各个大中小城市，特别是小城市、小镇的旅行家，我突然觉得心里特别阳光，不再郁闷，自己再劳累，能够让更多的人出去旅游，在旅游中找到生活的乐趣，这是值得的，这就是我工作的意义吧。

特别是展飞同学在20岁的生日那天给自己买了人生的第一张机票，从深圳飞到了昆明，又用平常打工赚来的钱，利用寒暑假去青甘大环线，去环青海湖骑行。听展飞同学讲述的时候我心里特别感动，年轻的时候就应该像他这样创造条件去各地旅行。同时也在想展飞同学代表了什么，他的旅行意味着什么，是一个个案，还是一个具有普遍性的现象？

你看，我又回到了自己的工作状态了。听故事时就想着跟展飞同学一块出去旅游就好了，可还是回来了，接着思考人们为什么要去旅游？旅游对人生的意义和价值是什么？**旅游市场只有基础不断扩大，这个产业才有意义，只有让千千万万的老百姓、让千千万万的小镇青年都能够出去旅游，看一看祖国的壮美河山，读万卷书，行万里路，旅行的意义和旅游的价值才能真正彰显出来。** 如果我们的工作只是为少数人服务，为少数人去奋斗，总有一天会感觉心里空空落落的。我从展飞同学的身上直观感受到了青春的无限可能，感受到了年轻人通过努力去创造属于自己的美好生活。

我注意到展飞同学的第一张机票是从生活费里省下来的，后来的机票、旅行的钱都是靠给人拍婚礼摄影，靠自己的劳动获得收入，去实现自己的旅游目标，我想这才是旅游的意义所在吧，旅游可以让每个人的生活变得更加丰富多彩。我接着想这是个案，还是普遍的现象？后来就跟主办方去哪儿网的任芬书记要了一些数据。原来不仅展飞同学是这样的，很多年轻人也喜欢旅行，全国购买人生第一张机票主力人群的平均年龄是20到25岁。

小王可能不容易理解我们这代人听到这个数字的时候心里是多么地激动。我买到人生第一张机票的时候已经35岁了，而现在的年轻人很早就可以坐飞机去旅行了。不要觉得坐个飞机不算什么事，我们国内还有10亿人没坐过飞机呢。所以，我觉得展飞同学的故事能够代表着一个新时代的气象，能够代表年轻人的生活态度。我们一代又一代人艰苦奋斗，甚至流血牺牲，不就是想让我们的下一代、下下一代都过上更美好的生活吗？选择的自由才是美好生活中最珍贵的。

我从展飞同学身上看到了新时代的美好气象和美好生活，看到了这一代年轻人为了自己美好的生活不懈奋斗的这股劲儿，所以就把这个故事记在心里了，就在人民大会堂的委员通道分享了。很多人对这个故事感兴趣，现在还有很多的媒体和企业来问我怎么能找到这位小镇旅行家，去看一看他现在的生活，去问一问他的所思所想。今天是第一次和展飞同学在线上见面，也问一问你现在的生活和对旅游的想法。

王瑞：刚才戴委员分享中说到看到了展飞的故事，找到了工作的意义。其实每天戴委员面对的都是一些大数据，几十亿、几千亿、多少人次，但是具体到这种小例子，我们能感受到个人的生活轨迹带给我们的震撼力，也让做文旅行业的人员感觉自己做这一切都值了。

我刚才听到戴委员说见到了展飞的感受，我们也想问问展飞，很多人现在都用"了不起的小镇旅行家"来形容像你这样的年轻人。第一个问题，当你知道了戴委员在委员通道分享了你的故事之后，当时你有什么感受？

黄展飞： 这件事情不是我自己看到的，是一个朋友跟我说的。他一开始没有跟我说委员通道上说了我，就跟我说我上热搜了。我当时愣了一下，以为我做了什么不太好的事情，后来他给我发了一张图，我在委员通道上被戴委员提到了。我当时第一感觉是祖上荣光了，我竟然上央视一台了，刚开始的冲击其实蛮大的。

后来仔细想了一下，还是蛮平静地对待这件事情，因为自己确实也没有做什么值得称赞的事情。正如前面戴委员所说到的，我是这一群人里的一员，只是刚好我被戴委员记住了，自己还是得以平常心看待这件事情。之前戴委员提到他买到人生第一张机票是在35岁，而我是在20岁，提到了是一代又一代人的努力。确定是这样，一代又一代人的努力和国家的富强，才让我们有条件除去温饱之后还能追求让精神富足的东西。

王瑞： 没错，其实我知道像展飞这样的小镇旅行家是很多的。我想问一下戴委员，您觉得这背后反映的是什么样的个性化趋势？特别是小镇青年更多了，我们的旅游行业要怎么发展？

戴斌： 随着更多像展飞同学这样的年轻人进入旅游业的主力市场，成为出游的主力人群，应该说我国的旅游业正在走向个性化与多样性并存的新时代。过去的旅游是谁告诉我哪个地方好？是电视台，是广播、电影、电视，是我们的长辈。我们听长辈的话，他们说"五岳归来不看山，黄山归来不看岳"，那就先去黄山看看，再去五岳看看好了；他们说"不到长城非好汉",年轻的小伙子就想自己怎么样才能成为好汉呢,就去爬长城。旅游的经验是前辈告诉我们的,是报纸、电视告诉我们的。

后来是一些流行的文化开始影响我们。20世纪80年代的时候,《鼓浪屿之波》《太阳岛上》传遍大江南北,《庐山恋》《少林寺》火到万人空巷。那个年代的我们是跟着流行歌曲、电影、电视剧去旅游的。《太阳岛上》让我们对哈尔滨产生向往,《鼓浪屿之波》让我们对厦门产生向往,"日出嵩山坳"让我们对少林寺产生向往。

到了90年代,我们出去旅游听旅行社的。1999年"春节黄金周"之后,国民的、大众的旅游起来了。那时候旅行社告诉我们旅游要走线路,比如"华东双卧五日游"。听到这个名词小王可能会觉得有些陌生,什么是"双卧五日游"呢?就是去的时候是火车卧铺,回来也是火车卧铺,到地方看太湖、园林等景点,是很了不起的事情。所以说"双卧五日游"就是旅游线路。这种标准化的旅游运营方式之所以是当时的主流,是因为供给方在起巨大作用,游客的旅行经验不成熟,旅行社告诉我们哪个地方好我们就去哪个地方。

到了展飞同学这一代人入场,成为旅游人群的主力,他们就不见得听传统业者的了。他可能喜欢澎湃新闻说的,看澎湃的人都是怎么去旅行的,然后去找共同的社群,用自己获得的信息资讯去选择目的地,不会提前把三个晚上、两个白天的行程都规划好,先去看什么、后去看什么、几点起床、在哪里吃饭、在哪里购物、大巴拉到什么地方。今天的旅游已经不是这样了。一会可以请展飞同学自己来分享,可能自己设计线路、做攻略。现在很多人连攻略都不做了,行之所行,止之所止,已经到这种程度了。

所以个性化的时代到来以后,给我们的旅游业带来一个非常大的挑战。与此同时,我们也要看到中国是一个14亿人口的大国,大量的老百姓还没有坐过飞机，没有住过五星级酒店，我们的消费是分类的，也是分层的。**所以谈旅游消费市场的时候我会说两句话，一句话叫市场下沉，另一句话叫消费升级。**

过去是北京、上海的人才享受旅游的生活，现在县城的人也在享受旅游的生活，这就是市场下沉。所以您刚才提到在去哪儿网买人生第一张机票的事情，据我所知2021年在去哪儿网上买到第一张机票的1200万人是来自1827座县城，包括县级市，这意味着什么？这意味着市场在大幅度地下沉，不能只盯着北上广了。同时，消费又在升级。我们过去坐绿皮火车，后来坐卧铺、高铁、自驾，然后就是坐飞机，这难道不是一种消费升级的表现吗？

过去坐飞机还是一件很稀奇的事情，现在进入老百姓的日常生活选项了。两会期间，除了网友关心以外，还有很多其他的委员、代表和领导同志也在问，说展飞这个小伙子还读书吗？去旅游了还读不读书？大家都很关心，为什么？因为他不是一个人，他代表了一个群体、一个时代。还是那句话，我们一代又一代的人奋斗不就是想让后面这一代人有更多选择的自由，有更加美好的生活吗？如果这个目标实现不了，那我们为什么要去奋斗？当然，你们肯定不会只是去享受的，也会奋斗，只是一代有一代人的奋斗方式。

讲述完展飞的故事以后，我在委员通道上还说，读万卷书，行万里路，不断地丰富自己、提升自己，正在成为越来越多的年轻人的选择。看看祖国的大好河山，特别是到青海湖去看，去东北的林海雪原，去西北的戈壁、沙漠，去走藏羌走廊，到青甘大环线，这么一圈走下来，我相信你一定会胸有丘壑和大块文章的。通过旅行，对国土的认知，对于民族的认同，对国家的认同，与从书本教育上得到的感觉是完全不一样的，这就是古人说的"读万卷书，行万里路"真正的意义所在。

王瑞：通过戴委员的分享，我坐在演播室都已经从林海雪原走到青海湖了。其实跟戴委员刚才分享过的一样，首先我们还是想问展飞一个问题，很多网友和委员非常关注的就是你现在是在做什么，是在读书还是在旅行的过程中？现在的工作生活是怎么安排的？

黄展飞：我现在已经工作了。买人生第一张机票已经是两年之前的事情了，现在已经工作两年了。我现在的职业是在一个赛事方做摄影师，也是看重它会有一段比较长一点的假期能让我继续去旅行，所以我在这两年也是持续地去旅行。

王瑞：刚才戴委员提到现在旅游更个性化了，能不能和大家分享一下你现在出去旅游都是怎么决定去哪、怎么去、去了怎么玩，是不是和以前不太一样了？

黄展飞：现在是互联网时代了，我的旅游目的地，可能是某天我刷B站看到的一个很漂亮的地方，说不定哪天就直接出发了。或者我会计划好，比如这次我要去西藏拉萨，可能我只会计划第一站的目的地，到了之后我要再去什么地方，可能会跟当地的人或者住在民宿的小伙伴沟通、商量，觉得这个地方挺不错的，我再接着走。真的是说走就走，然后边走边玩，不会给自己限制太多的条件，还是怎么自由、怎么舒服怎么来。

王瑞：你刚才说到20岁的时候才买第一张机票出去玩，开始旅行，你现在是做摄影工作的，你觉得旅行对你的工作和生活有没有影响？

黄展飞：旅行对我的影响特别大，我学的专业跟摄影完全没有任何关系，旅行完全刷新了我的三观。我不知道大家有没有看过《白日梦想家》《死亡诗社》《后会无期》《遗愿清单》这四部电影，无数的影视作品都会跟我们探讨人生的真谛。像《白日梦想家》让我去看看这个世界，《死亡诗社》让我去追求浪漫，《后会无期》让我要珍惜我身边所有的一切,《遗愿清单》是告诉我要做自己想做的事情。旅游改变了我很多。在我上大学之前,没有旅行之前,我是一个很自卑的人。出去旅游了之后,因为认识了很多人,让我从"社恐"变成了"社牛"。

还有前面提到的,对国家、对自己的民族,会有非常强大的文化自信和国家的自豪感,泱泱华夏上下 5000 年。其实最让我震撼的,是我们国家有 56 个民族,却可以如此团结。前年我到新疆喀什地区,在那里跟一帮小孩踢球,踢完球之后我问一个小孩未来想做什么,他毫不犹豫地跟我说他想踢进国家队,为自己的国家增光添彩。通过自己的所见所闻,我深刻感受到我们国家在交通网络的建设方面付出了巨大的努力。

我在自驾的时候体会到,像伊昭公路、独库公路、果子沟大桥、墨脱公路,在这些荒无人烟的地方,条件非常恶劣,工程建设人员付出了多大的努力,我们国家付出了多大努力才把这些路铺好。交通网络把所有的民族都串联起来,非常敬佩。

最重要的一点,旅行和摄影让我更加热爱自己的生活。现在的年轻人可能会有一些压力或者工作中比较 emo,我就去看一下我之前拍的一些照片和视频。比如我在 2020 年给自己评选一张年度照片,可以给大家看一下。

王瑞: 你们两位是一个循环,展飞是因为有了旅行,觉得自己的人生更有意义。

黄展飞: 这张照片可能看得不太清晰。我当时很随意地在海口暴雨的街头看到两个妈妈牵着她们的小孩,一共六个人,在暴雨之后特别快乐,手拉着手在踩水,内心很震撼,他们脸上的笑容比什么都更能治愈我的精神内耗。还有 2021 年照片中的小孩。我们只是在玩一场游戏而已,他的眼神却特别坚定。每次看到这张照片我都会变得坚定,我一旦犹豫就去看一下这张照片,我都会坚定自己最初的想法,真的很深受震撼。

总结起来，就是旅行让我有了信仰。我的信仰不是信佛、信教，我的信仰是爱和自由。我基本上每一年的年度总结都会给自己做一个爱与自由的答案。这就是我想要分享的。

王瑞：其实你是因为旅行不怀疑自己的工作了，对于人生觉得有价值了。委员看到了你去旅行的故事，觉得自己的人生也很有价值了，希望可以传递下去。刚才你跟我们说了旅行的过程中的一些感想，今天播放的过程中肯定会有很多的大学生在看，我也想替大家、替各位网友问一个问题。大学生存钱是非常难的，而且你还要买机票，还要在目的地住、吃，你上大学时是怎么存钱，怎么计划这一路的？

黄展飞：其实大学生真的想存钱的话并不是很困难，我的家庭条件也不是很好，很普通，但是一个月我爸妈给我的生活费也有1500元，除去吃饭，没有太多额外的开销，能省下几百元。在大学里可以做兼职，只要想做，有很多机会。所以一定可以存下钱的。在旅行的时候，像穷游真的花不了多少钱。我们住青旅，淡季的时候一天晚上只需要二三十元。在旅游景点，还有学生半价的优惠政策。只要自己想，绝对能存得下钱来，我并不认为这是一件很难的事情。

王瑞：希望你能给我们更多方法，因为很多人在找你，说展飞在哪儿？希望你能写一点儿攻略，给大家分享一下你的旅行故事。今天特别谢谢展飞做客，希望越来越多的年轻人可以像你一样读万卷书，行万里路。谢谢展飞！

戴斌：希望展飞能够活得更开心，工作得更好，为更多的年轻人做榜样。

黄展飞：谢谢委员，希望委员身体健康，平安顺意。

王瑞：展飞再见！戴委员，我们再回到旅游文旅的话题上来。刚才我们看到展飞是来自一个小城市，我现在了解到国内旅游出现了一个特别有意思的现象，三四线的小镇青年们喜欢到一线城市去旅游，去看看大世界，一线城市的市民们喜欢去三四线城市旅游，两边互换了，这种情况对于旅游的行业来说是一个好的信号吗？

戴斌： 是好的信号。2022年10月在无锡组织城市旅游论坛的时候，我提出一个观点，**新时期旅游工作的重心要转移到城市上来。为什么这么说？因为城市首先是最重要的旅游客源地，是客源产出的地方**，其次也是重要的旅游目的地。过去我们一说旅游，大家习惯说要去看风景，要去景区，但殊不知最能够打动我们的不仅有远方的风景，还有美好的生活。城市恰恰是能带来生活的想象与满足的，再加上完善的交通基础设施、公共服务和商业接待环境，城市在整个国家旅游经济运行中起到了基础性的支撑作用。

当然，在乡村振兴的大背景下，我们要发展乡村旅游工作，这是另外一个话题。城市有大城市、中小城市，大城市的游客首先是在大城市之间流动的。多数人不是只会往小城市、没有人烟的地方跑，而是先在城市和城市之间流动。国际上也是这样，世界上最繁忙的航线是大西洋航线，欧洲和北美之间来回穿梭。中国人出境旅游的时候，消费最多的也是去城市，特别是发达国家和地区的城市。

城市之间的游客往来构成了客源流动和旅游消费的基础。 我们能感觉到市场在下沉，从大城市到中小城市，到县城、中心城镇都会产生客源，也就是说当地的居民都会成为旅游者，这些旅游者去哪里呢？不能想当然地以为游客都去了美丽的大草原，去荒凉的戈壁滩，去大海边发呆。不是这样的，很多人是去了城市，是去体验城市的现代生活。游客要来北京看长城、天安门，要去上海看浦东，对他们来说这也是风景。不只是自然才叫风景，城市风光本身也是很美丽的风景。

这就给我们带来一些新思考。一方面，从理论上讲，城市之间的客流构成了整个旅游市场的基础，也是产业创新的基础。另一方面，城市之间的客流可以让大多数的人民，让越来越多的城乡居民去享受旅游的权利，让更多的年轻人完成自己人生第一次旅游活动。为什么这么说？因为只有城市才可以通过主客共享的消费逻辑，通过规模经济的规律把成本降下来。

如果去经济欠发达地区或者是偏远的乡村旅游，我们付出最大的成本是新建景区、交通和住宿设施成本，到城市去旅游，比如去上海，去田子坊和人民公园，以及去黄浦江边要不要钱？你可能说这个没有什么，外滩、淮海路对上海市民都是日常生活场景，但是对外地人来说，它就是美丽的风景。

甚至现在很多的年轻人去上海的打卡地点，去《浪漫爱情》取景的街道和弄堂，还有上海音乐学院。上海音乐学院廖昌永院长说，现在校门打开了，很多年轻人都来打卡，来感受文艺的氛围。开放和包容才是城市最大的魅力，也是城市旅游最大的吸引力之所在。如果把我刚才讲的这些点往其他地方一放，很可能变成一个收费的景区，因为除了门票，很难有其他的收入。到了上海这个地方，消费体系变得更丰富多彩。除了景区景点，游客要住宿、打出租车，要去衡山路喝杯咖啡，晚上要去听彩虹合唱团，都是消费。哪怕我打开手机看看澎湃新闻说什么，我也要耗流量的嘛。

城市的综合消费和带动能力是非常强的，而且拉动的是弹性消费，是综合性消费。所以我们说城市在旅游经济当中作用越凸显，对整个旅游经济的拉动作用越强。现在的城市和乡村，游客是双向流动的，大城市居民往中小城市去，中小城市居民往大城市去；城市居民往乡村去，农村居民往城市去。这是一个再好不过的现象了，我们乐见其成。

王瑞：其实我们刚才也提到了两边的互动，包括您说的田子坊不需要钱，人民广场也不收门票，我想到您在新闻上提出的一个建议被广为流传，您建议全国各地的景区，特别是大的国有景区最好能门票免费，这是不是带动当地城市旅游的好办法？

戴斌：是的，我在提这个建议的时候，有个限定词，"有条件的"国有重点景区要逐步采取降价和免费措施，让更多老百姓有得游、游得起。非重点景区、非自然资源和历史遗存类国有景区，不在此范围。像上海的迪士尼国际度假区，你去看个烟花不要钱吗？不可能不要钱。到海昌海洋公园去看奥特曼的主题馆不要钱吗？看企鹅不要钱吗？我们去欢乐谷，去锦江乐园等，这些地方是民营的景区，就像我们去购买一件商品一样，它是靠非公共资源的投入来生产商品的，不在我们考虑范围内，更多是随行就市。它受什么约束？受需求曲线和消费能力的约束。迪士尼将门票提高到每人 1000 元可能还会被接受，相信还会有人去。如果提到 10 000 元呢？估计没人去了，这就是市场的约束。所以说我们讨论的话题中，民营企业和市场化的景区度假区不在免费的范围内。

降价和免费主要是对有条件的国有重点景区而言的，比如杭州的西湖、上海的淮海路、黄山、故宫、长城等，这属于国有重点景区。这些景区利用的是国有的自然资源和历史文化资源，其价格应该是往下走。国有景区门票价格下调是一个既定的方针，发展和改革委、文化和旅游部都发过专门方针。从实践效果上看，杭州西湖免费了，整个杭州的综合消费就拉动起来了。还有桂林的象鼻山公园，呼吁了这么多年，在推动世界级旅游城市建设的时候开放了，不收费了。象鼻山公园免费的一小步，是世界级城市旅游建设的一大步。我们很少在世界上其他著名的旅游城市看到在城市中间圈一块地收费的，除非是私人场所，而私人场所不对外。卢浮宫这样世界一流的博物馆，一般也会在特定的时间点对特定的人群免费，以体现它的公益性。

有条件还指地方财政有条件，当地可以产生二次消费。但是对中西部的欠发达地区来说，比如说九寨沟、丽江雪山，如果把景区门票免掉了，当地的财政收入上不来，道路要维护，垃圾要清理，管山护林人员的工资要给付，天上不能掉馅饼，如果当地的财政不能支出，又没有二次消费拉动的话这个就要循序渐进，就不可能马上免门票。无论如何，有条件的国有重点景区门票价格下调，乃至免费，都是要鼓励的。

从发展旅游的价值取向上讲，是为了保障实现人民的旅游权利，得让老百姓游得起。现在旺季的价格很多高等级景区都超过100元，广大游客"玩不起"的呼声很高。还是那句话，我们要把商业景区和国有重点景区的价格实行分类管理。也有人会说国有景区也是企业，我可以说清华大学、复旦大学也是大学，你能够跟私立大学比收费吗？顺着这个大方向，有条件的循序渐进地开放，这是大的趋势。

从经济上讲，景区是刚性消费，刚性消费如果价格门槛抬得过高，弹性消费、二次消费、三次消费就起不来了，比如我到某个地方去，刚下飞机我感叹这地方太好了。您边上手一伸收我1000块钱或者100块钱落地费，我心里就不舒服了，本来计划在这个地方多花一些钱，因为觉得这地方太小气了就不花或者少花了。价格管理是很复杂的事情，要从市场规律考虑，也要从社会效益和综合目标去考虑。

王瑞：其实国内游是大家更多的选择，能玩得更开心，而且还能更便宜，对于游客来说是一件再开心不过的事情了。刚才我们提到了三年疫情、很多人买的第一张机票。其实疫情对于文旅行业是一个很大的考验，而且疫情一放开，大家关注的特别角度就是出境游，特别是首批中国游客走出去之后，您也提到很多中国游客受到了"飞机水门礼""高官迎接"，大家都觉得特别热情，用一个网络热词，像是双向奔赴一样，像新马泰这样的国家都成了大家热门的选择,您觉得这个选择的背后是中国游客的什么心态?

戴斌:游客之所以选择某个旅游目的地有三个因素。**第一个是知名度和美誉度**。像我去上海,在我心目中上海是时尚的、现代的。我昨天也应《新民晚报》的邀请做了一番对话,我说未来上海是开放的、包容的,一个现代的、时尚的,又开放的、包容的,处处充满着调性的上海,我当然愿意去,也是每个游客非常愿意到访的。所以一定要有一个好的旅游目的地形象,对于游客来说就是要有旅游的动机和到访的意愿。想让我去旅游,OK,就请给个理由先。

第二个是经济因素。旅游是经济属性很强的文化现象,谈钱太俗,可是不谈钱又是万万不能的。一个地方再好,比如我特别想去上海做客,可是囊中羞涩,或者是虽然有钱,但是你的价格太高,那我就去不了,我就会找一个替代的城市。过去三年,年轻人群体出现了反向旅游、平替旅游,就是这个原因。目的地太贵了,高攀不起,那就以后再说,先去别的地方吧。经济因素的核心是价格,包括产品和服务。

第三个是政策因素。在特定的时间能不能给游客一些意外的小惊喜,给游客一点儿小而确切的幸福,很关键。回过头看,2月6日二十多个旅游团到境外去的时候,受到这么多高官迎送和飞机的水门礼、水果、礼物,游客觉得很开心,总理、部长过去只在电视上看到过,只有外交场合才可以看到他们,现在迎接游客来了。飞机的水门礼更是少见,有游客说以前只是在傣族泼水节的时候才往头上泼水,现在怎么也往头上泼水了啊。当然这个泼水是往飞机上泼水,是很高级的礼遇。这意味着什么呢?意味着目的地政府和业界充分地安排好、照顾好游客,让游客有安全和品质保障,他们就愿意一去再去。

以上三个因素决定了游客愿不愿意去一个地方旅游,愿意不愿意多消费。

游客之所以选择新加坡、菲律宾、泰国、印度尼西亚这些周边国家，是因为这些周边国家的形象长期以来就是中国游客感觉比较友好的。在疫情之前中国游客去得最多的旅游目的地是泰国，2019年超过1000万人次，这是一个非常了不起的数据，去韩国才800多万人次。数据是游客选择的结果。

各地游客为什么愿意去普吉岛？出门溜达一下，坐个飞机，和去上海差不多的时间就到了，时间和消费预算都比较划算。到了泰国，当地的住、吃也比较便宜。更重要的是对中国游客比较友好，长期接待中国游客，语言、环境、中餐等各方面都比较熟悉，就像亲戚朋友一样，越是常来常往就越愿意常来常往，这是对旅游市场的正向激励。

还有客源国和目的地国家的政治互信和民间好感，也很关键。跟菲律宾也好，跟东盟其他国家也好，长期以来的睦邻友好和高层互访，政治信任和民间好感越来越高，这些都是中国游客会在疫情防控政策调整优化后，优先选择东南亚国家作为出境旅游目的地的原因。

王瑞：刚才展飞也提到。他在前面预备的时候跟我提今年准备跟朋友一块自驾去东南亚旅行，说到的原因跟您说到的很像，只不过他更多是从一个游客的角度来说。其实去一个地方玩不光要开心，还得放心、安心，这都是我们要考虑。这个方面我们聊的是出境游的事，那么还有走进来的事。

您今年在提案当中也提到了要振兴我们的入境游，特别是建立美好中国的形象。现在国内旅游市场开始好转了，怎么才能吸引更多的外国人来中国旅游呢？

戴斌：任何一个国家或地区旅游业的发展，入境旅游都是它的重中之重。美国没有旅游部，但美国有旅游局，它的旅游局叫"品牌美国，

Brand USA"，但它的局和我们的局不一样，它不是一个行政管理的概念，它就干一件事，就是在全球范围内推广美国，把一个国家作为旅游目的地的整体推广出去。像新加坡旅游署，也是在全世界营销新加坡，让更多人来到新加坡，不管是观光、休闲、度假还是会议展览的，谁来都欢迎。中国香港旅游署和世界各国各地区的旅游局最重要的一件事情也是吸引入境游客。20世纪80年代，我国旅游业就是从入境旅游做起来的，那时候还没有国内旅游。1979年改革开放总设计师邓小平同志为起步时期的旅游业定下了战略目标，就是要在20世纪末创造一百亿美元的外汇收入。这个目标已经超额完成了，2019年的旅游外汇收入已经一千多亿美元了。

从2009年世界金融危机之后，我国旅游业的复合增长率就一直比较低，也就2%左右。2019年我国的入境旅游市场只有1.45亿人次，如果我们把港澳台地区去掉，实际上真正来中国大陆旅游的外国游客比日本还少，这是非常值得沉思和忧虑的问题。特别是在疫后恢复的阶段，世界各国都在争夺包括中国游客在内的国际客源，我们需要用更为系统的举措、更为直接的措施来推动入境旅游的振兴与发展。

我们前面说到出境旅游，把出境旅游目的地的发展策略反过来看入境旅游，道理是同样成立的。要想让更多外国人来中国旅游，我们要给出的理由是什么呢？我在委员通道上说，要让入境游客看到从黄山到黄河山河壮丽的中国，读懂从《诗经》到《红楼梦》的风雅多姿的中国，从大兴机场到港珠澳大桥的民族复兴的中国。回头看看，仔细想想，外国游客对中国真正感兴趣的是什么？如果我们从生活方式出发去理解旅游，他们希望看到山河壮丽、文化灿烂、民族复兴的中国，也希望感受人民幸福的中国。所有的美好都值得每个人分享。小王你在上海生活得很好，我来到上海，一起出来喝杯咖啡，聊聊天，你不会有压力，我也不会有负担。过去我住在农村，你到我家来做客，你提出能一起喝杯咖啡吗？这个压力就会很大，我甚至分不清什么是拿铁，什么是卡布奇诺，好不容易弄了一杯出来，结果您说只习惯美式黑咖啡，我就不知道怎么招待您才好。当中国越来越走近世界舞台中央的时候，就有一个讲好什么样的中国故事，以及怎么样才能讲好当代中国故事，进而树立新时代中国旅游形象的问题。

我们讲有五千年的文明，有壮丽的山河，有三天三夜都说不完的故事，对方可能就想问一句："你这里有什么让我共情的项目？有什么能让我感到幸福的体验？"这就是入境旅游最需要关心的问题。所以我们要把"美丽中国"升级为"美好中国"，一个很美好的中国形象推向国际社会，吸引世界各国各地区更多的年轻人到访中国。为此，要系统梳理和充分挖掘"美好中国"的内涵。从美丽中国到美好中国，真正升级的是什么？又如何升级？这不是一个简单的词组变化。

与国内旅游不同的是，入境旅游涉及签证、移民和口岸管理。外国人想来，也给了理由，可是怎么来？欢迎还是不欢迎？**这涉及签证、口岸、移民、通关等问题，在境内旅行和居停还涉及语言环境和移动支付等问题。**在政协会议提案中，我建议把签证政策更加便利一些，电子签行不行？免签行不行？免签入境政策能否打通和协调？北京有144个小时的入境免签，广东、海南等地也有，能不能从北京进来，广州出去，这都是我们需要研究解决的问题。

外国游客入境后还要解决语言环境和生活习惯问题。中国游客出去要吃中餐，欧美游客来华要吃西餐。我们到欧美入住酒店第一件事是找开水壶，要烧热水，泡杯茶。外国人到宾馆里面翻箱倒柜干吗？他要找冰桶，他要喝冰水。这么一个细小的差别，理解了就容易沟通，不了解也容易产生抱怨和投诉。在这些看上去很琐碎的问题上，我们要从游客的需求出发，提供给他们相应的产品和服务，再从观光往休闲、商务旅行、会议展览、奖励旅游上想，市场就会越扩越大，包括研学旅游，市场扩大了，我们就可以重新振兴入境旅游了。

购物也是国际旅游的重要内容，要在调查的基础上，切实了解外国游客的购物需求。不能想当然地以为外国人过来只想买传统的丝绸、字画、中药材，现在"一带一路"的游客来中国买得最多的是小米手机、华为手机、大疆无人机，还有手机壳和外饰。为什么购物清单是这些？货真价实啊！数字化产品比国外先进且便宜，就像我们到国外买东西一样，不会只买一般的旅游纪念品，免税店的名品特产才是购物的重头。

上述问题涉及政府、市场和社会的协调，需要综合研究、高位推动。所以我提出入境旅游振兴计划的问题，需要从中央层面上去考虑。对于地方政府而言，上海挣广东人的钱，广东挣山东人的钱，都是旅游的收入，只有中央政府出面才可以考虑入境旅游的事情。这是入境旅游提案的大背景。

王瑞：所以这是一个很好的舞台，在两会期间提出这个提案，让更多人能够来中国旅游。您刚才提到的是在时间上、形式上、内容上怎么吸引别人来到咱们家里面，进来我们这里玩，您说到的是第一个提案，是关于入境旅游。

第二个提案您刚才也提到了，关于研学，特别提到了关于澳门的研学。说到澳门，我们非常熟悉，可能老一辈的人知道那首歌"你可知Macau 不是我真姓，我离开你太久了，母亲"。我们中年人都会知道澳门是以博彩闻名的，就是赌博这一块非常有名。现在的年轻人肯定知道了一个词，就是大湾区。您的提案中说让青少年也来到澳门进行研学，您是看到了澳门在研学这方面有什么样的价值和意义？

戴斌：2011 年，澳门开始建设世界旅游休闲中心，从那时起，我就一直关注澳门，因为工作原因，我也多次访问澳门。现在澳门和内地的青少年交流的项目，澳门来内地的多，但内地的青少年去澳门的不多。什么原因呢？是没有研学的资源吗？不是，学过中学的历史课本的人都知道，清政府与美国签订的第一个不平等条约是《中美望厦条约》，就是在澳门的望厦村签的。到现场去看，那个中间画一道线，一半多一些，一半少一些，多一些是美国代表坐的，少一些是中国清政府的代表坐的，真是处处体现不平等啊！非常憋屈的感觉。澳门还有孙中山革命的足迹，还有冼星海的纪念馆。所以我说在澳门可以看到1840年以来饱受屈辱、奋斗不息的中国。

澳门是"一国两制"的典范，1999年回归以来澳门经济一直保持着持续而稳定的发展，无论是港珠澳大桥、横琴新区，还是推动澳门经济多元化的发展成就，都是"一国两制"成就的重要体现，青少年爱国主义教育没有理由不了解这些国情。对国情的了解不只是去看看山、看看水，体验两个非遗项目这么简单。说到研学旅行，对国情的了解，对政治的了解，对"一国两制"发展成就的了解才是国之大者。澳门还有很多的科技文化优势，国家重点实验室、澳门大学、澳门旅游学院，都是非常有特色的研学空间。

想来想去，还是形象推广出问题了。尽管我们下了很多力气建设"一中心、一平台、一基地"，可是在很多人的心目中澳门还是博彩中心，怎么可能放心让青少年去？这个问题一定要改变，我在澳门的时候跟澳门的经济司、政策局、旅游局的主管研讨交流中一直在谈这个问题。澳门要在中央政府的支持下建设一批国家营地，把内地青少年赴澳门研学旅行市场发展起来，有效推动澳门的经济适度多元化，特别是实现世界级旅游休闲中心的战略目标。如果博彩的色彩太浓了，广大的青少年不了解，也不愿意为了澳门的历史、文化、科技和未来生活去研学，那么世界旅游休闲中心就是不完善的，也很难持续发展下去。

这就是我写这个提案的背景，也请了何超琼委员，还有澳门旅游学院院长黄竹君委员联署，最近还要和澳门旅游局、文化局、教育局等有关方面做进一步的磋商和沟通，共同推动内地青少年赴澳门研学旅行。

王瑞：您把这个提案跟各位委员分享了之后，他们给您什么样的反馈呢？

戴斌：大家还是很认可的。事实上，这个提案也不是我一个人坐在办公室里想出来的，而是在反复的调研、座谈过程中启发碰撞出来的思路。提案研究一定要坚持问题导向，提案和政策建议终是要解决问题的，要多从必要性和可行性上思考问题。澳门特别行政区政府要实施"一中心、一平台、一基地"三大发展战略即世界旅游休闲中心，中国与葡语国家商贸合作服务平台，以中华文化为主流、多元文化共存的交流合作基地。我重点关注世界旅游休闲中心的建设。如果没有年轻人的参与，就很难说是真正意义的世界旅游休闲中心。现在澳门的非博彩收入占比越来越高，去新濠天地、澳门娱乐和永利皇宫看看，很大一块收入来自家庭度假和休闲消费。

王瑞：我想请教您一个问题。您刚才提到澳门的研学，澳门说完了，我们想说说研学。研学这个话题这几年非常火热。研学对于我们大部分人来说还是一件比较新鲜的事情，特别是研学质量的高低、研学的目的地、性价比。国内的研学和国际上有哪些差距？我们怎么努力才能赶得上他们？

戴斌：确实，**研学旅行基本完成了概念导入，正在步入市场实践期**。从概念的提出到市场实践和社会现象，是一个非常漫长的过程。从研学的起源讲，欧美国家起步比较早，发展得也比较好。研学旅行涉及需求，也涉及供给，特别是研学空间的问题，就是我们去哪儿研学。

国家营地是一个很重要的空间支撑。 早在一百多年前,营地教育就已经是很多国家重要的教育空间,世界很著名的国家营地如俄罗斯的"小鹰""阿泰克"和"全俄儿童中心",还有美国的莱尼克斯、顶峰、冠军和K&E,等等,其共同的特征是国家出钱,在一些风景优美的地方建设一些可以提供短期住宿的,让年轻人去接触自然环境、仰望星空的项目,包括一些体育运动、社会交往、国际交流,简单地讲是提供课堂教学之外的,或者课堂教学不能提供的在地性、实景化的教育和培训项目。

我国最早的研学旅行体现在小时候的春游和秋游,离开校园出去看一看风景,已经很高兴了。我们读中学的时候,要是能骑自行车到郊野去吹吹春天的风,能记一辈子。现在越来越多的知识教育、应试教育,很容易让人变成一个单向度的人。上海可能好一些,其他的地方呢?如果除了考试、考试再考试,否则没有出路的时候,人们只会变得越来越卷。前段时间我一直在想,我们算是幸运的,如果读了这么多年书考不上大学怎么办?很多同辈人除了读书不会做其他的事情。不知道大家记不记得路遥先生在写《平凡的世界》之前还有一部小说叫《人生》,男主人公叫高加林,他从县城读完高中回到农村去的时候,发现自己一无是处,接触到了外面的世界和现代文明,但是又融不进现代文明,等到真正回到乡村的时候就麻烦了。

现在的我们是不是还面临这个问题?总体上肯定比那个时候要好多了,但是总是让应试教育、课堂教育主导青少年,长此以往会怎么样?短期的春游、秋游解决不了这个问题,所以教育、文化和旅游部门联合起来推动研学旅行让小学生了解县情、初中生了解市情、高中生了解省情、大学生了解国情。我心目当中的研学旅行是"书生意气的研学,家国天下的旅行"。这是一个全生命周期的、每一个年龄段都需要的活动。

如果我们沿着边疆史地线走一圈下来，对国家和民族的认同是完全不一样的，个体生命的丰富度也是不同的。

直到今天，每次坐飞机经过新疆的时候，看到那么广袤的国土，我都会不由自主地想流泪，总想着要为这块土地和土地上的人民奉献自己所有的才情和努力。没有任何一本书本上的教育可以给我们带来这种震撼和感悟，它可以伴随一个人的一生。真正意义的研学旅行，一定是在国民素质总体提升的战略高度，以建立终身教育体系这样的大战略为宗旨和导向的。目前，研学旅行主要指向中小学生群体，以国家营地为支撑，这是不够。3月20日我们在绍兴将召开第二届研学旅行论坛，我会重点谈国家营地和国民研学的问题，到时候欢迎您和澎湃参会报道。

王瑞： 好，我一定过去学习。说到研学，您刚才说的这些是纸上得来终觉浅，但知此事要躬行。特别是孩子们，跟他们说澳门的历史也好，鸦片战争的历史也好，他们记住了这些知识，但是没有去到当地，可能没有那么大的震撼。人是感性的动物，特别是孩子们，有这种实地的接触，和当地的人、风土人情接触了，他们可能不需要背就能记一辈子。

我们刚才一直在聊的都是站在游客的角度上，怎么出去、怎么引进来，还有国家的例子。我们现在说起文旅来，还有一个非常火的词叫文旅局局长，前一阵子很多文旅局局长开始拍视频、直播带货。我们也连线了几位文旅局局长，发现文旅局局长也是比较出圈的。拍得比较好的都有一个特点，就是他们都是来自一些比较小的地方，大家不太知道，但是又很美。像我们连线过的四川省甘孜藏族自治州的道孚县、贵州省毕节市大方县、河南省洛阳市的新安县，都是一些很美、很有历史底蕴的地方。很多地方不是游客们不想去，他们可能不知道有这个地方，可能知道了也不知道怎么去、去了怎么玩，但是因为短视频火了，所以第一步我们知道了。各位文旅局局长接下来应该怎么做，我们怎么让这些线上的喜欢、点赞、关注变为线下的去，怎么让这个"网恋"奔现呢？

戴斌：这个问题蛮有趣的，旅游开门红的不仅是游客和产业，还有我们的局长们。首先这是一件值得肯定的事情。在互联网时代，文化和旅游系统的官员一改往日开会、做报告、批文件、视察看项目的形象，变成了策马奔腾、武侠穿越的网红形象，还可以为当地带来一些流量。正如你所说，流量怎么样去变现呢？这就是一个值得思考的现实问题。宣传和推广是两回事，宣传眼看到就行了，推广的目的是让你来，不仅要打卡，还要打钱，得有消费，才会带动旅游经济啊。

这就面临一个问题，游客到了当地消费什么？只看蓝天白云吗？只听那些美丽的传说吗？只去有风的地方想象美好的生活吗？还有，怎么去呢？坐飞机去，坐高铁去，还是自驾去？自驾的话有没有国道省道和等级公路、有没有停车场和宿营地、有没有汽车旅馆？到了当地游客住在哪里，住星级饭店还是住民宿？早、中、晚餐吃什么？当地的很多美食不见得所有游客都吃得惯，上海人去这些地方都能够完全习惯吗？如果把这些问号都变成了句号，那么旅游目的地就发展起来了。建议文化和旅游系统接下来要做的工作包括但不限于以下几个方面。

首先，要把旅游目的地的资源产品化。比如观星之旅这两年兴起来了，星星怎么看，是拿个望远镜坐在车里看，还是搭一个帐篷开个窗子看？宿营地的周边有没有警察保护游客的安全？再比如冰雪旅游，除了在地面抓一把雪，打雪仗，游客还可以干什么？得让滑雪、玩雪、溜冰、冬捕、雪地火锅这些体验项目都变成可以消费的产品和服务。这都需要资源普查、规划与产品开发。

其次，要有完善的旅游基础设施和公共服务。从客源地到目的地的大交通，在目的地生活所需的小交通，公共服务和市场管理都要规划和建设。特别是在散客化时代，游客飞机、火车或者自驾到了当地，就要面对商业接待体系。为什么我去上海不需要请小王您去接我，因为随时可以用手机上网约车、订酒店、订餐厅。到了以后，有空出来喝杯咖啡，没有空那就下次再见，总之都很方便、很自然。背后的逻辑是旅游目的地的公共服务、基础设施和商业接待环境，需要规划、建设与完善。

最后，培育市场主体。游客到了之后谁去服务？不可能都找局长，而是要找旅行社、导游和餐厅的服务员，文化和旅游局要培养高素质高水平的员工队伍，特别是直接面向游客的导游、司机、酒店和餐厅的服务员、民宿经营者。还要鼓励当地的年轻人来旅游领域创业，开旅行社、开民宿、开酒吧。一旦旅游市场起来后，就会有无数创业的机会，创业创新的项目起来以后，市场就会更火，就会进入良性循环。

我说过，**旅游需要网红，但网红不是旅游的全部**。看一个视频，关注点不应该在人，而是目的地，是目的地的某一个产品，是游客要体验的项目。我们今天的这场对话，如果观众只记得主持人和我个人，却没记住澎湃新闻，那您觉得这场对话成功了吗？答案显然是否定的。

王瑞：我们前两天采访几位局长的时候，也感受到了这些小地方自己的努力。像四川省甘孜藏族自治州道孚县这位叫降泽多吉的局长，他提到为了把当地的厕所基础设施做好，看了世界上无数的厕所的使用方案，最终都是为了让大家有一个好的体验感受。所以从游客、局长到当地的旅行社，包括研究院都在努力。

最后想要问您一个比较宏观的问题。因为现在旅游业有开门红了，那么我们就会关注开门红了之后怎么长红下去？什么时候能恢复到像疫情之前，一切都是风雨过后晴天的状态？

戴斌：我们预计 2023 年国内旅游的人数会恢复到 2019 年的九成左右，入出境市场会恢复到三到四成。全面恢复要到 2024 年的上半年，如果不发生大的变化，国内旅游市场会恢复到 2019 年的水平，而入出境旅游完全恢复可能要等到 2024 年晚些时候。

王瑞：所以我们还是可以期待的。文旅产业对于所有的游客都是最开心、最放松的事，但是对于所有的文旅工作者来说，要时刻保持着这种紧张，是一直挂在心上的事情。就跟您刚才分享的，当我们在景区、在网上看到了游客们满意的笑容，听到他们说"真的是不虚此行"的时候，对于我们来说就是一切都值了。2023 年的文旅工作才刚刚开始，我们迎来了开门红，也想要继续长红下去。非常感谢戴委员做客《两会一线》，希望在不久的将来我们能够看到您的提案在咱们的神州大地上落地、开花。谢谢！

戴斌：再见！

北京·2023 年 3 月 9 日

图书在版编目（CIP）数据

旅游&繁荣 / 戴斌著. -- 北京：旅游教育出版社，
2024. 8. -- ISBN 978-7-5637-4750-4
Ⅰ. F592.3-53
中国国家版本馆CIP数据核字第2024V5M007号

旅游&繁荣

戴斌 著

责任编辑	何 玲
出版单位	旅游教育出版社
地　　址	北京市朝阳区定福庄南里 1 号
邮　　编	100024
发行电话	（010）65778403　65728372　65767462（传真）
本社网址	www.tepcb.com
E - mail	tepfx@163.com
排版单位	北京旅教文化传播有限公司
印刷单位	天津雅泽印刷有限公司
经销单位	新华书店
开　　本	710 毫米 ×1000 毫米　1/16
印　　张	21.5
字　　数	219 千字
版　　次	2024 年 8 月第 1 版
印　　次	2024 年 8 月第 1 次印刷
定　　价	49.80 元

（图书如有装订差错请与发行部联系）